스핑크스의 수수께끼는 인간의 존재를 위협했다.
지혜로운 오이디푸스는 이 위험을 물리쳤지만
그 결과는 운명의 비극을 뼛속까지 겪어 내는 것이었다.

존재의 근거가 되는 생각, 코기토는 앎에 근거를 둔 생각이다.
생각으로 엮어지지 않는 단순한 앎은 인식의 주체로서 사람을 키워주지 못하고
앎의 뒷받침을 받지 않는 생각은 세상과의 연결을 맺어주지 못한다.
코기토는 오늘을 열심히 살며 내일을 차분히 준비하려는 사람들과
합리적이고 진지한 생각을 나누고자 한다.
스핑크스의 질문에 정답을 서두르기보다,
왜 그런 질문을 하는 것인지 이해하고자 하는 책들이 코기토다.

과학과 종교, 상생의 길을 가다

존 호트 John F. Haught
존 호트는 조지타운 대학교의 신학 교수로 여러 책을 집필했다.
주요 저서로는 『The Promise of Nature : Ecology and Cosmic Purpose』,
『Mystery and Promise: A Theology of Revelation』, 『What is Religion?』,.
『What is God?』, 『The Cosmic Adventure』 등이 있다.

옮긴이 | 구자현
1966년 서울 출생. 서울대 물리학과를 졸업하고, 동대학원에서 물리학을 수학했다.
그후 과학사 및 과학철학 협동과정 석사, 박사학위를 받았다.
그동안 대전대, 성공회대, 서울시립대, 숙명여대, 숭실대, 홍익대, 건국대 등에서 강의했고,
현재는 서울대에서 강의하고 있다.
저서로는 『화염검의 언저리에서』와 『놀라운 발견들』(번역) 등이 있다.

SCIENCE & RELIGION
by John Haught
Copyright © 1995 Paulist Press
Korean translation edition © 2003 Dulnyouk Publishing Company
This Korean edition was published by arrangement with Paulist Press
through Best Literary & Rights Agency, Korea.
All rights reserved

과학과 종교, 상생의 길을 가다

존 F. 호트 지음 | 구자현 옮김

코기토
COGITO

과학과 종교, 상생의 길을 가다
ⓒ 들녘 2003

초판 1쇄 발행일 · 2003년 3월 17일
초판 2쇄 발행일 · 2003년 11월 7일

지은이 · 존 F. 호트
옮긴이 · 구자현
펴낸이 · 이정원
코기토 편집인 · 장석만

펴낸곳 · 도서출판 들녘
등록일자 · 1987년 12월 12일
등록번호 · 10-156
주소 · 서울시 마포구 합정동 366-2 삼주빌딩 3층
전화 · 마케팅 (02)323-7849 편집 (02)323-7366
팩시밀리 · (02)338-9640
홈페이지 · www.ddd21.co.kr

ISBN 89 - 7527 - 350 - 4 (03840)

· **코기토** 는 도서출판 들녘의 디비전입니다.

과학과 종교, 상생의 길을 가다 | **차례**

서문 _6

머리말 _9

1. 종교는 과학과 대립하는가? _17

2. 과학은 인격적인 신을 부인하는가? _45

3. 진화는 신의 존재를 배제하는가? _75

4. 생명은 화학으로 환원 가능한가? _111

5. 우주는 창조되었는가? _151

6. 우리는 우주에 속해 있는가? _183

7. 왜 자연에는 복잡성이 존재하는가? _215

8. 우주는 목적을 가지고 있는가? _245

9. 생태 위기에 종교가 책임이 있는가? _275

결론: 과학과 종교의 대화를 향하여 _303

옮긴이의 말 _306

찾아보기 _312

서문

거의 25년 동안 나는 조지타운 대학교에서 학부생에게 과학과 종교에 관한 과목을 가르쳐왔다. 이 짧은 25년 동안 우주의 모습은 극적으로 바뀌었고 이 주제에 대한 나의 접근법 또한 완전히 바뀌었다. 예를 들면 이 기간 동안 우주의 빅뱅 기원에 관한 흥미로운 논쟁이 있었고 마침내 사실상의 합의가 이루어졌다. 이 기간 동안 과학은 생명의 화학적 기초와 마음의 심리학적 측면에 대하여 더 잘 파악하게 되었다. 사회생물학은 이 시기 동안 등장하여 인간의 문화, 윤리, 심지어 종교에 대한 유전자의 속박을 더 공개적으로 시인하도록 요구하고 있다. 그리고 신과 진화에 대한 논쟁은 더욱 거세졌다.

게다가 1970년대 이후에 우리는 우리 자신의 존재와 초기 우주의 물리적 상태 사이의 긴밀한 관계에 대하여 더 잘 인식하게 되었다. 최근에 우리는 카오스 이론의 등장과 양식화된 복잡성에 대한 과학계의 새로운 관심을 목도하고 있다. 그리고 지금 우리는 이전보다 더욱 명백하게 우주 전체가 여전히 전개되고 있는 끝나지 않은 역사를 갖는다고 느끼게 되었다. 그리고 마지막으로 지난 25년 동안 우리는 어쩔 수 없이 이전보다 더 절실하게 지구의 생태 위기에 신경을 쓰게 되었다.

이러한 발전들에 어떤 중요한 종교적 또는 신학적 함축이 있겠는가? 나는 이 물음에 대한 몇 가지 답을 제시하기 위해 이 책을 썼다. 나는 이 책을 과학자, 신학자, 학생, 그리고 관심이 있을지 모를 다른 이들이 접근할 수 있는 방식으로 집필하려고 애를 썼다. 그리고 아직도 대중들 사이에서 엄청난 혼동이 있는 문제에 대해 독자들이 더욱 명쾌하게 생각하도록 도전하는(그러기를 희망한다) 제시 스타일을 채택했다.

이 책의 주제와 관련된 충분히 진지하고 광범위한 대중적 의견 교환이 아직 이뤄지지 않았다. 물론 과학과 종교를 취급하는 중요한 학술적 저술, 학술지, 프로그램들이 존재하며 이것들은 그것을 소화할 수 있는 극소수의 사람들에게는 엄청나게 가치가 있다. 그러나 전반적으로 전문가들이 현재 벌이고 있는 토론의 복잡성은 대부분의 비전문가들의 진지한 개입을 막아버린다. 화이트헤드Alfred North Whitehead가 1925년에 말한 것이 여전히 우리의 상황에 잘 들어맞는 점을 감안해볼 때 이것은 불행한 사태다.

> 인류에게 종교가 무엇이며 과학이 무엇인가를 생각할 때, 미래의 역사의 방향이 이 둘 사이의 관계에 대해 우리 세대가 내리는 판단에 의존한다고 말하는 것은 과장이 아니다. 여기에 인간에게 영향을 미치는 가장 강력하고 일반적인 두 가지 힘이 있다. 그것들은 서로 대립하는 것처럼 보인다. 이 두 가지 힘이란 종교적 제도의 힘과 정확한 관찰과 논리적 연역에 대한 충동의 힘이다.[1]

그리하여 나는 과학과 종교의 중심 문제들에 대한 비전문가를 위한 개론서로서 이 책을 썼다. 일반 독자, 과학자, 신학자가 모두 쉽게 읽을 수 있기를 희망한다. 우리가 그 주제에 접근하는 데 사용할 수 있는 방법들에 대하여 적어도 초기의 명쾌함을 얻을 때까지는 참된 대화 또는 확장된 대화는 시작될 수 없다고 확신한다. 그러므로 이 작업의 궁극적 목표는 대화이지만 먼저 다양한 진영의 입장을 알아보는 것이 필요하다. 이것이 내가 이 책에서 시작한 일이다.

이 원고를 읽어주고 많은 유익한 제안을 해준 아서 피콕Arthur Peacocke과 찰스 오코너Charles O'Connor에게 감사한다. 그리고 25년 동안 내가 가르친 많은 학생들에게 감사한다. 그들의 아낌없는 협력과 격려가 있었기에 나는 여기에 제시된 접근법을 발전시킬 수 있었다.

■주

1) Alfred North Whitehead, *Science and the Modern World*(New York: The Free Press, 1967), pp. 181~2.

머리말

과학은 종교를 지적으로 용인할 수 없게 만드는가? 과학은 인격적인 신의 존재를 배척하는가? 가령 진화는 신의 섭리라는 개념 전체를 믿지 못할 것으로 만드는가? 그리고 최신 생물학은 생명과 마음을 화학으로 환원할 수 있음을 보여 영혼과 정신의 개념을 망상으로 만들지 않았는가? 우리는 더 이상 세상이 신에 의해 창조되었다고 주장할 필요가 없지 않은가? 혹은 진정으로 누군가 또는 무엇인가가 우리가 여기에 있도록 의도했는가? 자연의 모든 복잡한 양상들은 단지 맹목적 우연의 산물이라고 볼 수 있지 않은가? 과학의 시대에 우리는 솔직히 우주에 어떤 방향성이나 목적이 있다고 믿을 수 있는가? 더구나 종교는 생태 위기에 책임이 있지 않은가?

  이러한 질문들은 이른바 과학과 종교의 '문제'를 구성한다. 오늘날 이 질문들은 그 어느 때보다 해결의 조짐이 보이지 않을 수도 있다. 그것들은 여전히 유효하여 흥미로운 다양한 답변들을 계속 불러일으킨다. 이 책에서 나는 이것들 중 중요한 몇 가지를 제시할 생각이다. 그리고 그렇게 함으로써 우리 시대에 가장 매력적이면서도 중요하고 도전적인 논쟁 중 하나에 일종의 '가이드'를 제공할 생각이다.

나는 이 문제에 대해 생각해온 사람들이 과학과 종교의 관계에 대한 그들의 이해를 표현하는 주된 방법 네 가지를 알고 있다. 어떤 이들은 종교가 철저하게 과학과 대립적이다, 또는 과학은 종교를 무효화한다고 주장한다. 나는 이것을 갈등 입장이라고 부르겠다. 다른 이들은 종교와 과학이 서로 완전히 달라서 그것들 사이의 갈등은 논리적으로 불가능하다고 주장한다. 과학과 종교는 모두 유효하지만 우리는 엄밀하게 이 둘을 분리시켜야 한다는 것이다. 이것은 분리 접근법이다. 세 번째 유형은 비록 종교와 과학이 독특하지만 과학은 항상 종교적 함축을 지니고 있고, 종교도 마찬가지라고 주장한다. 과학과 종교는 필연적으로 상호작용하므로 종교와 신학은 과학의 새로운 발전을 무시해서는 안 된다는 것이다. 나는 이것을 접촉 접근법이라고 부르겠다. 마지막으로 이 관계를 바라보는 네 번째—세 번째와 가깝지만 논리적으로 서로 다른—방식은 종교가 적극적으로 과학적 발견의 모험을 지지하는 미묘하지만 의미 있는 방법들을 강조한다. 이 접근법은 종교가 어떤 식으로도 과학에 간섭하지 않으면서 몇몇 과학 사상을 위한 길을 닦고 심지어 진리를 향한 과학의 탐구에 특별한 축복—나는 이것을 지지라고 부르겠다—을 내려줄 방법들을 모색한다.

뒤 이어 나올 아홉 개의 장에서 나는 이것들(갈등, 분리, 접촉, 지지)이 앞에서 열거된 과학과 종교에 관한 좀더 특수한 질문들을 각각 어떻게 취급하는지 서술할 것이다. 그러나 되도록 직접적으로 각각의 접근법의 윤곽을 드러내는 동안 내가 세 번째와 네 번째 접근법을 선호함을 감추지 않겠다. 나는 많은 과학자들을 종교에 대해 올바로 인식하지 못하게 했고, 다수의 신앙인들이 과학적 발견을 즐기지 못하게 만들었던 불행한 긴장에 대해서 지지 접근법을 보완한 '접촉' 접근법이 가장 풍성하고 합리적인 해답을 제공한다고 생각한다.

본문에서 상세히 다루겠지만 '갈등'의 관점은 과학과 종교를 무비판적으로 '융합'하려 한 초기 시도에 대한 불행한 첫 대응이다. 과학은 종교와 영원한 전쟁 관계에 고착되어 있다는 생각은 그것들 각각의 역할을 뒤섞고 융합하려는 일반적인 관행에 대한 이해할 만한 반응이라고 여겨진다. 한편 '분리' 접근법은 비록 융합과 갈등에서 벗어나는 데 필요한 첫걸음이지만 역시 불만족스럽다. 비록 그것이 지향해온 노선이 많은 신학자와 신앙을 가진 과학자들에게 설득력이 있지만 그것은 너무 많은 관련 질문들을 미응답 상태로 내버려두고 너무 많은 지적 · 신학적 성장의 기회를 놓치게 만든다.

그래서 다음 장들에서는 '접촉'과 '지지' 접근법을 특별히 강조할 것이다. 결국 과학과 종교를 적절하게 취급하는 길은 그것들을 새로이 융합하려는 유혹에 넘어가지 않고 그것들이 서로간에 구체적으로 영향을 미치는 방식들에 집중하는 것이다.

종교를 무슨 의미로 사용하나?

내가 이 책에서 '종교'라고 말할 때, 우선적으로 '인격적인' 신이 이른바 '예언적' 믿음과 연결되어 있는 유신론적 신앙을 염두에 둔다. 여기에는 유대교, 기독교, 이슬람교가 해당한다. 또한 나는 '종교'의 범주에 종교적 믿음에 대한 일종의 반성인 이른바 '신학'을 포함시키려고 한다.

특히 과학이 진정으로 '인격신교(人格神教)'와 그 신학에서 말하는 초월적이며 사랑을 베풀며, 창조적이며 인격적이며 구속(救贖)을 행하는 신의 존재를 배제하는지 또는 이전보다 덜 신뢰할 만하게 만드는지 물으려고 한다. 비록 나 자신의 지향은 로마 가톨릭 기독교의 것이지만 인격신교들이 공통으로 지니고 있는 것에 대해 훨씬 더 넓은 관점에서 우리의 주제를 제시할 것이며 각 전통의 특정한 신학적 강조에 집중하지 않겠다. 과학과 종교의 또 다른 종류의 취급법이 특정한 차이점들을 도움이 되게 진술할 수 있겠지만 여기에서 나의 관심은 더 폭넓다. 왜냐하면 아브라함을 따르는 종교들 사이에는 분명한 차이점이 있지만 오늘날 그것들은 모두 같은 질문에 함께 직면해야 하기 때문이다. 즉 현대 과학은 그들이 '신'이라고 부르는 것과 양립 가능한가? 다르게 말하자면 그들의 성전(聖典)과 신학에서 묘사하는 대로 뭔가에 관심을 가지며 창조적이며 구원을 베푸는 신이 현대 과학의 도전을 견디고 살아남을 수 있는가?

과학자와 신학자를 포함하는 대화 속에서라면 우리는 아마도 종교에 대해 훨씬 더 넓은 정의를 가지고 일할 수 있을 것이다. 그러나 우리의 정의가 일반적이면 일반적일수록 이 논의들은 더 의미가 없어진다. 예를 들면 우리는 종교를 "인생에서 우리에게 방향을 제시하는 방식"[1] 또는 "궁극에 대한 관심"[2]이라고 정의할 수 있다. 그러나 아마도 과학적 회의론자조차 이러한 모호한 의미에서는 '종교적'일 것이므로, 생물학이나 물리학 같은 과학에서의 새로운 발전이 그들의 '믿음'에 의미 있는 도전이 되지는 못할 것이다. 대부분의 과학자들은 적어도 궁극적인 의미가 있는 무언가—그것이 단지 진리, 정직 또는 과학적 방법 그 자체에 대한 추구일 수도 있지만—를 가지고 있다. 그러한 종교에 대한 포괄적인 이해는 과학적으로 문제될 것이 없다. 그러나 오늘날 과학적으로 교육받은 많은 사람들에게 생물학, 물리학, 그리고 다른 과학들은 신의 개념과 존재에 대한 의문을 제기한다. 그러므로 우리가 여기에서 거의 모든 사람들이 어느 정도 가지고 있는 불특정한 종교성과 과학의 관계에 대해서 탐색하기보다는 유신론―즉 유대교, 기독교, 이슬람교에 의해 공유되는 신에 대한 신학적 시인―과 과학의 관계에 대해서 탐색해보는 것이 특히 적절하다.

비슷한 식으로 우리는 종교를 아마도 '신비에 대한 감각'으로 정의할 수도 있다. 그러나 종교에 대한 이 개념은 또한 많은 과학 엘리트들한테서 별로 의미 있는 저항을 불러일으키지 않는다. '무신론자'(유신론적 신의 존재를 거부하는 사람)인 알베르트 아인슈타인Albert Einstein조차 우주의 '신비'를 존경한다는 의미에서는 스스로 '종교적'인 사람이라고 고백했다. 우리가 종교를 신에 대한 믿음이 아니라 이해할 수 없는 신비에 대한 느낌을 함축하는 것으로 이해하는 한 우리의 마음속에서 종교와 과학의 갈등은 있을 수 없다.

물론 종교를 '궁극에 대한 관심'이나 '신비에 대한 감각'으로 간주하는 것이 완전히 무의미한 것은 아니다. 많은 과학자들이 무신론적 방식으로 종교를 이해함으로써 종교와 화해할 수 있었다. 그들 중 몇몇은 사물에 대한 더 큰 시각과 과학을 연결시켜주는 신비한 틀을 찾기 위해, 특히 문제가 많은 인격적 신의 개념을 고려하기를 요구하지 않는 그런 종교를 찾기 위해 동양이나 다른 곳으로 눈을 돌렸다. 이러한 탐색 중 몇몇은 매우 흥미로운 결과를 내놓았고 결코 나는 그들을 만류하지 않을 것이다. 그러나 나는 인격신교와 과학의 양립 가능성을 직접 묻는 것이 이 같은 책의 독자 대다수의 관심에 더 들어맞는다고 생각한다. 아마도 다른 종류의 저작에서라면 우리는 서구 밖으로 또 동쪽으로 나갔을지 모른다. 그러나 나는 우리의 과학적 조망을 맥락화하기 위한 방법을 찾기 위해 도교, 불교, 힌두교나 다른 종교로 눈을 돌리기보다는 대다수의 서구인이 믿도록 교육받거나 적어도 서구 사상의 역사를 의미 있게 형성해온 종교와 과학의 관계에 대해 물으려고 한다. 그러므로 특별히 언급하지 않는다면 이 책에서 '종교'는 유신론적 신앙을 의미한다.

그러나 이러한 정의상의 제한의 부과가 이미 어떤 독자들에게는 너무 부적절할지 모른다. 아마도 당신은 유신론적 종교라고 부르는 것에 대한 관심이 식어서 그것을 과학과 연결하려고 노력하기는 고사하고 그것에 대해 관심을 불러일으키려는 나의 노력에 거의 기대하지 않을지도 모른다. 또는 애초에 이런 종류의 종교로부터 당신을 멀어지게 만든 것이 당신 자신의 과학 공부였을지 모른다. 아마도 우리가 뒤에서 만나게 될 많은 회의론자들처럼 당신은 신이 돌보는 우주를 기꺼이 받아들였지만 과학 교육을 받은 후에 그러한 우주를 정직하게 받아들이는 것이 불가능해졌을지도 모른다. 또는 당신은 특히 신학이 갈릴레오와 다윈을 다루어온 방식을 보고는 신에 대해서 도무지 거론할 여지도 없다고 생각할지 모른다.

어떤 독자들은 아이비 리그의 한 대학에서 강의하는 내 친구와 같이 느낄지도 모른다. 그는 내가 '과학적 회의론'이라고 부르는 것을 예시해준다. 몇 년 전 나는 그에게 과학과 종교에 관해서 내가 가르치는 학생들에게 강의해달라고 부탁했다. 그는 어린 시절의 종교에서 멀어진 자신의 과학적 여정을 이렇게 정당화했다.

우주가 목적을 갖는다거나 그것이 나를 돌보는 어떤 신에 의해 영향을 받는다는 증거는 거의 없다. 내가 별과 은하들을 보노라면 이 대수롭지 않은 행성 위에 있는 내 존재의 외로움과 불확실성을 강화시켜주는 우주의 차가운 무관심만이 느껴진다. 온정과 위로를 위해서 나는 가족과

14

친구와 사회를 찾는다. 이들로 나는 충분하다. 우리가 왜 여기에 있는가에 관하여 실낱같은 우연 외에 다른 설명은 없다. 이제 그것은 나를 더이상 성가시게 하지 않는 질문이다. 신다원주의 진화론에 친숙해진 후에 나는 어떻게 지적인 사람이 목적이 있는 우주라는 개념을 고수할 수 있는지 상상하기 힘들다. 나는 대학에 다닐 때 부모님께 물려받은 신앙을 지켜내려고 몸부림쳤다. 그러나 우주의 과학적, 특히 진화론적 묘사는 나의 신앙에 더욱더 모순적인 것 같았다. 나는 비록 세계에 대해 가장 큰 위로를 주는 접근법은 아니지만 가장 정직하고 신나는 과학적 관점으로 전향했다. 그렇다고 내가 신앙인들을 무시하는 것은 아니다. 내가 좋아하는 친구들 중에도 신앙인들이 있다. 그러나 나는 지적으로는 나의 과학적 관점을 어떠한 유신론적 세계관과 화해시킬 수 없다.

만약 당신이 비슷한 생각을 가지고 있다면 이 책이 우선 그러한 견해가 왜 생겨났는지를 더 잘 이해하도록 도와주기를 바란다. 또 한편으로는 내가 그랬듯이 당신도 최근의 과학적 발전들이 과학의 시대 이전만큼 신의 개념을 종교적으로 흥미롭고 지적으로 상당히 끌리게 만들었다는 것을 발견할지도 모른다.

어쨌든 종교와 과학의 만남은 상당한 혼란을 불러일으켜 왔다. 나는이 책이 매우 복잡한 주제에 대해 어느 정도 명확성을 얻으려는 이들에게 일종의 개설서가 되기를 바란다. 물론 명확성의 대가로 중요한 몇몇 항목들이 어쩔 수 없이 제외될 것이다. 그러나 나는 이 책을 단지 개설서로 상정하고 있기 때문에 그러한 제외가 용인될 수 있다고 생각한다.

신학이 진화 사상, 초기 우주의 물리학, 분자 생물학, 신경 과학, 카오스 이론, 생태학 등과 상호작용할 수 있는 방법들에 대한 탐구를 시작하기 전에 우리는 과학과 종교의 일반적인 주제들에 대한 네 가지

'접근법'을 더 면밀하게 검토할 필요가 있다. 첫 장에서 우리는 네 가지 접근법을 좀더 자세히 다룰 것이고, 그 다음에는 뒤에 나오는 특별한 문제들에 이것을 적용할 것이다.

■주석

1) Gordon D. Kaufman, *In Face of Mystery: A Constructive Theology*(Cambridge, Mass.: Harvard University Press, 1993).

2) Paul Tillich, *Dynamics of Faith*(New York: Harper & Row, 1967), pp. 1~8.

1 종교는 과학과 대립하는가?

'과학'과 '종교'라는 말을 들을 때, 우리는 즉각적으로 과학과 종교의 관계가 역사적으로 파란만장했음을 생각한다. 그러나 종교와 과학의 만남의 연대기에는 결코 전쟁 상황만 있는 것은 아니다. 이 책에서 우리는 과학과 종교를 연결하는 최소한 네 가지 서로 다른 방식이 존재함을 알 수 있을 것이다.[1]

갈등conflict : 과학과 종교가 근본적으로 화해가 불가능하다는 확신

분리contrast : 과학과 종교가 근본적으로 다른 질문에 응답하고 있으므로 진정한 갈등은 있을 수 없다는 주장

접촉contact : 과학과 종교 사이에 대화, 상호작용, 가능한 '공명', 특히 과학이 종교적 · 신학적 이해를 형성하는 방식들을 찾는 접근법

지지confirmation : 매우 심오한 수준에서 종교가 전체 과학의 노력을 지

원하고 자양분을 공급하는 방법들을 강조하는 다소 조용하지만 극히 중
요한 관점

이 네 가지 접근법의 파악은 이 책의 주제를 구성하는 복잡한 문제의
덤불을 헤치고 나아가는 데 도움을 줄 것이다.

1. 갈등

많은 과학 사상가들은 종교가 과학과 결코 화해할 수 없다고 확신한
다. 그들은 당신이 과학자라면 어떻게 정직한 신자일 수 있는지, 적어
도 신을 믿는 점에서 종교적일 수 있는지 상상하기 어렵다고 말한다.
그들이 이러한 결론을 이끌어내는 주된 이유는 종교는 직접적인 방법
으로 종교적인 개념들의 진실성을 분명히 입증할 수 없지만 과학은 그
것을 할 수 있기 때문이다. 종교는 신의 존재에 대한 구체적인 증거를
제공하지 않고 슬쩍 빠져나가려고 한다. 반면에 과학은 기꺼이 그것의
모든 가설과 이론을 '경험'에 비추어 실험하려 한다. 종교는 공정한 증
인과 회의적인 주장에 대하여 만족스러운 방식으로 실험할 수 없다. 그
러므로 과학적 이해의 방식과 종교적 이해의 방식 사이에는 '갈등'이
있음이 틀림없다.

역사적·철학적 고려는 모두 이러한 준엄한 판결을 실증해주는 것으
로 보인다. 역사적으로 우리는 분명한 사례들만을 회상해볼 필요가 있
다. 17세기 교회에서 있었던 갈릴레오에 대한 핍박과 19세기와 20세기
에 널리 퍼진 다윈의 진화론에 대한 종교적이고 신학적인 혐오감이 대
표적이다. 종교 사상이 이러한 과학 사상과 화해하는 데 더딘 점이나
많은 유신론자들이 아직도 과학 사상에 혐오감을 가지고 있다는 점은

종교가 과학과 결코 잘 지닐 수 없음을 시사한다. 그렇게 많은 신앙인들이 천문학, 물리학, 생물학의 발견들에 저항했으니 종교가 본래부터 과학에 적대적이라는 말이 이상할 것인가?

그러나 이러한 역사적 고려보다 더 중요한 것은 종교와 신학이 과학적 회의론자들에게 노출시킨 부담스런 철학적(특히 인식론적) 장애물들이다. 여기에 있는 주요한 문제는 종교적 개념들이 경험적으로 검증 가능하지 않아 보인다는 점이다. 즉 종교적 개념들은 공적인 시험의 엄밀함을 비껴가는 반면 과학은 항상 그 개념들을 공개적인 실험에 내놓는다. 만약 경험적 점검으로 어떤 과학적 가설이 잘못되었다는 것이 밝혀지면 과학은 기꺼이 그것을 버리고 대안을 찾는다. 그리고 다시 이것도 동일하게 엄밀한 검열 과정을 거치도록 한다.

그러나 종교적 가르침에 대하여 그렇게 할 수 있는가? 그들은 관찰에 의거해서 진실성을 입증하려는 모든 시도를 회피하지 않는가? 예를 들면 유신론자들은 그들이 세상에서 커다란 고통이나 악을 포함해서 무엇을 보든 신을 계속 믿지 않는가? 예를 들면 유대교는 그들의 신에 대해서 "비록 그분이 나를 죽인다 할지라도 나는 그분을 신뢰해야 할 것 아닌가"라고 말하지 않는가? 세상에 대한 모든 종교적 해석은 우리가 실제로 경험하는 것에 모순된다 하더라도 근본적으로 영향을 안 받지 않던가?

이것을 다른 방식으로 표현해보면 종교적 가르침은 회의론에 대하여 '반증이 불가능해' 보인다. 20세기의 유명한 철학자 중 한 사람인 칼 포퍼Karl Popper는 진정한 과학이란 그 개념이 잘못되었다는 것을 보여줄 증거를 제시할 수 있어야 한다고 주장했다. 즉 과학은 다양한 주장에 대한 '반증falsification'을 무릅써야 한다.[2] 예를 들면 상대성 이론은 광파(光波)가 항상 중력장의 존재하에서 휘어진다고 예측하므로 과학자들은 이러한 예측이 사실이 아닐 수 있는 가능한 예를 찾아야 한다. 그들이 반대를 위한 증거를 찾을 수 없다면 이것은 상대론이 반증에 대한 모든 시도를 견뎌내는 데 꽤 강한 이론임을 의미한다. 반증 가능성은 한 이론의 과학적 지위의 표식이다. 개념이 반증되도록 기꺼이 허용하는 것은 과학을 정화해주며 과학이 사물의 본성에 대하여 알아가는 진정으로 열려 있고 정직한 방법임을 드러낸다.

그러나 종교는 비교할 만한 개방성을 보여줄 수 있는가? 과학적 회의론자들(종교를 과학의 이름으로 배격하는 이들)은 종교가 과학이 가진 엄격한 정직성을 결여하고 있다고 선언한다. 예를 들면 신 존재 가설 God-hypothesis은 완전히 반증을 할 수 없는 것으로 보인다. 따라서 그것은 과학의 법정 앞에서 검열을 통과할 수 없다. 신의 존재를 부인하도록 만들 상황이나 경험을 상상할 수 있겠는가? 그렇게 할 수 없다면 신이란 개념은 반증 불가능함에 틀림없고 그러므로 진지하게 취급될 수도 없다.[3]

회의론자들의 주장에 따르면 종교는 선험적인 가정, 즉 '믿음'에 기초하는 반면 과학은 어떤 것도 당연하게 생각하지 않는다. 게다가 종교는 길들여지지 않은 상상력에 크게 의존하는 반면에 과학은 관찰 가능한 사실들에 집착한다. 그리고 종교는 매우 정서적이며 열정적이며 주관적인 반면에 과학은 공평하며 냉정하며 객관적이다. 이러한 대조적 속성으로 과학과 종교는 극복할 수 없는 상호 적대감에까지 이르게 되는 것 같다.

이 책의 다음 장들에서는 과학적 회의론과 종교가 과학과 대립한다는 확신을 주는 여러 표현들을 자세히 살피게 될 것이다. 그러나 회의론자들이 종교와 과학이 충돌한다고 주장하는 유일한 자들이 아니라는 점을 간단하게나마 여기에서 언급해둘 필요가 있다. 성서문자주의자들

(성서의 말들이 문자 그대로 사실이라고 생각하는 사람들)도 종종 그들의 믿음과 몇몇 잘 확립된 과학 이론들 사이에 갈등이 존재한다고 본다. 과학적 개념들이 성서의 글자와 합치하지 않을 때(매우 자주 발생한다), 성서문자주의자들은 과학이 틀렸고 종교가 확실히 옳다고 주장한다. 이 것은 진화론에 있어서 특히 그러하며 또한 기적과 우주의 창조, 생명의 기원, 그리고 다른 문제들에 대해서도 그러하다. 많은 수의 기독교인들은 성서가 '진정한' 과학을 가르치며 세속 과학이 성서의 문자와 일치하지 않는다면 거부되어야 한다고 주장한다.

성서문자주의자 외에 과학이 종교의 적이라고 생각하는 또 다른 비평가들이 있다. 그들은 현대 생활과 문화에서 대부분의 공허함과 무의미함을 야기한 것은 다름아닌 과학의 도래였다고 주장한다. 그들의 주장에 따르면 과학이 인간의 영원한 '가치'에 대한 요구로부터 '사실'에 대한 경험을 분리시켰을 때, 과학은 우주에서 진정한 의미를 앗아갔다. 그리고 종교의 주된 임무는 사물의 의미를 가르치는 것이므로 그것은 과학과 화해할 수 없다. 과학혁명이 일어나지 않았다면 우리는 더 나은 삶을 살았을 것이다.

예를 들면 논쟁이 되고 있는 최근 저작에서 영국의 저널리스트인 브라이언 애플야드Bryan Appleyard는 과학이 영적으로 파괴적이며 고대의 권위와 전통을 사라지게 하여 현대적 경험이 전통적인 의미에 대한 감각을 결여하게 만들었다고 열렬하게 주장한다. 그러므로 과학은 본유적으로 종교와 공존할 수가 없다. 과학은 도무지 중립적인 앎의 방법이 아니라 우리 문화의 정신적 실체를 빼앗아 간 파괴적이고 심지어 마귀적이기까지 한 힘이다. 애플야드는 계속해서 누구도 엄밀하고 정직하게 종교적이면서 동시에 과학적일 수는 없다고 말한다.[4]

과학은 "절대적으로 종교와 양립 가능하지 않다"는 애플야드의 주장은 다른 측면에서 과학적 회의론자들에 의해 지지된다. 다만 그들은 과학이 문화의 공허화보다는 해방을 가져다준다고 보는 점이 다르다. 회의론자들은 많은 신앙인들이 과학과 종교 사이에 아무런 갈등도 없다고 보고 많은 유신론자들이 이른바 훌륭한 과학자들임을 잘 인식하고 있다. 하지만 회의론자들은 여전히 과학의 논리와 정신은 근본적으로 모든 유신론적 종교와 양립이 불가능하다고 주장한다. 코넬 대학교의 과학사학자 윌리엄 프로바인William Provine이 말하듯이 우리가 과학자이면서 동시에 신자일 수 있다면 우리는 "교회 문 앞에서 우리 머리를 점검해봐야 한다."[5] 이러한 판단에 대한 더 자세한 이유들은 뒤에 오는 각 장에서 제시될 것이다.

2. 분리

한편 많은 과학자들과 신학자들은 종교와 과학 사이에서 아무런 대립을 발견하지 못한다. 이들의 주장에 따르면 각각 명쾌하게 정의된 탐구영역에서만 유효하다. 우리는 종교를 과학의 기준에서 평가하면 안 된다. 그리고 그 반대도 마찬가지다. 왜냐하면 각각이 묻는 질문이 완전히 다르고 그들의 대답 내용 또한 너무나도 달라서 그것들을 서로 비교하는 것은 아무런 의미도 없기 때문이다. 종교와 과학이 둘 다 같은 일을 하려고 한다면 그것들은 양립 가능하지 않을지 모른다. 그러나 그것들은 근본적으로 다른 임무를 가지고 있고 우리가 그것들의 분리된 영역을 잘 유지해 서로의 영역을 침범하지 못하게 한다면 과학과 종교 사이에 어떤 실질적인 '문제'는 아무것도 발생하지 않는다.

이러한 '분리' 접근법에 따르면 종교가 과학과 갈등한다는 인상은 거의 항상 이전의 혼동, 즉 종교적·세속적 신념 체계와 과학을 '융합'하려는 것에서 비롯된('융합'은 앞으로 종종 나오게 될 용어로서 상이한 항목들이 분명한 차이를 상실하면서 뒤섞임을 의미한다) 갈등을 피하기 위해서 분리 접근법은 먼저 과학과 신앙을 분화가 안 된 범벅으로 융합시키는 것을 피해야 한다고 주장한다. 결국 갈릴레오의 생각이 17세기의 종교인들에게 그토록 적대적으로 보인 것은 중세 신학이 종교와 과학을 명쾌하게 구분할 수 없었기 때문이다. 과학과 종교의 분리된 영역을 승인하지 못한 교회가 갈릴레오의 새로운 개념을 자신들의 영역에 대한 침범인 것처럼 여겨 정죄하는 사태가 발생했던 것이다. 물론 이것은 매우 불행한 오해였다. 그것은 많은 과학자들이 여전히 종교에 대해서 느끼는 많은 적개심을 유발했다.

그러나 우리는 이제 제대로 알아야 한다. 우선 종교와 과학은 서로의 일에 참견할 권리가 없다. 있을지도 모를 싸움을 피하기 위해서 두 번째 접근법은 과학과 종교는 다르다는 것을 주의 깊게 지적해야 한다고 주장한다. 과학과 종교는 실재를 이해하는 완전히 독립적인 방식이기 때문에 서로가 적대적인 것으로 인식하는 것은 의미없는 일이다.[6]

이런 점에서 융합은 과학과 믿음을 부주의하게 뒤섞음으로써 갈등을 피하려는 바람직하지 않은 시도다. 융합은 과학과 종교가 판이하게 다른 점을 인정해주지 않고 그것을 하나로 섞어버림으로써 거의 구분할 수 없는 지경에까지 이르게 한다. 예를 들자면 오늘날 많은 보수적 기독교인들은 성서는 신의 영감으로 만들어졌고 오류가 없기 때문에 우리에게 우주와 생명의 시작에 대한 가장 믿을 만한 과학적 정보를 제공한다고 주장한다. 그들 중 어떤 이들은 그들의 과학과 믿음의 융합을 '창조 과학'이라고 부른다. 그들은 세계의 창조에 대한 성서의 설명을 문자 그대로 해석하는 것을 옹호하면서 다윈의 진화론에 대한 거부 입장을 표명했다. 그들은 성서의 이야기가 과학적이기 때문에 그것을 진화 생물학에 대한 가장 좋은 대안으로서 학교에서 가르쳐야 한다고 주장한다.

융합의 또 다른 흔한 종류는 '일치주의concordism'이다. 일치주의는 과학을 내놓고 거부하기보다는 성서의 텍스트를 현대 우주론의 윤곽에 대략적으로라도 일치하도록 만든다. 가령 창세기의 축자적 진리를 살리기 위해서 어떤 신앙인 과학자들은 창조의 6일을 우주 진화에 대한 과학적 설명에 있어서 해당된다고 생각되는 여섯 시대와 연결시킨다. 이런 해석에 따르면 오늘날 종교가 지적으로 받아들여지려면 어떤 희생을 치르고라도 그것은 과학적으로 보여야 한다. 예를 들면 물리학자 제럴드 슈뢰더Gerald Schroeder는 『창조와 빅뱅 *Genesis and the Big Bang*』에서 상대성 이론은 절대 동시성에 대한 상식적 개념에 도전함으로써 한번 더 우리가 성서에 묘사된 6일 과정을 문자 그대로 인정할 수 있게 한다고 주장한다. 그는 한 좌표계에서 1일로 보이는 것이 다른 좌표계에서는 수십억 년일 수 있다는 것을 보여주려고 시도한다. 그래서 결국 성서는 과학과 일치하고 물리학자들은 이제 종교를 받아들일 수 있다![7]

과학과 종교의 융합은 세계를 단일한 방식으로 이해하려는 인간의 열망에서 태어난 것이다. 그것은 과학과 종교를 깔끔하게 조화시키는 것처럼 보이기 때문에 수백만의 사람들에게 호소력을 갖는다. 얼핏 보기에는 과학과 종교를 뒤섞는 것이 갈등을 피하는 믿을 만한 방법으로 보일 것이다. 그러나 결국 과학과 종교의 부적절한 뒤엉킴은 풀리기 시작할 것이며 갈등의 느낌이 표면적 일치를 대신하게 될 수도 있음을 역사는 보여준다. 진화 생물학, 지질학, 천문학 같은 과학에서의 새로운 발전은 축자적 성서 해석과 자연에 대한 과학적 해석의 쉬운 동반 관계를 종식시킨다. 과학적 이해 방식과 종교적 이해 방식 간의 큰 차이를 무시함으로써 갈등을 피하는 것은 어쩔 수 없이 열매 없는 대립을 가져온다. 불행하게도 대중 매체는 이런 점에 관심을 집중하고 과학과 종교는 숙적이라는 인상을 사람들에게 심어준다.

앞으로 우리는 '융합'에 대하여 많이 이야기하게 될 것이다. 그러나 과학과 종교의 융합은 이 둘 사이의 실제 관계를 모호하게 만들기 때문에 우리의 분류 체계에서 유효한 제5의 범주가 될 수 없다. 결국 우리가 추구하는 바는 과학과 종교의 관계를 이해하는 적절한 방법이다. 그러나 어떤 두 항목을 연결시키기 위해서는 먼저 우리는 쌍방을 구별해야 하며 융합은 이러한 구별을 할 수 없게 만든다. 그런데도 융합은 이 책의 주제들을 둘러싼 논쟁의 출발점이 되므로 우리의 탐색의 배경 속에 계속 숨어 있을 것이다. 우리는 심지어 이 책의 목적을 융합으로 뒤엉킨 혼돈상태로부터 진정한 '대화'를 위한 거칠 것 없고 명쾌한 광장으로 길을 내는 것으로 표현할 수 있다. 이러한 과정을 통과하기 위해서 내가 갈등, 분리, 접촉, 지지라고 부르는 네 가지 유형을 고려하는 것이 필요할 것이다.

그러므로 '분리' 접근법은 이 길을 닦는 데 있어서 중요한 단계다. 왜냐하면 그것은 융합에서 발생하는 갈등을 날려버리는 매혹적이고 단순한 방법을 제안해주기 때문이다. 융합이 어쩔 수 없이 인도하게 될 상호 적대감을 피하기 위해서 이 두 번째 접근법을 지지하는 이들은 종종 타협의 여지없이 과학과 종교를 각각의 분리된 통에 넣고 봉인해야 한다고 재치 있게 주장한다. 과학과 종교 간의 모순이 있다는 인상을 피하기 위해서 우리는 그것들이 통에서 새어나와 공통적인 의미의 흐름이 되지 못하게 해야 한다. 이렇게 그것들을 절연시킴으로써 우리는 상호 대립의 관점을 저지할 수 있다.

둘이 같은 게임을 하게 되면 어떤 경우든지 서로 대립할 수 있다. 하지만 다른 게임을 한다면, 예를 들면 체스에서 한 수 두는 것을 도움이 되든 안 되든 야구에서의 플레이play와 비교하는 것은 의미가 없다. 완전히 다른 규칙이 각 게임을 지배한다. 그러므로 한쪽이 다른 쪽보다 낫다고 말하는 것은 무의미하다. 마찬가지로 과학과 종교는 같은 경기장에 속하지 않기 때문에 하나를 다른 것과 비교하는 것은 의미가 없다. 우리는 그것들을 경쟁관계나 갈등관계에 놓아서는 안 된다. 그러므로 분리를 제안하는 것은 효과적이다.

좀더 구체적인 논의를 해보자면 전형적으로 이 접근법의 지지자들은 과학이 하는 '게임'은 자연 세계를 경험적으로 탐구하는 것이지만 종교가 하는 게임은 경험적 세계를 초월하는 궁극적인 의미를 드러내는 것이란 점을 강조한다. 과학은 자연에서 일들이 어떻게 일어나는지에 관계되고, 종교는 도대체 무언가가 왜 없지 않고 있는지에 관계된다. 과학은 원인에 관계되고, 종교는 의미에 관계된다. 과학은 풀릴 수 있는 문제를 취급하고, 종교는 풀리지 않는 신비를 취급한다. 과학은 자연의 작동에 관한 구체적인 질문에 답하지만, 종교는 자연의 궁극적 토대에 대한 관심을 표현한다. 과학은 특별한 진리에 관심이 있지만 종교는 왜 우리가 진리를 찾아야 하는지를 설명하는 데 관심이 있다.

분리 접근법은 이러한 차이점들을 많은 신학자들이 과학과 종교의 임무 사이에 명쾌한 논리적 구분을 허락하는 지점에서 둘을 명확하게 분리해야 할 이유로 간주한다. 오직 그것들 사이에 선을 확실하게 그음으로써 우리는 갈등으로 이끌게 될 융합을 피할 수 있다. 분리는 과학과 종교를 독립적이고 자율적인 앎의 방식으로 상정한다. 이 접근법에 따르면 과학과 종교를 분리된 진영에 놓음으로써만 그것들 사이에 궁극적인 전쟁을 예방할 수 있다. 그러므로 이들은 갈릴레오와 교회 사이에 있었던 명예롭지 못한 사건은 만약 신학이 오늘날 과학에게만 돌려질 영역에 침입하지 않았다면 피할 수 있었다고 주장한다.

따라서 아마도 이 책의 목표에 도달하기 위해 취할 가장 안전한 접근법은 분리 접근법일 것이다. 많은 신학자들과 과학자들이 그것에 끌리고 있음은 이해할 만하다. 왜냐하면 그것은 모든 것을 깨끗하게 보이게 만들어서 있을지 모를 대립에 대한 두려움 없이 우리가 과학의 발견과 종교의 믿음을 모두 받아들일 수 있게 해주기 때문이다.[8] 과학과 종교가 융합의 혼돈을 헤치고 더 미묘한 논의로 나아갈 때 우리가 분리라는 훈련소를 통과하는 것은 아마 거의 필수적일 것이다.

그러나 우리가 그것에 호소하는 또 다른 이유는 분리 접근법이 과학과 과학적 회의론의 기저가 되는 가정을 구분하도록 해주기 때문이다. 융합이라는 의심스러운 기법을 활용하는 이들은 창조주의자들과 무지한 신앙인들만이 아니다. 과학적 회의론은 전형적으로 과학을 그들 자신의 신념 체계와 융합시킨다. 물론 그들의 신념 체계는 유신론이 아니라 '과학주의'이다.[9]

과학주의는 "과학이 진리로 이끄는 믿을 만한 유일한 인도자라고 믿는 것"으로 정의될 수 있다. 과학주의는 결코 과학이 아니라는 것이 강조되어야 한다. 과학은 우주에 대한 중요한 것을 알아가는 온건하고 믿음직하며 생산적인 방법인 반면 과학주의는 과학이 총체적 진리에 도달하는 유일하고 적절한 방법이라는 가정이다. 과학주의는 '객관적' 실재와 인간의 이성을 접촉시키는 완전히 믿을 만한 유일한 방법으로 과학을 떠받드는 철학적 신념(엄밀히 말하면 '인식론적' 신념)이다.

분리 접근법을 따르면 그러한 교의적 확신은 그 자체가 초연하고 객관적이며 중립적인 과학적 앎의 과정의 산물이 결코 아니다. 오히려 그것은 우리가 종교에서 발견한 종류와는 전적으로 다르지 않은 일종의 결단faith-commitment이다. 과학주의에 헌신하는 자들은 과학적 방법 그 자체를 신뢰하지만 그들은 신앙인들과 마찬가지로 이러한 믿음의 진실성을 과학적으로 입증할 수 없다. 그들은 세계의 모든 혼란을 청산하는 데 과학의 힘을 깊이 신뢰하지만 이러한 신념을 논리적 순환 없이 과학적으로 정당화할 수는 없다.

회의론자는 종종 종교적인 신처럼 과학이 전(前)과학적 무지라는 원죄로부터 우리를 구원할 것처럼 과학을 신뢰한다. 그러나 분리 접근법이 지적하듯이 과학이 진리로 이끄는 믿을 만한 유일한 인도자라는 것을 입증할 과학적 실험을 설계할 방법이 없다. 그런 실험은 우리를 올바른 결론으로 인도할 과학의 유효성에 대한 믿음을 이미 전제할 것이다. 그러므로 과학주의는 사실상 '과학적 창조주의'만큼이나 과학과 신념의 융합인 것이다.

그러므로 신 존재 가설이 반증 가능하지 않기 때문에 유신론이 흠을 가지고 있다고 한다면 과학주의 자체가 반증 시험을 통과할 수 있는지의 여부를 묻는 것도 정당해 보인다. 그렇게 하기 위해서 그 옹호자들은 어떤 조건하에서 그것이 반증될 수 있는지 진술할 수 있어야 한다. 그들은 과학이 부적절하다는 것을 보여줄 방법을 열심히 찾아야 한다. 그러나 그렇게 하는 대신에 그들은 그것이 어떤 경우에서든지 사실이라고 가정한다. 적어도 이런 측면에서 그들의 과학에 대한 믿음은 의심스럽게도 그들이 반증 가능하지 않다고 하여 거부하는 종교와 같아 보인다.

이와 같이 분리 접근법은 종교의 적은 과학이 아니라 과학주의임을 환기시켜주는 점에서 도움이 된다. 그들은 과학과 과학주의의 불명확한 융합이 현대 과학자들이 종교를 반대하는 대부분의 근거라고 주장할 것이다. 보통 과학적 회의론자들은 의식하지 못한 채 무비판적으로 과학적 방법과 과학주의, 즉 어떠한 과학적 증명 없이 과학이 사물을 바라보는 유일한 적절한 방법이라고 가정하는 신념 체계를 융합시켰다. 그러므로 그들이 과학이 종교와 대립한다고 단순하게 결론짓는 것은 별로 놀라운 일이 아니다. 그러나 분리의 방법은 과학적 방법과 어떠한 신념 체계—종교적이건 세속적이건—와의 융합을 금지시킨다. 왜냐하면 조만간 그러한 종류의 경솔한 결합은 불필요한 갈등을 유발할 것이기 때문이다.

이런 이유 때문에도 분리 옹호자들은 '과학'의 사악함에 대항하는 브라이언 애플야드의 전통적 종교 문화 옹호에 협력할 수 없다. 현대 문화에서 종교적 깊이를 빼앗아간 것은 애플야드가 주장하듯이 과학이 아니라 과학주의이다. 우리는 과학과 과학주의를 명쾌하고도 일관되게 구분해야 한다. 그리고 이것이 바로 애플야드가 실수한 점이다. 암묵적으로 그는 과학과 회의론자들이 죄 없는 이름 '과학'으로 지칭하는 과학주의의 융합을 묵묵히 따른다. 이러한 명확한 구분의 실패는 그에게 오도된 격분을 불러일으킨다.

3. 접촉

분리 방법론은 명쾌함을 얻기 위한 중요한 단계일지 모르지만 여전히 실재에 대한 더 통합된 상을 추구하는 이들을 만족시키지 못한다. 이언 바버Ian Barbour가 말하듯이 분리는 도움이 되는 첫 접근법이지만 그것은 오도가도 못하는 막다른 골목에 사물들을 남겨놓는다.[10] 모든 앎의 방식에서 일관성을 발견하려는 열망은 너무 강렬해서 우리는 무제한으로 그것을 억누를 수 없다. 여기에서 우리는 간단히 접촉이라고 부를 세 번째 접근법을 고려할 것을 제안한다.

종교를 과학에 연결시키는 이 방법은 분리 입장에 의해 정의된 두 영역으로 세계를 구분해두는 것을 달가워하지 않는다. 그러나 그것은 융합의 표면적 조화로 되돌아가기를 희망하지도 않는다. 그들은 과학과 종교가 논리적으로, 언어적으로 독특하다는 데 동의하지만 실제 세계에서 그것들은 분리 입장이 가정하는 만큼 쉽게 구분될 수 없다고 생각한다. 결국 서양에서 종교는 과학사를 형성하는 데 도움을 주었고, 과학적 우주론은 반대로 신학에 영향을 미쳤다. 비록 우리는 과학과 종교를 정의에 의해 명쾌하게 논리적으로 구분하려고 시도할 수 있지만 그것들을 완전히 분리하는 것은 불가능하다.

게다가 분리 접근법이 허용하듯이 모든 옛 우주론이 모든 옛 신학과 양립 가능하지는 않은 것 같다. 예를 들면 진화 생물학과 빅뱅 이론에 의해 묘사되는 세계는 뉴턴, 데카르트, 심지어 토마스 아퀴나스의 상과 평화롭게 공존할 수 없다. 신학자들이 의식하든 그렇지 않든 그들은 항상 그들의 신에 대한 논의에 적어도 암시적으로 우주론적 가정을 끌어들인다. 그들이 정직하다면 이러한 사실을 시인할 것이다. 그러나 그들의 우주론적 가정이 과학적으로 낡은 것인 경우가 종종 발생한다. 따라서 접촉 접근법은 신학이 항상 우주론과 적극적으로 "조화로운" 상태에 머물기를 추구한다.[11] 신학은 지나치게 과학에 의존할 수 없지만 과학계에서 무엇이 진행되고 있는지에 대하여 관심을 가져야 한다. 신학은 그 개념을 과학에 가장 유익하다고 고려되는 용어들로 표현하려고 노력해야 한다. 그래야 신학은 지적으로 무의미해지지 않을 것이다.

이런 이유 때문에 접촉 접근법은 과학자와 신학자 사이에 열린 대화를 추구한다. '접촉'이라는 용어는 필연적인 융합 없이 만나는 것을 함축한다. 그것은 상호작용, 대화, 상호접촉을 허용하지만 융합과 분리를 금한다. 그것은 차이를 보존하기를 주장하지만 관계 또한 중시한다.

접촉은 과학적 지식이 종교적 신념의 지평을 넓힐 수 있으며 종교적 신념의 관점이 우주에 대한 우리의 이해를 심화시킬 수 있음을 제안한다. 그것은 과학으로부터 신의 존재를 입증하려고 노력하지 않으며 단지 과학적 발견들을 종교적 의미의 틀 안에서 해석하는 것에 만족한다. 그것은 표면상 신적 설계자를 직접 가리키는 것처럼 보이는 과학적 개념에 호소함으로써 종교적 교의를 지지하기를 추구하지 않는다. 과학적 개념들이 신의 존재에 대한 논증을 승인하기 위해 사용될 수 있었던 시대는 끝났다. 각각이 자체적으로 제공할 수 있는 것보다 더 선명한 연결 의미를 함께 양산하는 방식으로 과학자들 고유의 방법에 어떤 식으로도 간섭하지 않으면서 종교적 신앙이 과학과 함께 번성할 수 있음이 확실하다.

예를 들면 우리가 이 책에서 논의하는 종류의 종교는 사물을 바라보는 특별한 방식을 그 추종자들에게 주입시키려고 특징적으로 추구하고, 이 관점은 생물학과 물리학에서의 최근의 발전에 틀을 부여하는 데 이상적 적합성을 가지고 있다. 아브라함의 이야기에 뿌리를 둔 예언적 종교 전통들은 그 추종자들에게 모든 것에 부여된 약속을 찾도록 초청한다. 유대교, 기독교, 이슬람교는 진정한 '믿음'이란 새로운 삶과 꿈도 꿔보지 못한 일의 가능성은 가장 절망적인 상황에서조차 잉태되어 있다고 확신하는 것이라고 생각한다. 그러므로 진정한 종교적 태도란 미래는 열려 있어 예측도 할 수 없는 성취가 전체 우주를 기다린다는 것에 대한 견고한 확신이다.

그러한 희망적인 의식에 대한 지향은 처음에는 과학이 우리에게 요구하는 '실재론'과 양립 가능하지 않아 보인다. 그러나 다음 장들에서 자주 주목하게 될 것이지만 많은 종교 사상가들은 실재를 약속으로 보는 개념에 의해 형성된 신념관점faith-perspective과 새로운 과학적 발전의 결과로서 밝혀지는 우주 사이에 놀라운 일치가 있다고 할 수 있는 것들을 찾아냈다.

과학자와 신학자 사이의 가장 흥미로운 대화가 지금 이루어지고 있는 것은 이러한 종류의 '접촉'에서일 것이다. 흔히 말하듯이 이러한 대화는 종종 줄타기를 닮았고 토론 참가자들은 때때로 융합이나 분리 중 한쪽으로 돌아가곤 한다. 접촉은 다른 접근법보다 안정화되기가 훨씬 어렵다. 융합의 불 속에서 타버리거나 분리의 얼음 속에서 얼어버리지 않기 위해서 때때로 접촉 접근법은 유체 또는 심지어 난류 적 특성을 갖는다. 일관성을 찾으려는 이 접근법의 노력은 흥미롭고 전망 있어 보이지만 좀처럼 완전한 결론을 내지 못한다.

오늘날 이러한 접촉이 일어나는 방식은 다양하다. 뒤에 오는 각 장에서 우리는 특별한 예들을 보게 될 것이다. 접촉 옹호자들은 과학이 세계에 대해서 말하는 것이 실제로 우리의 종교적 이해에 변화를 일으킨다고 주장한다. 그리고 그들은 과학에 동조된 종교적 의식이 경험적 데이터를 변화시키는 것 없이 과학적 탐구의 결과들이 놓일 일관된 틀을 제공할 방법들을 제안한다.

마지막으로 우리는 여기에서 과학의 본성에 대한 최근의 철학적 논의에서 과학과 신학의 방법들은 갈등 입장이나 분리 입장이 넌지시 밝힌 것처럼 그렇게 다르게 보이지 않는다는 것을 언급해야 한다. 과학은 우리가 생각했던 것처럼 순수하고 객관적으로 보이지 않으며 신학은 그렇게 불순하지도 주관적이지도 않아 보인다. 과학과 신학은 모두 어떤 종류의 '데이터'를 해석하기 위해 상상력을 발휘한 은유와 이론을 양산한다. 그러나 어떤 경우에도 어디에서 은유와 이론이 끝나고 '사실'이 시작되는지 항상 명쾌하지 않다. 실제로 오늘날 철학자들은 해석되지 않은 사실은 없다는 점에 대해서 합의점에 도달해 있다. 과학과 신학에 우리가 이전에 알아차리지 못했던 인간적 '구성construction'의 측면이 있다는 것을 이전보다 더욱 의식하고 있다. 이것은 반드시 우리의 개념들이 비객관적이라는 것을 의미하지는 않지만 진리의 탐구에서 사용하는 표현의 특별한 형태를 절대적으로 개정 불가능한 것으로 신성시할 수는 없음을 의미한다.

예를 들면 과학적 이해가 문화적·역사적으로 조건지어지는 본성을 갖는가에 관한 최근의 연구는 과학 교과서들이 만들어내는 순수한 객관적 활동의 모형으로 과학을 단순하게 가정할 수 있는지에 의문을 제기하게 한다. 토마스 쿤Thomas Kuhn이 지적하였듯이 과학 교과서들은 가면을 쓰고 과학적 이해의 진화 과정의 저변에 있는 논쟁과 갈등을 감춘다. 그것들은 학생들에게 과학적 방법이 진리를 향한 직통로라는 인상을 주지만 실제 과학사는 지식의 성장이 그렇게 직선적이지 않다는 것을 보여준다.[12] 과학과 우리에게 친숙한 다른 사고 방식들 사이에 명쾌한 선을 긋는 것은 이제 더 어려울 것이다.

과학적 '사실들'이 항상 어떤 점에서 우리 자신의 구성물이고 불가피하게 이론 적재적(theory-laden)이지만, 그것들이 우리의 취향에 독립적으로 존재하는 실제 세계와 무관한 황당한 추측은 아니다. 어떤 점에서 지식의 사회적 본성에 대한 새로운 이해로 단련된 우리지만 여전히 과학적 개념과 종교적 개념이 실제 세계—단순히 바라는 바를 초월한—에 관해 말하고 있다고 믿을 수도 있다. 마음이 우리를 실제 세계와 접촉하게 할 수 있다—항상 잠정적인 방식이지만—고 보는 입장은 '비판적 실재론'으로 알려져 있다. 소박한 실재론과 구분되는 비판적 실재론은 과학적이든 종교적이든 우리의 이해는 우주든 신이든 실제 세계를 향하고 있지만 우주와 신이 항상 인간의 마음이 담기에는 너무 거대하기 때문에 과학과 종교에서의 우리의 생각 또한 항상 수정할 준비가 되어 있다고 주장한다.[13]

그러므로 과학과 종교는 우리가 비판적 실재론이라고 부르는 것의 규칙을 따라 진행하기로 동의할 때에만 의미 있는 접촉을 할 수 있다. 이 계약에서 좋은 과학은 사물이 자연의 방식에 조금이라도 접근하기를 희망하지만 세계를 나타내는 방식에 대해서는 항상 비판적 태도를 받아들인다. 그리고 비판적 실재론의 원리에 충실한 신학적 방법은 우리의 종교적 상징이나 개념도 마찬가지로 항상 지속적인 수정을 요구하지만 초월적 실재자, 즉 무한히 파악이 어려울지라도 항상 참으로 '거기에' 있는 존재자를 유한한 방식으로 지시할 수 있음을 받아들인다.

이 형이상학적 계약에서 과학적 이론과 종교적 은유는 많은 현대 사상과 포스트모던 사상이 주장하듯이 단지 풍부한 상상력이 꾸며낸 이야기가 아니다. 오히려 그것은 항상 실제 세계 및 그것의 궁극적 토대와 임시적인 관계를 맺는다. 우리의 표상을 초월하는 이 세계는 항상 불완전하게 이해될 뿐이다. 그리고 세계의 존재는 항상 우리의 가설들을 '판단'하고, 과학과 종교라는 두 영역 모두에서 우리의 이해를 심화시키도록 계속해서 요청하고 있다. 그러므로 과학과 종교 사이의 진정한 '접촉'의 기초를 제공하는 것은 실재에 대한 비판적 개방성의 공유인 것이다.

4. 지지

접촉의 단계에서 과학과 종교에 대한 우리의 논의를 끝내는 것도 상당한 성과지만 나는 개인적으로 더 멀리 나아가고자 한다. 나는 과학과 종교 간의 조화를 발견하려는 모든 노력을 평가하려고 한다. 그러나 나는 앞의 세 접근법 중 어느 것도 아직 명시적으로 승인하지 않은 과학과 종교의 훨씬 더 친밀한 관계를 생각한다. 나는 이 절과 이 책 전체에서 종교가 전체 과학 활동을 심오한 측면에서 지지하고 있다고 주장할

것이다.[14]

물론 과학 지식을 실제적으로 적용하는 위험한 방법들을 종교가 강화하도록 재촉해서는 안 된다. 나의 제안은 단지 알고자 하는 소박한 열망을 종교가 본질적으로 강화한다는 것이다. 즉 우선적으로 종교는 과학을 태어나게 하는 바로 그 동기를 지지해준다.[15] 나는 이 네 번째 접근법을 '강화'나 '원조'와 동일한 의미로 '지지'라고 부른다. 왜냐하면 우상적 함축이 주의 깊게 제거된 종교는 우주를 이해하려는 과학적 노력을 완전히 승인해주고 심지어 뒷받침해주기 때문이다.

나는 과학이 오늘날 심각한 비판에 직면해 있다는 것을 알고 있다. 많은 비평가들은 심지어 과학이 현대 세계의 대부분의 병폐에 책임이 있다고 생각한다. 그들은 과학이 없다면 핵 위협도, 공기, 토양, 수질의 전지구적 오염도 없을 것이라고 말한다. 우리와 우리의 행성은 과학이 없다면 아마도 더 좋아질 것이다. 그들은 과학이 근본적으로 자연에 대한 공격이며 통치를 위한 궤멸적 실행이라고 주장한다. 과학은 우주의 주인이 되기 위해서 그것으로부터 모든 비밀을 쥐어짜내려는 파우스트적 노력이다.[16] 어떤 이들은 심지어 과학이 본유적으로 가부장적이며, 여성에 대한 우리 문화의 압제와 긴밀하게 연결된 자연에 대한 착취라고 주장한다.[17]

과학이 이러한 악들과 본유적으로 연결되어 있다면 분명히 신학은 과학을 승인하기를 희망하지 않을 것이다. 그러나 과학에 대한 많은 비판은 적어도 원리적으로는 과학 자체로부터 명쾌하게 구분될 수 있는 사조나 동기들을 과학과 동일시하는 잘못을 범하고 있다. 본질적으로 말해서, 나는 과학이 총체적 실재의 어떤 작은 부분을 경험적으로, 그리고 가능한 한 수학적으로 명쾌하게 이해하려는, 겸손하지만 생산적인 시도들이라고 생각한다. 우리가 과학주의에서 발견하는 것 같은 전지(全知)에 대한 허세는 도무지 과학의 일부가 아니다. 이것은 애플야드가 받아들일 수 없는 것이지만 분리 입장이 융합에 대한 저항에서 적절하게 밝혀주는 사항이다.

대부분의 과학 비평가들은 근본적으로 과학이 인간이 알고자 하는 단순하고 수수한 열망에서 시작된다는 것을 시인하려 들지 않는다. 우리는 이러한 진리에 대한 근본적인 열망을 인간의 다른 욕망—가령 쾌락, 권력, 안전에 대한 욕구—과 구별해야 한다. 그것들이 바로 과학을 진리 추구와 관계없는 충동의 노예로 만드는 것이다. 그러므로 종교가 과학을 지지한다고 말할 때, 나는 과학이 부당하게 이용되고 융합되는 모든 꼬인 방식들을 종교가 승인해준다고 주장하는 것이 아니다. 내가 말하는 것은 단순히 과학이 자라나고 번성한, 앎에 대한 사심 없는 욕망이 우주의 종교적 해석에서 가장 든든한 지지를 발견한다는 것이다.[18]

이러한 접근법은 이에 대한 보답으로 종교를 과학이 승인해주기를 요구하거나 기대하지 않는다. 그것은 단지 실재에 대한 종교의 시각이 본유적으로 우주에 대한 과학적 탐구를 지지해준다고 주장할 뿐이다. 분리 접근법은 종교가 특정한 과학적 이론에서 종교적 가르침에 대한 지지를 구하는 것이 얼마나 위험한가를 현명하게 지적해준다. 왜냐하면 현재 받아들여진 과학적 개념들은 다음 탐구 세대에 의해서 쉽게 폐기될 수 있기 때문이다. 그러나 과학이 실재를 이해 가능한 전체로 보는 종교의 근본적인 관점에 뿌리를 둠으로써 과학은 잃는 것이 없고 얻는 것뿐이다. 이러한 실재의 이해 가능성은 모든 실재가 궁극적으로 신뢰할 만한 존재, 즉 모세, 예수, 마호메트의 추종자들이 '신'이라는 이름으로 부르는 존재에 기초를 두고 있다는 데에서 얻어진다.[19]

그러나 이것은 과학이 스스로의 힘으로 모을 수 있는 우주에 관한 어떤 정보를 종교가 과학자들에게 제공한다고 주장하는 것이 아니다. 종교는 입자 물리학이나 유전 암호에 관련한 특별한 통찰력을 가지고 있지 않다. 종교의 과학에 대한 승인은 결코 특별한 과학적 가설이나 이론과의 융합을 포함하지 않는다. 오히려 종교의 과학 지원은 좀처럼 과학자들이나 신학자들이 제대로 감지하지 못하지만 훨씬 더 심오하게 이루어진다.

지지 접근법은 다음과 같이 언급될 수 있을 것이다. 우주가 유한하고, 일관성이 있고, 합리적이며, 질서를 갖춘 총체로서 궁극적인 사랑과 약속에 토대를 두고 있다는 종교의 주장은 지식을 얻으려는 과학적 탐구에 지속적으로 자양분을 주는, 사물에 대한 일반적인 관점을 제공하며, 속박하는 이데올로기라는 연상으로부터 과학을 해방시킨다.

더 구체적으로 말해서 과학은 우주가 합리적 질서를 갖춘 사물의 총합이라는 일종의 선험적 '믿음'에 근거하지 않고는 출발조차 할 수 없다. 과학자들은 항상 몇 가지 암묵적 믿음들(과학자들은 좀처럼 명확히 의식하는 방식으로 그것들을 숙고하지 않는다)에 의존한다. 거기에는 실제 세계가 '저기에' 있다, 이 실제 세계는 이해할 수 있는 방식으로 연결되어 있다, 인간의 마음은 적어도 세계의 이해 가능태intelligibility 중 몇몇을 이해할 수 있는 능력이 있다, 아무리 우리가 탐구를 심화시켜도 여전히 밝혀낼 이해 가능태는 존재한다 등이 포함된다. 이런 종류의 신뢰 없이 자연에 존재하는 질서를 찾거나 이 질서의 특수양상을 계속해서 더 깊이 탐구할 동기가 있을 수 없다.

심지어 통찰력, 일관성 및 진리를 향한 마음의 자발적 추구에도 우리가 '믿음'이라고 부르는 것과 별로 다르지 않은 동인이 있다. 우리가 현대 물리학 또는 다른 분야들에서 쉽게 보듯이 과학적 탐구의 근본적 목표는 우리가 탐구하는 우주를 통합하거나 지탱하는 그 무엇을 찾아내는 것이다. 과학은 종교와 마찬가지로 통합적 지식에 대한 이러한 추구에 의해 태어났다. 그러나 사물의 일관된 이해를 얻으려는 과학자들의 억누를 수 없는 욕망의 뿌리에는 '믿음'과 다름없는 기초적인 확신(즉 실재가 결국에는 어떤 종류의 질서의 통합체를 발견하려는 열망에 굴복할 것이라는 확신)이 있다.

그러므로 실재의 무제한적 합리성에 대한 기본적 신뢰라는 의미에서 믿음은 과학에 대립되는 것이 아니라 오히려 과학의 원천이다. 모든 인간의 지식처럼 과학은 마이클 폴라니Michael Polanyi가 "신탁(信託)적"(fiduciary, 라틴어의 fideo, '신뢰하다'에서 유래) 측면이라고 부르는 것을 가지고 있다.[20] 이러한 신뢰의 요소가 없다면 우선 과학을 통해 진리를 추구하려는 동기가 아예 없을 것이다.

그러면 이러한 우선적인 신뢰와 종교의 정확한 관계는 무엇인가? 우리는 종교가 과학의 실제 작업에 침입하지 않도록 주의해야 하지만 종교가 필연적으로 과학의 저변에 깔린 신뢰에 대한 승인을 제공한다는 것이 나의 확신이다. 반복하지만 종교는 과학적 발견의 목록에 아무것도 더할 수 없다. 종교는 과학이 자체적으로 도달할 수 있는 사물의 규명을 임무로 하지 않는다. 오히려 종교는 그 본성상 우리가 실재의 전반적 합리성에 대한 신뢰를 갖도록 하는 일에 관계된다. 이런 의미에서 종교는 다른 접근법들이 밝힌 것보다 훨씬 더 긴밀하게 과학적 탐구의 인식론적 뿌리에 연결되어 있다. 과학적 가설의 대안적 원천이 아니라 과학을 시작하게 하는 믿음의 가정을 승인하는 것으로 간주되는 종교는 과학 활동을 가로막는 것이 아니라 장려한다.

종교는 신뢰가 떨어질 수 있다는 사실에 대한 인식 때문에 인간 문화에서 발생하며 종교의 주된 임무는 계속적으로 이러한 신뢰를 회복시키는 것이다. 종교는 우리의 신뢰를 일으키지 않는다. 왜냐하면 실재에 대하여 신뢰할 능력은 우리에게 타고난 것으로 보이며 그 능력이 우리의 신뢰가 떨어질 때 이번에는 신뢰를 회복시키는 기능을 하기 때문이다. 슈버트 오그든Schubert Ogden이 옳게 지적했듯이, 종교는 '재확신', 즉 우리가 생활 속에서 잃을 수 있는 기초적인 확신을 재충전시키는 것으로 가장 잘 이해된다. 종교는 우리의 실재에 대한 믿음이 세상에서 우리가 맞부딪치는 고통, 비극, 적대감, 부조리, 죽음에 의해 지속적으로 잠식당하기 때문에 존재한다.[21] 우주의 이해 가능성을 의심하게 만들 수 있는 많은 경험들이 있다. 그러나 종교의 핵심은 어떠한 상황에서도 신뢰를 잃지 않도록 격려하는 것이다. 이것은 실망했을 때 우리의 희망을 회복시키고, 최종적인 의미와 사물에 대한 약속, 즉 우주를 불합리하게 만드는 것 같은 경험들조차 밝게 비춰줄 수 있는 의미와 약속이 있음을 계속해서 확신하도록 도와준다. '신'이라는 단어는 세계의 궁극적인 일관성과 신뢰성을 보장해주는 이 신비한 의미와 약속을 우리가 바라보게 해준다.[22]

종교적 상징, 이야기, 그리고 가르침은 우리 자신의 것보다 무한히 더 넓은 관점이 존재하며 주어진 어떤 순간에 존재의 전영역을 포괄하기에는 우리 자신의 마음이 충분히 넓지 못하지만, 그럼에도 사물은 궁극적인 기준틀에 의해서 의미를 갖는다고 우리를 설득한다. 그러므로 종교는 현재의 이해 부족을 뛰어넘어 이 초월적인 폭과 깊이를 찾아갈 필요가 있다는 것을 함축한다. 내가 말하는 것은 그러한 동기력이 과학적 발견의 노력에 조용하게 힘을 불어넣을 수 있다는 것이다. 다시 말하면 세계가 결국 이해된다는 확신 위에서 과학이 번성하기 때문에 과학자들은 유신론자들일 수 있다.

나는 종교가 사물의 궁극적 이해 가능성을 신뢰하는 자세를 갖도록 우리를 초청한다고 말했다. 나는 그러한 신뢰에 우리 자신을 내맡기는 것은 과학과의 갈등에 우리를 몰아넣지 않고 반대로 우리에게 과학적 발견을 위해 여행할 마음가짐을 준비시킨다고 주장한다. '지지' 접근법은 과학자들이 한없이 이해 가능한 세계를 향해 출발할 때 지녀야 할 믿음에 직접 접근함으로써 '접촉' 접근법보다 더 많이 나아간다. 그러므로 과학적 담론과 연관하여 부여받을 종교의 위치는 특정한 과학적 질문에 답변하는 자리가 아니라(이것은 융합에 해당되므로) 우선적으로 왜 우리가 진리를 찾는 모험에 나서야 하는지에 관한 근원적인 질문에 대한 답을 제시하는 자리다. 종교의 임무는 과학적 질문에 대한 경쟁적 '답'의 제시자로 과학과 나란히 서는 것이 아니라 실재의 일관성에 대한 과학자들의 신뢰를 지지하는 것이다.[23]

회의론은 과학에 맡겨져야 적절한 문제 풀이에 종교를 참여시키는 소박한 노력을 제대로 폭로했다. 우리가 종교적 가르침을 특정한 과학적 수수께끼의 답으로 제시할 때는 언제든지 회의론자들이 아주 적절하게 우리를 공박한다. 예를 들면 과학적 창조주의자가 기원에 대한 더 좋은 과학적 설명으로 진화론보다 성서의 창조 이야기를 제시할 때, 회의론자는 종교가 정직한 과학적 탐구를 전복시키려 한다고 지적함으로써 적절하게 반응한다. 그러나 우리가 창조에 대한 성서의 설명을 대안적이고 경쟁적인 과학적 정보의 집합이 아니라 실재의 궁극적 신뢰성을 경험하라는 초청으로 해석한다면, 아무런 갈등이 필요 없다.

종교는 과학적 문제의 풀이가 아니라 우리의 신뢰의 기초를 놓는 것과 가장 적절하게 관계된다는 관점을 유지한다면 종교와 과학의 관계를 밝히려는 시도에서 우리는 불필요한 융합과 이원론을 피할 수 있다. 이런 식으로 종교의 위치를 부여할 때, 우리는 어떻게 종교가 과학의 부정이 아니라 과학의 승인으로 기능하는지를 보게 된다. 이때 종교는 과학과 융합하지는 않지만 긴밀하게 연결된다. 과학에 대한 종교의 함축은 다른 세 접근법이 우리에게 보여준 것보다 훨씬 더 근본적이고, 긴밀하고, 적극적이다.

결론

앞에서 개관한 네 접근법은 다음 장들을 위한 모범이 된다. 갈등, 분리, 접촉, 지지라는 소제목하에서 나는 오늘날 과학이 종교에 대해서 제기하는 아주 흥미로운 질문들에 대한 답으로 각 접근법의 입장을 제시할 것이다. 이러한 입장들은 마치 각각의 대표들이 출석해 1인칭 복수형으로 당신에게 호소하는 것처럼 제시될 것이다. 완전한 3인칭의 요약에서는 나타나지 않을 생생함과 명료함을 살리기 위해 다소 '논쟁적인' 발표 스타일로 진행할 것이다.

나는 깊은 생각을 자극하는 이 반복적인 형식을 긴장을 고조시키기 위해서가 아니라 단지 과학과 종교의 의미 있는 대화를 위한 일종의 서론을 제시하기 위해 사용할 것이다. 그리고 나 자신의 편향이 각 장의 접촉과 지지의 절에서 가시화될 것이다. 하지만 나는 각각의 네 '목소리'가 가능한 한 자신의 주장을 납득시키는 형태로 제시되도록 하겠다. 분명히 어떤 장도 논쟁 중인 주제들에 대한 견본 이상을 제시할 수는 없지만, 진행해감에 따라 각 접근법의 단편들이 더 완전하고 일관성 있는 그림으로 합쳐지기를 희망한다.

마지막으로 우리는 8장에서 더 명쾌하게 보겠지만, 다른 장들에서 연구되는 문제들 모두가 하나의 큰 질문, 즉 현대 과학의 측면에서 우리는 대부분의 조상이 그랬던 것처럼 우주에는 모종의 '의미'가 있다고 더 이상 개연성을 가지고 주장할 수 있는가라는 확실히 너무 큰 질문에 수렴할 것이다. 우리는 일단 우주의 목적 또는 이러한 큰 관심과 우리 개인의 삶의 의미에 대한 관련 질문의 관계에 대한 암묵적 몰두에서 벗어나 진화와 신, 아인슈타인과 신, 카오스와 신, 우주와 신 같은 것에 대해 묻게 될 것이다. 그러나 우주의 목적에 대한 질문은 논의가 진행됨에 따라 우리와 결코 멀지 않음이 드러날 것이며 우리가 이 탐험의 끝에 다가갈 때 더 명시적으로 그것에 다시 돌아갈 것이다.

■주

1) 이언 바버도 그의 책, *Religion in an Age of Science*(New York: Harper & Row, 1990)에서 네 가지 유형을 제시하지만 그것은 내가 여기에서 사용하는 것과는 핵심적인 부분에서 서로 다르다. 나는 바버가 나의 '갈등'과 '분리' 입장에 명쾌함을 더한 것을 인정하지만 그의 세 번째와 네 번째 유형인 '대화'와 '통합' 사이에서 충분히 명쾌한 논리적 구분을 찾지 못한다. 그래서 나는 바버가 대화와 통합이라고 부르는 것을 더 넓은 제3의 범주(그것을 나는 '접촉'이라고 부른다)에 집어넣고 다른 제4의 범주로서 '지지'를 더한다. 이는 종교와 신학이 원리적으로 전체 과학의 노력을 묶어서 키워내는 심오한 방법들을 내놓는 신학적 연구들이 점점 많아지는 것을 반영한 것이다. 바버도 이 점을 참작하지만 그는 그것을 자신의 유형의 다른 측면들에 포함시킨다.

2) Karl Popper, *Conjectures and Refutations*, Second Edition(Routledge and Kegan Paul, 1965), pp. 33~9.

3) Antony Flew and Alasdair MacIntyre, eds., *New Essays in Philosophical Theology* (New York: Macmillan, 1964).

4) Bryan Appleyard, *Understanding the Present: Science and the Soul of Modern Man* (New York: Doubleday, 1993), pp. 8~9.

5) William Provine, "Evolution and the Foundation of Ethics," in Steven L. Goldman, ed., Science, *Technology and Social Progress*(Bethlehem: Lehigh University Press, 1989), p. 261.

6) Barbour, *Religion in an Age of Science*, pp. 10~6.

7) Gerald Schroeder, *Genesis and the Big Bang: The Discovery of Harmony Between Modern Science and the Bible*(New York: Bantam Books, 1990).

8) 이 접근법은 신학자 칼 바르트Karl Barth와 루돌프 불트만Rudolf Bultmann의 추종자인 기독교인들에게 호소력을 갖는다. 분리 관점은 또한 철학자 루트비히 비트겐슈타인 Ludwig Wittgenstein의 후기 저작과 그의 개념, 즉 여러 다른 언어 게임들이 있으며 이 게임 중 하나에서 작동하는 의미와 진리의 기준은 다른 게임들에서 적용되지 않을 수 있다는 주장에 영향을 받은 신학자들에게도 역시 매력적이다.

9) 과학주의는, 우리가 나중에 보겠지만, '과학적 유물론'과 '환원주의'로 알려진 서로 연관성을 갖는 이데올로기들과 제휴한다.

10) Ian Barbour, *Religion in an Age of Science*, p. 15.

11) 신학과 종교 사이의 조화의 추구는 맥멀린Ernan McMullin, 피터즈Ted Peters, 러셀 Robert Russell 등이 지지하고 있다. Ted Peters, ed., *Cosmos as Creation: Theology and Science in Consonance*(Nashville: Abingdon Press, 1989).

12) Thomas Kuhn, *The Structure of Scientific Revolutions*, 2nd ed.(Chicago: University of Chicago Press, 1970).

13) Arthur Peacocke, *Intimations of Reality*(Notre Dame: University of Notre Dame Press, 1984)를 보라.

14) 내가 '지지'라고 부르고 있는 것은 더 포괄적인 범주인 '접촉'에 포함될 수 있을 것이다. 그러나 나는 두 접근법 사이에는 논리적으로 명쾌한 구분이 가능하다고 생각한다. 우리가 세 번째 유형에 흡수시키기로 허용한다면 쉽게 잃어버릴 수 있는 측면에서 '지지'는 종교가 어떻게 어떤 측면에서 과학의 자양분이 되는지를 드러낸다. 이 범주를 따로 분리시키는 또 다른 이유는 '접촉' 접근법의 추종자들이 항상 지지의 더 근본적인 함축들 중에서 어떤 것들은 받아들이려 하지 않기 때문이다.

15) 이것은 Bernard Lonergan, S. J.의 글들에서 특히 지지되는 접근법이다. 특히 *Insight: A Study of Human Understanding*(New York: Philosophical Library, 1970)을 보라.

16) Appleyard, *Understanding the Present*를 보라.

17) Carolyn Merchant, *The Death of Nature: Women, Ecology, and the Scientific Revolution*(San Francisco: Harper & Row, 1980)을 보라.

18) 다시 나는 독자에게 Lonergan, *Insight*를 읽어볼 것을 권한다.

19) 내가 머리말에서 말했듯이 이 책에서 '종교'란 '유신론적' 믿음을 지칭하지만 나중에 볼 것처럼 '유신론'의 의미는 어쩔 수 없이 과학과 접촉하면서 영향받을 것(그리고 종종 상당히 개정될 것)이다.

20) Michael Polanyi, *Personal Knowledge: Towards a Post-Critical Philosophy*(New York: Harper Torchbooks, 1964), pp. 299ff.

21) Schubert Ogden, *The Reality of God*(New York: Harper & Row, 1977), pp. 32ff.

22) 같은 책.

23) 이 접근법의 모델은 David Tracy, *Blessed Rage for Order*(New York: The Seabury Press, 1975), pp. 91~118에 나타나 있다.

2 과학은 인격적인 신을 부인하는가?

앞에서 주목한 대로 일반적인 의미에서 '종교적'이 되는 것은 꽤 쉽다. 무신론자나 불가지론자라 할지라도 보통 자신들의 삶에서 '궁극에 대한 관심'을 불러내는 매우 중요한 무언가를 지적할 수 있으며 그들은 기꺼이 그것을 '종교'라고 부를지도 모른다. 그러나 '인격적인' 신에 대한 믿음은 어떤가? 현재의 과학 지식의 진보가 이런 종류의 종교를 낡은 것으로 만들지 않았는가? 다음의 네 절에서 나는 이 질문에 대한 특색 있는 답들을 앞장에서 개관한 입장들의 옹호자의 목소리로 제시할 것이다.

우리가 이 책에서 들을 서로 다른 목소리들의 독특성을 강조하기 위해 과학과 종교에 관한 네 입장의 대변인들이 당신 앞에서 말한다고 상상해볼 것을 권한다. 각각의 네 그룹이 간섭받지 않고 당신에게 직접 자신의 입장을 제시하도록 하라. 그리고 다음 장들에서도 그들 각각의 관점을 다른 문제들에 대해서 확장시키도록 하라. (이 장과 그 다음 장들에 각각의 제시문 앞뒤에 큰 인용 부호가 있다고 상상해주기 바란다.)

1. 갈등

과학적 회의론자[1]들은 "과학이 인격적인 신에 대한 믿음과 양립 가능한가"라는 질문에 이와 유사하게 대답할 것이다.

> 우리는 과학을 진지하게 받아들이는 사람이 오늘날 인격적인 신에 대한 개념을 철저하게 믿지 못할 것이라고 보는 것 외에 어떻게 다른 결론에 도달할 수 있는지 상상하기 힘들다. 과학은 어떠한 신적 인격체가 우주의 기초를 이루고 그것에 어떤 관심을 가질 것이란 증거를 도무지 제시하지 않는다. 과학적 회의론의 대표자인 물리학자 스티븐 와인버그 Steven Weinberg는 그의 최신 저작 『최종 이론의 꿈Dreams of a Final Theory』에서 우리의 입장을 매우 명쾌하게 표현하고 있다. 와인버그는 과학이 사물의 본질을 더 깊이 들여다볼수록 우주는 '관심을 갖는' 신의 흔적을 더 적게 가진 것으로 보인다고 말한다.[2]

우리는 과학의 등장 이전에 자연 현상을 많은 인격적 신들에게, 그리고 나중에는 단일한 신에게 돌리는 것이 쉬웠다는 것을 인정한다. 대지의 좋은 것들은 신의 은총의 선물 같았고 심지어 폭풍우나 홍수, 지진이나 가뭄과 기근 같은 나쁜 것들도 신의 역사(役事)로 비춰졌다. 경건한 신자들에게 전우주는 현상의 주변에 숨어 있는 모종의 광대한 지성과 의지가 존재한다는 표시였다.

그러나 이제 주로 과학 때문에 상황이 극적으로 바뀌었다. 조금씩 조금씩 과학은 세계를 '탈신비화'했고 현상을 하나씩 하나씩 파고들어 그 표면 아래에서 의식이 없는 물질만을 찾아냈다. 과학이 더 깊이 파고들 수록 우주는 더욱 비인격적인 모습을 드러냈다. 이전에 자연의 예측 가능한 법칙들은 신적인 지성을 암시했지만 뉴턴의 시대 이래로 관성의 개념과 물리학의 다른 비인격적인 관념들은 신이란 관념을 점차 불필요하게 만들었고 우주를 더욱더 자체로서 설명될 수 있게 만들었다.

얼마 동안 우리 동료 과학자들 중 몇몇이 신비주의에 대한 향수 때문에 죽은 물질로부터 생명이 출현한 것은 매우 기적적인 사건이어서 오직 살아 있는 신만이 생명을 우주에 불어넣을 수 있었을 것이라고 추측했다. 그러나 이제 과학은 생명의 비밀이 생명이 없는 분자와 원자로 되어 있다는 것을 입증했다. 특별하고 비물질적인 힘이 생명을 우주에 탄생시키는 데 필요하다고 보는 견해인 생기론은 이제 부인되었다. 화학과 물리학의 관점에서 생명에는 특별한 것이 아무것도 없다.

그러나 당신은 반대할지도 모른다. 인간의 의식이라는 놀라운 현상이 이 우주를 기적적으로 인격적인 우주로 만들지 않는가? 초월적인 지성과 완전히 단절된 우주의 과정이 사고나 우리 자신 같은 '인격적인' 존재를 만들어낼 수 있는가? 이 질문에 대해서 우리는 현재 신경 과학은 결국 인간의 정신성과 인격적인 자아 같은 현상조차 순수한 물질적 용어로 완전히 설명할 수 있을 것이라는 예측이 가능한 지점까지 진보했다고 대답할 것이다. 최근에 대니얼 데닛Daniel Dennett은 『의식의 설명 Consciousness Explained』에서 우리가 지금 기초 과학의 원리들에 의해 의식을 완전히 규명해낼 지점에 와 있다고 썼다.[3] 충분한 시간이 주어진다면 (우리는 수십억 년의 시간을 이미 확보했다) 죽은 물질과 완전히 비인격적인 자연 과정의 집합이 정신을 가진 존재를 충분히 양산할 수 있다. 우주는 이 일이 일어나게 하기 위해 인격적인 신에 근거할 필요가 없다.

우주론과 물리학의 새로운 발전은 우리 회의론자들에게 와인버그 같은 과학자들의 추측대로 우주가 저변에 있는 섭리적 보호의 인격적 원리를 전혀 갖지 않을 것이라고 생각하는 것이 옳다고 확신하게 만든다. 와인버그는 물리학이 우주의 '근본적인' 법칙들을 설명할 모종의 '최종 이론'을 발견하기 직전에 와 있다고 생각한다. 그것이 이루어지면 자연의 최종적인 법칙들 아래 또는 뒤에 숨어 있는 신이라는 친구를 발견할 것인가? 와인버그는 그렇게 되지 않을 것이라고 확언한다.[4]

그러므로 과학은 분명히 이 점에서 종교와 정면으로 충돌한다. 결국 신의 '인격성'은 유대교, 기독교, 이슬람교에서 필수 불가결하다. 인간의 인격과 연결되는 특성들―물론 그것들보다 무한히 더 격상되어 있지만―과 유사한 특징을 가진 신에 대한 믿음이 없다면 이들 종교는 완전히 무너질 것이다. 신은 어떤 점에서 지적이고 이성적이며 자유로우며 사랑이 많으며 신실하다는 믿음이 그들 종교의 핵심을 이룬다. 그러나 이제 우리를 실재에 대한 가장 근본적인 수준까지 인도하는 과학인 물리학이 그러한 '관심을 갖는' 신에 대한 최소한의 암시도 발견하지 못했다는 것을 와인버그는 우리에게 상기시킨다.

우주가 근본적으로 비인격적이라고 확신하는 사람은 와인버그만이 아닌 듯하다. 많은 동료 과학자들이 그와 의견을 같이한다. 그 중에서 중요한 이는 20세기 가장 유명한 과학자인 알베르트 아인슈타인이다. 아인슈타인은 신에 대해 많은 말을 한 것이 사실이고 그는 심지어 자신을 '종교적인' 사람이라고까지 말했다.[5] 그러나 그는 우주에는 극적으로 신비한 무엇인가가 있다고 믿은 점에서 또는 우리 삶에 의미를 줄 수 있는 '초자연적인' 윤리적 가치에 헌신되어야 한다고 주장한 점에서 종교적이었다. 와인버그처럼 그는 인격적인 신의 존재를 분명히 부인했다.

역설적이지만 가장 자주 인용되는 아인슈타인의 말은 "신은 우주를 가지고 주사위 놀이를 하지 않는다"이고 아마도 이 말 때문에 많은 이들이 아인슈타인을 일종의 유신론자로 오해했을 것이다. 그러나 그의 저술을 더 넓은 맥락에서 판단하자면, 이 선언으로 그가 의도한 것은 우주는 법칙적이며 이해 가능하다는 그의 믿음을 공포하는 것이었다. 그는 유신론의 초월적인 신을 실제로는 받아들이지 않았다. 그에게는 유신론 종교에서 주장하듯이 우주에 독립해서 존재하는 인격적인 신이 없다. 그는 인격적인 신의 개념은 과학을 위해 불필요할 뿐 아니라 이제 종교에도 필요 없는 원시적인 미신이라고 말했다. 아인슈타인은 인격적인 신에 대한 믿음은 과학과 종교의 갈등의 주된 원인이라고 말했다.[6] 우리 중 많은 수가 이러한 판단에 동의한다.

그러나 와인버그는 아인슈타인이 스스로를 종교적인 사람으로 언급한 것은 여전히 다소 오해의 소지가 있다고 본다. 종교에 대한 그의 이해로부터 인격적인 신을 제거했지만 아인슈타인은 "종교 없는 과학은 절름발이이며 과학 없는 종교는 맹목적이다"라고 쉽게 선언할 수 있었을 것이다. 그러나 와인버그가 계속 말하듯이, 아인슈타인의 무신론적 정의는, 대부분의 사람들이 '종교'라는 용어로 이해하는 것과 일치하지 않는다. 왜냐하면 적어도 우리 자신의 문화적 맥락에서 종교는 보통 약속을 하고 사랑과 관심을 보여주며 세계를 구원하기 위해 행동하는 신, 즉 '관심 갖는' 신에 대한 믿음을 포함하기 때문이다.

과학과 종교를 논의하면서, 와인버그는 우리가 실제로 신앙인들이 이해하는 뜻으로 '종교'를 사용해야 한다고 설득력 있게 주장한다. 대부분의 사람들은, 적어도 서구권에서는, 우주가 신적인 인격체, 즉 지능, 의지, 감정, 의도, 책임 의식 등을 지닌 존재에 기초한다고 믿는다. 그러므로 와인버그가 함축하는 것은 우리가 '종교' 또는 '신'이라는 용어를 취해서 그렇게 인격적인 특징이 결여된 것으로 왜곡하여 신자들 자신이 그것을 인식하지 못하게 만든다면 이들을 정당하게 대우하는 것이 아니라는 것이다. 우리는 과학과 종교의 논의에서 더 솔직할 필요가 있고 언어를 꼬아서 우리가 실제보다 종교에 덜 적대적인 것처럼 보이게 만들려고 하지 말아야 한다.[7]

결과적으로 우리가 와인버그의 건전한 충고를 따르고 그 본래의 용어를 통해 유신론자와 대화를 한다면 우리는 과학이 종교와 화해할 수 없다는 결론을 내릴 수밖에 없다. 물론 세계가 관심을 갖는 인격적인 신의 손안에 안전하게 놓여 있다고 믿는 것이 좋을 것이다. 그러나 자연의 모든 복잡한 층들을 투과력 있는 물리학의 장치들을 써서 들여다보면, 두드러지게 비인격적인 우주의 텅 빈 중립성을 제외하고는 우리가 자연의 바닥에서 볼 수 있는 것은 없다. 와인버그의 말을 직접 들어보자.

약 150년 전에 매슈 아놀드Matthew Arnold는 퇴각하는 대양의 물결에서 종교적 신념의 후퇴에 대한 은유를 발견했고 물소리에서 '슬픔의 곡조'를 들었다. 관심 갖는 창조자가 준비한, 인간의 특별한 역할이 들어 있는 계획을 자연의 법칙 속에서 발견하는 것은 놀라울 것이다. 나는 우리가 하고자 하는 것을 의심할 때 슬픔을 느낀다. 나의 과학자 동료 중에는 자연에 대한 숙고를 통해 전통적으로 관심 갖는 신에 대한 믿음에서 다른 사람들이 발견했던 모든 영적 만족을 얻는다고 말하는 이들이 있다. 그들 중 몇몇은 심지어 실제로 그렇게 느낄지도 모른다. 나는 아니다. 그리고 아인슈타인이 그랬던 것처럼 자연의 법칙을 약간 떨어져 있는 무관심한 신과 동일시하는 것이 나에게는 도움이 되지 않는 것 같다. 우리가 신에 대한 우리의 개념을 정교화해서 그 개념을 그럴듯하게 만들면 만들수록 그것은 무의미해 보인다.[8]

신앙인들은 신을 세계에 대해서 열정적인 관심을 갖는 인격적인 존재로 상정한다. 이것이 이 책에서 다루고 있는 종류의 종교다. 그것은 윤리적 가치에 대한 막연한 헌신이나 우주에 널리 퍼져 있는 신비에 대한 느낌이 아니다. 무신론자는 윤리적 가치에 헌신하거나 우주의 신비에 두려움을 느낀다는 의미에서 '종교적'이라고 쉽게 주장할 수 있다. 우리가 본 것처럼 아인슈타인은 이 두 가지 의미에서 스스로를 '종교적'이라고 생각했다. 그러나 와인버그가 강조하듯이 과학과 종교에 대한 논쟁은 과학이 인격적인 유신론적 신과 양립 가능한지 물을 때만 실제 신랄함을 유지할 수 있다. 과학이 유대교도, 기독교도, 이슬람교도가 믿는 지적이며 의지적인 신을 용납할 수 있는가? 우리는 그것이 불가능하다고 생각한다. 그리고 우리는 이 책의 뒷부분으로 진행해나가면서 이러한 선언에 대한 더 많은 이유들을 제시할 것이다.

2. 분리

이 회의적인 입장에 대하여 '분리'를 주장하는 신학자들은 전형적으로 이와 유사한 말로 답변할 것이다.

앞장에서 제시된 구분을 따라 우리 '분리 옹호자'들은 와인버그에게 인격적인 신의 존재를 부인하는 것은 과학이 아니라 과학주의가 아니냐고 물어야 한다. 순수한 물리학 자체가, 와인버그가 명쾌하게 가정하듯이, 인격적인 신의 존재의 문제를 해결하는 데 도움을 줄지도 모르는 어떤 정보를 우리에게 줄 적절한 장비를 갖추고 있는가? 물리학은 정의에 의해 '인격'과 관계가 있는 어떤 것도 탐구의 영역에서 제외시키기 때문에 이런 질문을 하는 것이 공정해 보인다. 실제로 물리학의 놀라운 성공은 그것이 인격과 같이 복잡한 것을 논의에서 신중하게 제외한다는 점에서 상당 부분 기인한다. 처음부터 물리학은 철저한 방법론적 제한들에 조심스럽게 스스로를 종속시킨다. 물리학은 살아서 생각하는 존재들을 포함하여 우주에 있는 모든 복잡성을 취급할 수 없다는 것을 스스로 인정한다. 그래서 물리학은 엄격한 수학적 간결성을 정해놓고 스스로를 물질의 정량적 묘사에만 국한시킨다. 가령 입자 물리학은 인간의 역사, 자유를 위한 투쟁, 악의 문제, 개성의 미묘한 차이를 이해하는 것과는 관계가 없다. 이것들 모두는 물리학이 선택한 탐구의 영역을 뛰어넘어 존재하며 이것들에 얽혀버리면 물리학은 완전히 마비되고 말 것이다.[9] 그러므로 왜 우리가 물리학이 인격적 신의 존재에 대한 물음과 같이 그것의 탐구 영역과 거리가 먼 문제에 대하여 빛을 던져주리라고 기대하여야 하겠는가?

물리학은 인격(지능, 의지, 감정, 사랑, 관심, 자유, 창조성 등의 특성들)과 관계 있는 어떤 것도 배제한다. 그러므로 물리학의 '최종 이론'이 '비인격적인' 우주 외의 어떤 것을 밝혀낸다면 우리는 실제로 매우 놀라고 심지어 실망할 것이다. 만약 물리학이 본유적으로 인격적인 신호를 받아들이도록 만들어져 있지 않다면 그 표시장치에 아무것도 나타나지 않는 것을 의아하게 생각해야 하겠는가?

'인격적인' 신의 존재는 물리학을 포함하는 과학이 풀 수 있는 문제가 아니다. 과학과 종교는 그렇게 근본적으로 독립적이어서 우리는 하나가 다른 하나에 그렇게 많은 빛을 던지기를 기대해서는 안 된다. 과학은 상당한 수준의 수학적 추상화에서 작업하므로 그것의 방정식들은 우주를 둘러싸고 있을지 모를 어떤 신의 사랑이나 관심을 표현해줄 적절한 매개체가 아니다. 더욱이 물리학이 우리를 실재의 '근본적인' 수준과 접촉하게 만든다는 와인버그의 가정과는 정반대로 물리학은 실제로 실제 세계의 구체적인 복잡성에서 상당히 이탈한 관념과 추상개념들을 가지고 작업을 한다. 우리는 물리학 또는 다른 어떤 분야의 과학이 그 문제에 대해서 근본적인 실재와 우리를 접촉하게 한다는 생각에 결연히 이의를 제기한다.

그러므로 와인버그가 언급한 우주의 비인격성은 과학의 발견이 아니라 모호한 과학주의와 자연주의에 뿌리를 둔 믿음일 뿐이다. 과학만이 우리에게 실재의 충만성을 제시할 수 있다는 믿음을 고수한다면, 반드시 과학, 특히 물리학의 비인격적인 결과는 절대적이며, 기초적이며, 최종적인 진리로 숭상될 것이다. 그러나 우리 관점에서 추정되는 우주의 비인격성은 물리학의 결론이 아니라, 물리학만이 근본적인 실재와 우리를 접촉하게 해준다는―와인버그가 암묵적으로 주장하는 것과 같은―과학에 관련된 믿음의 귀결이다. 회의론자에게 신적 인격성의 존재 문제에 관하여 과학과 종교의 갈등이 있다는 인상을 갖게 하는 것은 과학이 아니라 과학과 과학주의의 융합일 뿐이다.

그러한 갈등은 어떤 질문이 과학에 적절한가와 어떤 것이 과학주의나 종교와 같은 신념 체계에 적절한가를 주의 깊게 구분하지 못한 결과다. 불행했던 갈릴레오 사건 이후, 이른바 과학과 종교가 투쟁한 예들의 대부분은 과학과 신념 체계의 융합에서 거의 필연적으로 따라나왔다. 신학자들이 과학의 영역으로 부주의하게 넘어 들어갔거나 과학자들이 의식하지 않은 상태에서 과학주의의 옷을 입고 그들의 생각을 개진했다.

과학과 과학주의라는 신념 체계의 결탁은 유신론적 종교와 불가피하게 충돌하게 마련이다. 그리고 과학주의는 '과학적 유물론'으로 알려진 유사한 신념들의 집합과 긴밀하게 연결되어 있다는 점을 우리는 주목해야 한다.[10] 과학적 유물론은 생명과 마음을 포함해서 모든 실재가 생명이 없는 물질로 환원 가능하며 그것에 의해 완전히 설명될 수 있다는 가정 위에 세워진 신념 체계이다.

그러나 어떤 의미에서 과학적 유물론이 또 하나의 신념 체계인지 궁금해질 것이다. 이 의문에 대한 우리의 대답은 종교나 신화처럼 과학적 유물론은 그 추종자들이 싸워 쟁취할 이상을 제시한다. 그것은 그들의 모든 과학적 노력과 심지어 그들의 생활에도 힘을 불어넣을 목표를 제시한다. 과학적 유물론자의 신성한 꿈은 조만간 심지어 인간의 의식을 포함하는 모든 실재가 완전히 화학과 물리학이라는 기초 과학에 의해 이해되리라는 것이다. 철저한 유물론적 설명은 많은 과학자들에게 그들의 일상 생활 속에서 쟁취할 중요한 무언가를 제공하는 성배(聖杯)와 같다. 그것은 심지어 그들에게 살 이유가 되기도 한다. 그 정도면 그것은 우리가 종교라고 부르는 것만큼 이상적인 신념 체계인 것이다.

그러나 유물론적 믿음은 근대 과학과 매우 긴밀하게 얽혀 있어서 오늘날 많은 과학자들은 그 얽혀 있음조차 거의 깨닫지 못하고 있다. 그래서 그들은 종종 실제로는 증명이 안 된 한 무리의 형이상학적 가정들이 과학적 방법과 부주의하게 융합된 것을 '과학'이라고 제시하는 경우가 많다.

우리는 과학적 유물론이 유효하고 중립적인 앎의 방법, 즉 과학과 무비판적으로 융화된 신념 체계나 가정뿐임을 다시 강조하여야 한다. 철학적 용어로 과학주의는 인식론적 성분이고, 유물론은 종교가 그 신자들에게 기능하는 것과 동일한 방식으로 과학자들에게 기능하는 영향력 있는 현대적 신조의 형이상학적 성분이다. 과학적 유물론은 종교를 닮았고 신념 체계로 불릴 수 있다. 왜냐하면 그것은 종교가 답하는 여러 동일한 궁극적 질문들에 체계적으로 답하기 때문이다. "우리는 어디에서 왔는가? 우리는 어디로 가고 있는가? 실재의 가장 심오한 본질은 무엇인가? 우리의 진정한 정체는 무엇인가? 영속적이고 사라지지 않는 어떤 것이 존재하는가?" 등이 그 예다. 과학적 유물론에 따르면 이 모든 질문에 대한 답은 '물질' 개념에 중심을 둔다. '물질' 개념의 명확성과 단순성—강경한 '실재론'—은 많은 과학자들과 철학자들에게 큰 호소력을 지닌다. 그것은 그들의 지식과 존재의 기초가 될 견고하고 이해 가능한 토대를 향한 종교적 열망을 만족시킨다.

그러나 우리는 일관성이 있어야 한다. 우리의 분리 접근법은 과학 또는 과학적 방법을 유신론적 종교뿐 아니라 모든 신념 체계로부터 명확하게 구분하여야 한다는 것을 강조한다. 그리고 과학적 유물론은 종교가 그러하듯이 과학으로부터 구분 가능하다. 그러나 오늘날 이 구분을 명확하게 하는 것은 종종 꽤 어렵다. 사실상 와인버그 같은 과학자들이나 데닛 같은 철학자들의 글에서 과학적 유물론은 그들의 '과학적' 제시에 긴밀하게 겹쳐져 있어서 그것들을 구분하도록 그들을 설득하는 것은 매우 어려운 일이다. 종종 그것은 불가능하다.[11]

그럼에도 불구하고 우리는 유물론적 또는 자연주의적 신념 체계와 과학의 순진한 융합이 많은 현대 지식인들을 오도하여 과학이 종교와 화해할 수 없는 관계에 있다고 생각하게 만든다고 확신한다. 왜냐하면 과학주의와 과학적 유물론이 신에 대한 관념과 모순된다는 것은 입증하기 어렵지 않지만 순수하게 과학적인 발견이 인격적 신에 대한 관념과 모순이 된다는 것은 아직 입증되지 않았기 때문이다. 그러면 우리가 여기에서 다루고 있는 것은 과학과 인격적 신에 대한 신념 사이의 갈등이 아니라 화해할 수 없는 두 신념 체계 사이의 갈등이다.

물리학이 우리를 근본적 실재에 접근하게 한다는 환상은 갈릴레오가 시작했고 곧 이어 근대 철학자들, 특히 존 로크가 승인한 자연에 대한 사고 방식에까지 거슬러 올라간다. 그들은 중대하고 이제 다소 의문의 여지가 있는, '일차'와 '이차' 성질을 구분했다. 일차 성질은 그것의 존재를 위해 인지 주체의 존재에 의존할 것 같지 않은 현상의 측면들이다. 그것은 측정할 수 있고 정량화할 수 있는 사물의 측면들로 예를 들자면, 물체의 위치, 운동량, 질량 등이다. 물리학이 전통적으로 다루어 온 것이 이른바 '객관적' 성질이다.

한편 이차 성질은 인지하는 주체의 존재를 요구하는 감각할 수 있는 사물의 특성들이다. 이것은 우리의 5감(시각, 청각, 미각, 후각, 촉각)과 관련되는 특성들로서 겉보기에 일차 성질보다 더 '주관적'인 것이다. 예를 들면 혀가 없어서 어떤 물체와 상호작용할 수 없다면 그것은 맛이 결여될 것이고 물체를 볼 수 있는 눈이 없다면 그것은 아무런 색도 갖지 못할 것이다. 미각과 시각의 특성들은 인지 주체가 상호작용을 하든 하지 않든 동일하게 존재하는 일차 성질보다 덜 실재적임에 틀림없다. 이차 성질은 인지하는 인간 주체의 존재로부터, 적어도 상당한 정도로, 그 박약한 존재를 이끌어내는 것으로 보인다.

근대 사상이 이러한 구분에 익숙해지자 우주는 '근본적으로' 비인격적인 일차 성질로 이루어졌고 우주를 다채롭거나 '인격적인' 것으로 바꾸는 것은 인간 존재일 뿐이라고 가정하기 시작했다. 물리학이 관계하는 영역은, 우리 감각이 그것에 투영하는 색이나 아름다움 밑에 영속적으로 동일하게 남아 있는 비인격적인 바탕으로 간주된다. 한편으로 예술, 시, 특히 종교의 세계는 이차 성질에 동화되어 있어서 상당히 주관적으로 간주되므로 '비실재적'이다. 인격적인 신이 무색, 무취, 무음(無音)의 일차 성질의 영역, 즉 '정말로 실재적인' 영역에서는 나타나지 않으므로, 근대 사상은 '객관적인' 우주가 어떠한 인간적인 존재와 떼어놓고 파악될 때, 인격적이라고 불릴 수 없을 것이라는 결론에 도달했다.

그러나 우리는 이른바 일차 성질이 실제로는 수학적 추상 개념일 뿐이라고 주장하고자 한다. 그것들 자체는 도무지 구체적이지도 '근본적'이지도 않다. 비인격적이고 추상적인 일차 성질을 구체적인 실재와 혼동하는 것은 단지 유물론적 신념 체계일 뿐이다. 화이트헤드는 이러한 혼동을 통찰력 있게 "오도된 구체성의 오류"라고 불렀다.[12]

물리학의 수학적 추상 개념을 구체적 실재와 동일시하는 것은 우리가 유용한 과학 개념들과 유물론적 신념 체계의 융합이라고 부르는 것과 동일하다. 화이트헤드가 몇십 년 전에 한탄했듯이, 이러한 융합 또는 혼동은 대부분의 근대 과학자들과 철학자들의 마음속에 철저히 침투해 있어서 여기에서의 우리의 제안은 아마도 쇠귀에 경읽기가 되고 말 것이다. 그러나 우리는 종교적 근본주의자들이 성서와 자연 과학을 융합시킨 것이 문제가 되는 만큼 근대 과학과 유물론적 이데올로기가 뒤섞인 불행한 융합도 문제라고 확신한다.

그러므로 우리가 끊임없이 다음의 권고를 반복하더라도 용서하라. 융합 뒤에 불가피하게 따라오는 갈등을 척결하기 위해, 과학적 방법과 모든 신념 체계—종교적이건 세속적이건—를 명확하게 구분하라. 단편적이고 항상 개정될 수 있는 자연에 대한 이해의 추구에서 과학을 사용하는 것은 좋다. 그러나 과학을 무엇이 실재적인가를 결정할 특권적이고 심지어 배타적인 결정자로 삼는 것은, 과학 자체를 훨씬 뛰어넘어 한 신념 체계(과학주의)의 어두운 내부로 깊이 들어가는 것이다. 우리는 신념 체계가 경험 과학의 결과에 간섭할 일이 없으며 과학은 우주의 궁극적 본질, 예를 들면 우주가 인격적인 신과 관계 있는지의 여부에 대해서 아무것도 말할 것이 없다는 것을 갈릴레오의 경우에서 배웠어야 했다. 과학을 신조로부터 엄격하게 분리해야만 우리는 종교와 과학의 관계를 혼동 없이 생각할 수 있다.

그러면 우리는 어떻게 과학 시대에 '인격적' 신에 대해 개연성 있게 말할 수 있는가? 우리의 대답은 아주 단순하다. 인격적 신에 대한 생각은 신의 자기 계시를 통해서 우리에게 온다는 것이다. 그리고 우리는 이 계시의 실재성을 과학을 통해서가 아니라 완전히 다른 종류의 경험, 즉 종교적 믿음에 관계된 경험을 통해서 확신하게 된다. 과학주의는 우리가 과학적으로 검증할 수 있는 실재적이거나 의미 있는 경험, 생각, 이론들만을 받아들여야 한다고 주장한다. 그러나 우리는 이 요구가 너무 독선적이고 임의적이라고 생각한다. 우선 앞장에서 명쾌해졌듯이, 과학주의의 주장은 그 자체가 검증 가능하지도 반증 가능하지도 않다. 또한 누가 종교적 주장이 과학적 주장만큼 경험에 확고하게 서 있지 않다고 말할 수 있겠는가.

결국 우리가 종교적 경험에 관해 말할 때, 우리는 정신이 발명하여 우리 머리 주위에서 떠돌게 내버려둔 실체가 없는 개념을 언급하는 것이 아니다. 우리는 인간이 서로 만나는 경험과 아주 유사한 진정한 구체적 경험에 대해 말하고 있다. 종교적 경험에서 신적 '자아'는 때때로 개인적으로 그러나 더 자주 신앙 공동체의 맥락 속에서 주도권을 쥐고 우리를 사로잡는다. 우리는 과학적 검증 시도와는 완전히 다른 방식으로 이것에 대해 확신한다. 우리가 인격적인 신과 만났다는 사실을 확증하기 위해 우리는 과학의 지지를 추구하지 않는다. 이것은 한 남자가 한 여자와 사랑에 빠졌다는 것을 과학적으로 입증하려는 노력만큼이나 황당무계하다.

우리는 우리를 돌보는 인격적인 신이 존재하는지에 대한 의심을 해결하기 위해 과학의 도움을 요청하지 않는다. 과학은 결국 우리를 '객체'에 접근하게 할 수 있을 뿐이지만 종교적 경험에서는 신적 '주체'가 우리에게 말을 건 것이다. 우리는 이 만남을 바라지 않았다. 사실 보통 우리는 신이 우리를 더 진지하게 살도록 도전할지 모른다는 두려움 때문에 그에게서 벗어나려고 했다. 그러나 결국 우리는 그의 저항하기 어려운 초청에서 벗어날 수 없었다. 우리는 결국 우리 자신이 그에 의해 사로잡히기를 허용했고 반갑게도 그가 만든 변화가 엄청난 자유를 주며 가장 심오한 의미에서 진실됨을 발견했다. 그가 우리의 삶에서 성취한 것은 우리의 믿음이 상당히 실재적인 무엇에 대한 경험에 근거하고 있음을 확신하게 만들었다. 다만 이러한 종류의 '경험'은 과학주의가 모든 종류의 확실성에 대한 기준으로 만들기를 원하는 천박한 경험적 방법과 근본적으로 다를 뿐이다.

전통의 지혜를 따른 우리의 관점은 각자가 신을 경험할 특별한 능력 또는 신에 의해 사랑으로 용납되었다는 것을 인식할 능력을 가지고 있다는 것이다. 그러나 우리가 신적 자기계시에 대해 인식할 수 있는 '능력'은 우리 안에서 일깨워질 필요가 있다. 우리는 이 각성을 우리 스스로 이루어낼 수 없다. 현대 세계에서 종교적 감각은 깊은 잠에 빠져들었으며 때때로 과학주의와 과학적 유물론의 가정들에 의해 마비되었다. 그러나 그것은 비록 잠들었지만(특히 세계가 탈신비화되었다고 생각하는 이들에게는 더욱 그렇겠지만) 그것은 여전히 우리의 수준을 뛰어넘어서 어떤 힘에 의해 일깨워져 되살아날 수 있다. 그러나 이러한 각성이 일어나기 위해서는 우리의 의식이 과학주의의 마수에서 헤어나야 한다. 그리고 이것이 우리가 논의를 시작하고 마칠 때마다 과학과 신념 체계를 분명히 분리시킬 것을 항상 그렇게 역설하는 이유다. 우리가 다른 주제로 들어갈 때 당신은 우리의 접근법이 과학과 종교의 문제를 해결하는 데 얼마나 효과적인가를 보게 될 것이다.

3. 접촉

그러나 세 번째 목소리가 이 시점에서 말할 것이다.

하지만 문제가 그렇게 단순할까? 과학과 종교의 관계에 관심이 있는 다른 이들은 분리 접근법에서 심각한 난점을 본다. 비록 우리가 과학을 논리적으로 종교나 자연주의적 신념 체계로부터 구분해야 한다는 점에 동의한다 하더라도 물리학을 포함한 과학은 궁극적 실재의 특성에 대한 우리의 이해에 대하여 아무런 함축도 갖지 않는다는 말인가? 과학이 형이상학적 또는 신학적 함축을 전혀 갖지 않으리라는 기대는 좀 순진하지 않은가? 과학이 우리에게 우주에 대해서 말하고 있는 것과 '인격적' 신에 대해 우리가 이해하는 것을 완전히 분리시킬 수 있는가? 또는 그렇게 하려고 노력을 해야만 하는 것인가?

예를 들면 자연 세계를 창조하고 유지하는 인격적인 신이 있다면, 물리학이 적어도 이러한 신적 존재의 본성에 대한 어떤 암시를 찾아낼 것을 기대하는 것은 너무 심한 것인가? 또는 종교가 우리에게 신이 자신의 약속에 영원히 신실하다는 것을 믿으라고 충고한다면, 이러한 사물에 대한 관점이 우주의 본질과는 완전히 동떨어져 있지 않다는 것에 대하여 과학이 약간의 힌트를 줄 수는 있지 않은가?

마찬가지로 신학은 우주를 때때로 우리와 무관하거나 심지어 적대적으로 보이게 만드는 과학적 발견들을 찬찬히 살펴서 이해해내려는 노력을 해야 하지 않는가? 분리 접근법은 과학과 신 관념의 복잡한 관계를 깊이 이해하도록 우리를 이끌 수 있는 성가신 대화를 단지 피하려고 하는 것이 아닌가? 요즘 물리학과 다른 과학들이 만들어내고 있는 매혹적인 개념들과 전혀 접촉하지 않으려는 신학은 다소 청교도적이다.

예를 들면 최근의 우주 물리학은 우주가 인간이 출현하는 단계까지 진화하는 데 약 100억 년 내지 150억 년이 걸렸다고 말한다. 왜 이른바 관심 갖는 신이 인간이 생겨나기 전에 우주가 그렇게 나이를 먹고 그렇게 커지도록 허용했는가를 신학이 묻는다면 신학은 경계를 넘은 것인가? 왜 우리는 과학의 입장에서 우리 종을 단지 우주 창생의 우연적인 첨가물로 쉽게 간주할 수 없는가? 새로운 우주론이 우리의 신학에 대해서, 특히 '인격적' 신의 개념—지금 우리가 알고 있는 우주의 엄청난 나이와 크기를 모르던 옛날에 생겨난 개념—에 대해서 이의를 제기하는 것은 당연하지 않은가?

17세기 철학자 블레즈 파스칼Blaise Pascal에 따르면 과학이 20세기에 밝혀낸 광대한 시간과 공간 내에서 우리 인간이 어떤 의미를 갖는가를 묻는 것이 적절한 것으로 보인다. 인간의 전역사에서 우리는 그렇게 당당하게 우리를 압도하는 우주의 시간적·공간적 규모를 느껴본 적이 없다. 우리의 종교적 전통은 우주의 광대함과 인간의 왜소함을 우리가 감지하기 오래 전에 생겨났다는 것을 우리는 항상 기억해야만 한다. 그러므로 우리는 현재의 우주론이 종교가 우리에게 제시한 신의 묘사에 대해 약간의 수정을 요구할 것이라는 생각을 억누를 수 없다. 천문학자 할로 섀플리Harlow Shapely가 말했듯이 종교가 우리에게 물려준 인간의 형상을 한 신의 개념, 즉 한 행성의 신의 개념을 가지고 우리는 더 이상 지탱해나갈 수 있겠는가? 현재의 우주론은 적어도 우리의 신학에 대하여 약간의 함축을 갖지 않는가?

오늘날 많은 신학자들과 과학자들은 분리 옹호자들이 허용하는 것보다 훨씬 더 가까운 과학과 신의 개념의 연계를 모색하고 있다. 우리는 분리 접근법이 적절하게 논박했던 융합으로 돌아가지 않고 창조적이고, 신실하며, 인격적인 신 개념과 과학이 우리 앞에 펼쳐놓고 있는 우주의 새로운 묘사 사이에서 더 많은 '접촉'을 추구한다. 그러면 우리는 어떤 종류의 인격적인 신을 현대 과학의 물리학 및 우주 물리학적 발견들과 연결시킬 수 있겠는가?

우리는 한꺼번에 이 질문에 다 답할 수 없다. 그러나 우리는 현대 과학이, 와인버그의 표현을 빌리자면, '관심 갖는 신'이 더 이상 그럴듯한가를 새롭게 묻기 시작할 것과 이 신이 어떠한가를 새로운 용어로 진술할 것을 요청하고 있다고 생각한다. 과학자들은 신에 관한 우리의 논의가 그들을 납득시키기를 요구할 권리가 있다. 신학은 공적으로 책임을 져야 한다. 그것은 과학적 추론에 대한 노출로부터 계시를 보호하기를 고집하는 사람들의 사적인 영역이 아니다. 이것은 오늘날의 신학이 진정 신의 인격성에 대해서 논의하기 원한다면, 과학적인 현대 우주론에 들어맞는 용어로 말해야 하는 것을 의미한다. 동시에 인격적 신에 대한 관념이 우주 과학이 우리에게 보여준 것보다 더 작을 수는 없다.

그러므로 두 번째 접근법이 종종 그러는 것처럼 우리는 있을지 모를 갈등으로부터 우리 스스로를 보호하기 위해 신학을 과학의 새로운 발전에 대하여 완전히 면역시키는 안전한 신학적 피난처로 퇴각할 의사가 없다. 우리는 신학이 우주론의 최신 발전과 조화를 활발하게 추구해야 한다고 생각한다. 다만 그것은 시험적인 방식으로 이루어지고 특정한 이론들에 너무 긴밀하게 밀착되지 않아야 한다 .

여기에서 종교는 최초로 표현된 이래로 항상 어떤 우주론과 연결되었다는 것을 상기하는 것이 필요하다. 예를 들면 신에 대한 성서의 논의는 신의 거처인 위의 세계와 악한 세력들이 제어하는 지하 세계 사이에 땅이 끼어 있는 3층의 우주를 전제했다. 여러 세대의 신자들이 이 고대의 우주론을 받아들여왔다. 그것은 성서의 구속(救贖)하는 인격적인 신에 대한 믿음으로부터 분리될 수 없다. 그러나 유신론이 최초로 표현하게 된 우주의 원시적인 상을 현대 과학이 폐기했을 때 이 믿음에 어떠한 변화가 생겼는가? 갈등 입장은 과학이 종교적 믿음을 단번에, 그리고 완전히 끝내버렸다고 주장한다. 한편 분리 접근법은 믿음이라는 아기를 우주론이라는 목욕물과 함께 버리지 않기를 원하고 믿음이 우주의 신비적 또는 과학적 묘사들과 긴밀하게 융화되는 것으로부터 항상 주의 깊게 보호되어야 한다고 주장한다. 예를 들면 20세기 가장 중요한 개신교 신학자인 루돌프 불트만Rudolf Bultmann은 이런 방식으로 기독교 신앙의 핵을 과학적 우주론의 발전에 의해 있을지 모를 잠식으로부터 지키기 위해 노력했다. 그의 구조 작전은 신의 개념을 우선적으로 인간의 주관성 또는 자유에 연결시키고 객관적인 자연 세계를 과학의 세속적 해석에 남겨두는 것을 포함했다. 인간의 주체 또는 역사적 존재의 내적 세계는 믿음의 영역이고 자연의 비인격적 영역은 과학에 속한다는 것이다. 많은 신앙인 과학자들뿐 아니라 많은 신학자들이 과학과 신학의 이러한 분리에 상당히 만족했고 그들 사이에 어떠한 모순을 피하기를 희망했다.

그러나 우리의 접근은 과학의 새로운 발전과 신학이 접촉하는 것을 봉쇄하는 것을 그렇게 달가워하지 않는다. 우리는 물론 갈등뿐 아니라 융합을 피하기를 원한다. 그러나 우리가 인격적 신의 개념이 물리적 우주의 현재 개념들과 어떻게 연결되는가에 관한 약간의 추측을 감행하지 않는다면 신학이 과학적으로 계몽된 많은 사람들에게 무관해질 위험에 처할 것이다.[13] 결국 우리 인간들은 우주의 일부이며 비인간적 우주와 연결된 가운데 살고 있다. 우주가 우리에게 속해 있는 것보다는 우리가 훨씬 더 많이 우주에 속해 있다. 그러므로 신과 인간만의 순수한 만남은 있을 수 없다. 인격적인 신이 존재한다면 이 신은 단지 인간뿐 아니라 우주 전체에 '관심이 있을' 것이다.

그러므로 우리는 신의 개념을 진화 생물학, 상대론, 양자 물리학, 그리고 천문학의 최근 발견과 연결시키기를 원한다. 우리는 뒷장들에서 더 자세하게 이것을 시도할 것이다. 우리의 결론은 시험적이며 꾸준한 수정의 시련을 겪어야 한다. 더욱이 우리는 우리의 노력이 상당한 반대에 직면할 것을 알고 있다. 오래된 성서의 우주론을 그들의 신의 개념으로부터 분리시킬 수 없는 보수주의자들은 현대 과학, 물리학, 진화론, 카오스 이론과 접촉하려는 우리의 시도에 문제를 제기할 것이다. 그들은 심지어 우리의 생각을 '이단적'이라고 거부할지도 모른다. 한편 회의론자들은 우리가 과학과 대화를 추구하는 것을, '과학'이 이미 지적 문화로부터 제거해버린 종교적 믿음의 필사적인 방어로 간주할 것이다. 그리고 분리 옹호자들은 우리의 접근법에서 융합과의 위험한 타협을 감지하려고 할 것이다.

그러나 신학이 빅뱅 이론, 양자 역학, 카오스 이론, 그리고 분자 생물학에 의해 형성된 생각을 가진 이들과 대화를 추구할 때, 접촉을 위한 우리의 추구야말로 신학이 오늘날 취할 가장 적절한 방향이라고 생각한다. 다음에 올 각 장에서 우리는 우리의 탐구에서 발견한 것을 좀더 많이 제시할 것이며, 이 책의 끝에서 독자는 우리의 제안에 대한 좀더 원만한 그림을 갖게 될 것이다. 그러나 지금은 인격적 신의 개념과 현대 물리학의 우주 사이에 모종의 조화를 우리가 어떻게 찾아낼지에 대하여 간략하고 덜 완성된 예를 제시하는 데 그칠 수밖에 없다.

이해할 수 있는 일이지만 많은 신학자들과 과학자들은 요즈음의 물리학에서 신학적 의미를 찾아내려는 시도에 조심스럽다. 예를 들면 1921년에 아인슈타인의 방문을 받은 캔터베리 대주교가 상대성 이론이 신학에 대하여 혹시 어떠한 함축을 가지고 있느냐고 물은 이야기가 전해진다. 아인슈타인은 단도직입적으로 아무것도 없다, 상대론은 순수한 과학적 이론으로 종교와는 아무런 관련이 없다고 대답했다. 많은 과학자들과 신학자들이 아마도 아인슈타인에게 동의할 것이지만 퀘이커 교도인 천문학자 아서 에딩턴Arthur Eddington은 그렇지 않았다. 그는 실제로 상대론에 신의 이해에 대한 함축이 있다고 확신했다.

둘 중에 누구의 말을 들어야 하는가? 아인슈타인인가, 에딩턴인가? 우리가 상대성 이론이 종교적 사상에 직접적으로 기여한 것이 별로 없다고 생각한다면 틀림없이 아인슈타인을 택할 것이다. 그러나 에딩턴의 의도가 상대론이 우주의 모습을 상당히 변경시켰으며 아인슈타인 이후 물리적 세계의 일반적인 형태라고 간주되는 것에 의해 신을 생각하는 것을 종교 사상가들이 피할 수 없다는 것이라면 그의 논지도 마찬가지로 받아들일 수 있다. 신학은 항상 어떤 우주론을 전제하고 우주론은 아마도 이 우주를 초월하고 우주의 기초를 놓은 신에 대한 신학의 개념화에 차이를 가져온다. 물론 신학은 물리학에 직접 기초하지는 않지만 물리적 우주론은 신과 세계의 관계나 신에 대해서 무엇을 말할지를 속박한다.[14]

어쨌든 인격적인 신에 대한 우리의 생각을 물리학으로부터만 이끌어내려고 하지 않는다면('물리 신학physico-theology'은 오래 전에 문제가 있음이 입증되었으므로), 우리는 우주가 초월적인 신의 사랑으로부터 흘러나온다는 종교적 확신과 새로운 물리학이 꽤 잘 맞물린다는 것을 발견했다. 아인슈타인의 일반 상대성 이론에서 이미 기초가 놓인 빅뱅 이론의 신학적 함축을 조사할 때, 우리는 이것을 더욱 명쾌하게 보게 될 것이다. 그러나 빅뱅은 제쳐두고도 현대 물리학은 일차 성질과 물리적 실재를 동일시했던 뉴턴과 라플라스의 '고전' 물리학보다 '관심 갖는' 신에 대한 관념과 훨씬 더 잘 들어맞는다고 주장할 수도 있다. 왜냐하면 고전 물리학의 신은 멀리 떨어져 있고 비인격적인 신적 기계공이었고, 결국 현대 합리주의와 과학주의에 의해 전적으로 세계상의 변두리로 밀려났기 때문이다. 만약 '신'이 고전 우주론에서 나타났다면 그것은 보통 일차 성질로 이루어진 천체들에게 최초의 운동을 부여한 후 이제 없어도 되는, 멀리 떨어진 일차 원인의 모습으로였다. 이것은 거의 '관심 갖는' 신이라 할 수 없었다. 정신이나 마음으로는 전혀 통하지 않는 물리학과 신 사이에는 친밀감이 있을 수 없었다. 그러나 아인슈타인 이후 물리적 우주는 다르게 이해된다. 그래서 우리가 그것에 연결시키기 원하는 신의 개념도 달라진다. 상대성 물리학은 신에 대해 아무것도 직접 말하는 것이 없을지 모른다. 그러나 그것은 자연 속에 마음과 신의 더 친밀한 거처를 허락하는 방식으로 우주를 해석한다. 예를 들면 그것은 뉴턴 물리학의 일차 성질들이 유물론이 생각했던 것처럼 그렇게 객관적이거나 근본적이지 않다는 것을 함축한다. 사실상 아인슈타인은 위치, 운동량, 시간, 공간, 질량(이른바 일차 성질들)의 측정이 불변$_{invariant}$이 아니라 관찰 주체의 상황에 의존함을 보여주었다. 이것은 물리적 우주가 관찰자의 마음, 즉 우리가 인격의 중심에 놓고 있는 특색인 마음과 쉽게 분리되지 않는다는 의미다.

20세기 물리학의 또 다른 주요 발전인 양자 역학도 관찰하는 주체(또는 관찰도구)의 마음이 고전 물리학이 허용하는 것보다 물질과 훨씬 더 신비하게 혼합되어 있음을 함축한다. 이른바 '측정 문제'는, 우리가 입자의 위치를 알고 있다면 우리는 그것의 속도를 잃어버리게 되고 우리가 그것의 속도를 측정할 수 있다면 우리는 그 위치를 알지 못한다는 것을 함축한다. 지적 통제에 대한 이 당황스러운 장벽의 존재 이유는 아마도 인간의 마음이 물리적 실재에 아주 깊게 내재해 있어서 어떤 임계점 밖에서는 자연에 대한 완전히 객관적인 파악이 불가능하기 때문일 것이다.

그러므로 현대 물리학의 우주가 우리의 정신에 그렇게 깊이 연관되어 있다면, 우주가 옛 물리학이 허용했던 것보다 '성령Spirit'이라고 부르는 것의 존재에 본유적으로 더 열려 있다는 것을 받아들이는 것이 신학적 심성을 그렇게 심하게 확장시키는 것은 아니다. 종교적 경험에서 신을 뚝 떨어진 무관심한 존재라기보다는 관심을 갖는 인격적인 존재로 생각하게 만드는 것은 특히 영적 존재에 대한 느낌이다. 그러므로 여기에서 우리의 요지는 과학적 사고가 적어도 함축적으로나마 자연 세계를 한번 더 마음과 성령을 위한 적절한 거처로 만든 것에 대해 오늘날 신학은 흥분할 충분한 이유가 있다는 것이다.

더욱이 단지 물질의 부스러기가 아니라 상호 연결된 힘의 장(場)으로 구성된 세계에 대한 개념을 써서 현대 물리학은 우리에게 이전의 유물론적 메커니즘이 허용했던 것보다 훨씬 '더 부드러운' 물리적 실재의 상을 우리에게 제공한다. 신학자 볼프하르트 파넨베르크Wolfhart Pannenberg가 썼듯이, 이제 신학이 힘의 '장'이라는 과학적 개념을 우주 속에 있는 영적인 신의 존재에 대한 종교적 느낌을 표현하기 위한 새로운 은유로서 사용하는 것이 가능하다.[15] 우리는 여기에서 '장'의 개념을 너무 문자 그대로 보지 않도록 조심해야 한다. 왜냐하면 그것은 과학에서조차 부적절한 모형으로 기능하기 때문이다. 그러나 우리의 신학적 언어는 항상 임시적이고 은유적이므로 우주론에서의 새로운 변화가 신과 세계의 관계를 표현할 참신한 언어를 우리에게 제공할 수도 있다. 더욱이 우리는 어떠한 특정 모형도 이러한 관계의 깊이와 풍부함을 표현하기에 적절하지 않다는 것을 시인하기 때문에, 우리는 신학에서 많은 수의 우주론적 개념을 가지고 실험하기를 장려한다. 보통 의식하지 않지만 사실상 이것은 신학이 항상 해온 것이다. 여기에서 우리는 확실히 적절한 은유는 아니지만 힘의 '장' 개념은, 어떻게 성령이 세계에 영향을 미칠 수 있는가에 대한 더 오래되고 더 거친 역학적 사고 방식으로부터 우리를 벗어나게 하는 데 도움을 줄 수도 있다고 제안한다.

이는 어떻게 과학의 새로운 발전이 낡은 유물론이 허용하는 것보다 사랑을 베푸는 인격적 신의 존재를 훨씬 더 잘 허용하는 방식으로 물질을 상정하게 해줄 것인가에 대한 작은 사례일 뿐이다. 우리의 논지는 신학이 물리학과 다른 분야의 새로운 발견과 이론들이 제공할 수도 있는 비옥한 재공식화의 기회를 무시하지 말아야 한다는 것이다. 가령 물리학에서의 몇몇 새로운 생각들은 인격적인 신의 존재의 개념과 상당히 잘 맞물린다. 우리는 이전에는 이룰 수 없었던 과학과 유신론적 종교 사이의 새로운 조화를 본다. 우리는 새로운 우주론의 기저 위에서 신의 존재를 입증할 수 있다고 주장할 정도로 멀리 가지는 않지만 과학적 우주론이 다시 활성화된 신학적 사상들에 풍부한 새로운 이미지를 제공하고 있다고 생각한다. 뒷장들에서 우리는 더 많은 예들을 제시할 것이다.

4. 지지

마지막으로 네 번째 접근법은 인격적인 신의 개념이 과학에 대립되는 것이 아니라 오히려 적극적으로 과학을 지지한다고 주장한다.

우리는 종교가 특정 과학 이론의 개연성에 아무것도 더하거나 뺄 수 없다는 데 동의한다. 그러나 이것은 종교가 과학과 아무런 연관이 없다는 것을 의미하지는 않는다. 아마도 논조는 약간 과감하게 보이지만 실제로 동기 면에서는 상당히 온건한 우리의 주장은, 적절하게 이해된 종교가 과학적 활동 전체를 지지해준다는 것이다. 그것은 모든 과학적 탐구에 자양분이 되는 근본적인 신뢰를 정당화해줌으로써 이 일을 한다. 우리의 확신은 우리가 종교와 과학의 관계를 구축함에 있어서 갈등, 분리, 그리고 심지어 접촉을 뛰어넘을 수 있다는 것이다. 여기에서 우리는 특히 인격적인 신에 대한 믿음이 실재의 한없는 이해 가능성에 대한 우리의 신뢰를 지지해줄 독특한 능력을 가지고 있다고 주장한다. 이 믿음이 없다면 과학적 탐구는 결코 제대로 이루어질 수 없다.

아인슈타인 자신은 과학이 꾸준하게 진리를 추구할 에너지를 과학 밖에서 찾아야 함을 시인했다. 과학은 믿음 같은 것에 상당히 의존적이라고 그는 말했다.

> 과학은 진리와 이해를 열렬하게 갈망하는 사람들에 의해서만 창조될 수 있다. 그러나 이러한 감정의 원천은 종교의 영역에 있다. 그 중에는 또한 존재 세계에서 유효한 규칙들이 합리적일 가능성, 즉 이성에 의해 이해될 가능성에 대한 믿음이 있다. 나는 그러한 깊은 믿음을 갖지 않은 진정한 과학자에 대해 생각할 수도 없다.[16]

우리의 관점은 과학자가 미지의 세계로 여행을 떠날 때 잠잠히 전제하는 믿음을 인격적 신에 대한 믿음이 키워준다는 것이다. 과학은 우주에서의 물리적 현상들에 어떤 신뢰성이나 일관성이 있다는 것을 미리 결정적으로 입증할 수 없으므로 그것을 그냥 당연하게 받아들일 필요가 있다. 과학자들은 항상 우주가 놀라울 것이라고 기대하지만 변덕스러울 것이라고 기대하지는 않는다. 일관성과 예측 가능성에 대한 확신적인 기대는 과학적 모험의 출범에 필수적이다. 우리가 어떤 사례에 적용되는 법칙을 발견한다면, 우리는 그것이 모든 것에 적용되리라고 믿는다. 예를 들면, 우리는 조건이 같을 때, 탄소가 산소, 수소, 질소와 항상 같은 방식으로 결합한다고 확신한다. 우리는 자연이 그렇게 예측 가능하고 신뢰할 만하리라는 것을 기대할 이유는 없지만 현재 그러하고 또한 항상 그럴 것이라고 믿는다.[17]

그러나 인간의 신뢰감은 우리를 쉽게 실망시킬 수 있는 모든 종류의 위협에 속수무책이다. 종교가 그렇게 인간의 삶의 중요한 부분이 된 이유가 이것이다. 우리의 신앙은 우리가 신뢰할 영원하고 항상 믿을 만한 기초를 바라보게 해준다. 신앙은 자연의 신뢰성이 초월적 신실성에 기초한다고 말한다. 유대교, 기독교, 이슬람교의 가르침에서 이 신실성의 기초는 다름 아닌 '인격적'인 신이다.

그러나 이러한 종교들은 왜 '인격적'인 신을 고집하는가? 그 주된 이유는 신뢰가 실재의 저변에 깔린 신실성의 느낌을 요구하며 우리의 경험상 약속을 지키는 어떤 인격체의 신실성보다 더 강하게 신실성을 절감하게 하는 것은 없기 때문이다. 인격적인 것만이 우리의 인격적인 신뢰감을 완전히 불러일으킬 수 있다. 유신론적 종교는 우리의 신뢰에 어떤 확고한 기초가 있도록 하려면, 적어도 약속하고 지킬 수 있는 인격체의 특성을 지녀야 한다고 주장한다. 이른바 비인격적인 '궁극성'이 어떻게 우리의 인격적인 존재에 깊이 묻혀 있는 신뢰의 능력을 충만히 일깨울 수 있겠는가를 상상하기는 매우 어렵다.

우리가 '인격적'인 신에 대해 말할 때 우리는 너무 축자적일 의도는 없다. '신적 인격체'란 신의 상징, 즉 절대자의 많은 지시자 중 하나다. 그러나 우리는 신이 인격적이지 않다는 개념은 피하기를 희망한다. 유신론적 종교는 순수하게 비인격적인 절대적 존재에 동의할 수 없다. 왜냐하면 그것은 실재에 대한 우리의 인격적인 신뢰에 충분한 이유가 될 수 없을 것이기 때문이다. 아인슈타인이 선호하는 그러한 비인격적인 궁극적 존재란 약속할 수도 지킬 수도 없을 것이며 완전히 인간적인 신뢰감의 적절한 토대가 될 수도 없을 것이다.

약속하고 지키는 신이 없다면, 과학이 미래에 대한 정확한 예측을 하기 위해 의지할 필요가 있는 우주의 신뢰성은 우주 자체의 가정된 영원성과 필연성에 의해서만 제시될 수 있을 것이다. 자연의 법칙들은 그것들이 영원히 불변하면서 존재했을 때만 충분히 신뢰받을 수 있다. 오늘날조차 어떤 과학적 회의론자들이 물질을 영속화하기 위해 가능한 모든 방법을 찾는 것은 이런 이유 때문이다. 왜냐하면 그들은 이런 식으로만 변덕스러움에서 우주를 벗어나게 할 수 있기 때문이다. 그러나 뒷장들에서 제시하겠지만, 물질을 영속화하는 계획은 최근 들어 난관에 봉착하고 있다. 과학 자체가 더 이상 우주라는 개념을 영원한 것으로 간주하지 않기 때문이다. 우주가 영원하지 않다면, 아마도 우주는 자연법칙이 위배될 수 없다는 과학의 믿음을 그렇게 정당화시킬 내적 필연성을 꽤 많이 잃게 될 것이다.

우주가 영원하지 않다면 어떻게 우리는 과학적 예측에 권위를 부여할 정도로 자연의 신뢰성을 구축할 수 있는가? 우리는 약속을 할 수 있는 인격적인 신의 영원한 신실성에 우주의 기초를 놓는 실재관에서 확실히 과학이 지지받을 수 있다고 제안한다.[18] 우리는 여기에서 신의 존재에 대한 어떠한 주장도 하지 않고 있다. 다만 우리는 실재의 최심층(最深層)에는 신적 신실성이 있다는 관념에 깊이 뿌리내리는 것이 과학을 하기 위해서 준비된 의식을 갖게 한다는 것만을 말할 뿐이다. 그렇다고 이것이 과학자는 신자이어야 한다는 것을 의미하지는 않는다. 이것은 우리가 말하는 것과는 사뭇 다르다. 왜냐하면 우리는 많은 탁월한 과학자들이 불가지론자이거나 무신론자라는 것을 알기 때문이다. 우리는 다만 관심을 갖고, 인격적이며, 약속하는 신에 대한 믿음이 과학과 양립할 수 없다고 생각하는 아인슈타인이나 와인버그 같은 사람들의 견해에 반대할 뿐이다. 더 나아가 우리는 이 인격적 신에 대한 믿음이 과학과 단지 양립 가능한 것 이상이라는 것을 주장한다. 그것은 과학을 강력하게 지지하는 것이다.

물론 와인버그가 과학은 우주의 아래에 또는 배후에 숨은 인격적 신을 발견하지 못한다고 주장하는 것은 정당하다. 사람들이 인격적 개념의 신에 도달한다면 그것은 과학적 관찰을 통해서가 아니라 종교적 경험을 통해서다. 그러나 그러한 신뢰의 토대로서 신에 대한 믿음에 도달했을 때, 그들은 세계가 항상 일관성뿐 아니라 과학에 생기를 불어넣을 경이들을 가지고 그들을 맞아줄 것을 기대하면서, 전보다 과감하게 과학적 발견을 위한 여행을 진척시킬 훨씬 더 많은 이유를 갖게 된다.

과학의 능력에 대한 무조건적인 믿음(과학주의)은 종교와 갈등을 일으키지만 종교는 과학을 지탱하는 믿음과 상충되지 않는다. 정반대로, 종교는 과학이 세계에 대한 탐구를 지속시키기 위해 요구하는 실재에 대한 믿음과 신뢰에 활력을 불어넣어 줄 수 있다. 우리가 종교에 이러한 신뢰를 강화시키는 역할을 부여한다면 종교는 과학에 상반되기보다는 과학을 지지해준다. 결코 그것은 과학자와 진리의 중간에 서지 않는다. 인격적 신에 대한 종교적 신뢰는 과학에 의해 입증될 수도, 반증될 수도 없지만 한 개인의 의식이 이미 그러한 종교가 부여할 수 있는 신뢰에 의해 형성되어 있을 때, 그것은 과학적 발견의 모험을 교란하기보다는 에너지를 공급할 능력을 지니고 있다.

마지막으로 인격신교 중에서 근본적인 유일신론이 과학의 출현과 번성을 위해 매우 유리한 역사적 배경을 제공했다는 관점과 관련해 강한 주장이 제기될 수 있다. 인격적 신의 합리성에 자연 질서의 기초를 놓음으로써, 유신론은 수세기에 걸쳐서 과학자들이 작업을 하는 데 필요한 자연 질서와 우주의 일관성에 대한 믿음을 서구인의 심성에 불어넣었다. 실례로 화이트헤드는 서구의 의식 속에 우주가 이성적으로 이해 가능하리라는 기대를 심어준 것은 특히 중세 신학이었다고 주장했다. 그는 "이성에 대한 믿음은 사물의 궁극적 본질이 임의성을 배제하는 조화 속에 있다는 신뢰였다. ……과학의 성장을 가능하게 만든 자연의 질서에 대한 믿음은 더 심오한 믿음의 특수한 예다"라고 말한다.[19] 우리에게 '더 심오한 믿음'은 약속하고 지키는 '인격적' 신의 실재를 인정하는 종교적 전통들에 가장 충만하게 표현되어 있다.

■주

1) 갈등 입장을 언급하면서 다른 얘기가 없으면, 나는 그 입장 중 과학적 회의론자들의 주장을 생각하고 있는 것이다.

2) Steven Weinberg, *Dreams of Final Theory*(New York: Pantheon Books, 1992).

3) Daniel C. Dennet, *Consciousness Explained*(New York: Little, Brown, 1991).

4) Weinberg, pp. 245ff.

5) Albert Einstein, *Ideas and Opinions*(New York: Bonaza Books, 1954), p. 11.

6) 같은 곳.

7) Weinberg, pp. 241~61.

8) 같은 책, p. 256.

9) Holmes Rolston, III, *Science and Religion*(New York: Random House, 1987), pp. 35ff.를 보라.

10) '과학적 유물론'이라는 표현은 화이트헤드가 처음 썼다. 그의 책, *Science and the Modern World*, pp. 50~5를 보라.

11) Bryan Appleyard가 그의 책, *Understanding the Present*(앞에서 인용)에서 최근에 제기한 '과학'을 공격하는 논의는 이런 식의 과학과 과학주의 사이의 구분에 대한 불능이나 거절을 기반으로 한다. 분리 접근법은 Appleyard가 그렇게 통렬하게 비난하는 입장의 문제만큼이나 실제로 과학주의인 것을 '과학'이라고 부르는 그의 융합에도 문제가 있다고 본다.

12) Whitehead, *Science and the Modern World*, pp. 51, 58.

13) 우리는 이 책의 개론적 틀에서 그러한 연결을 암시할 수밖에 없다. 더 체계적인 방식으로 그것을 끌어내는 일은 나중에 다른 종류의 책에서 기대하기 바란다.

14) Rolston, *Science and Religion*, p. 26.

15) Wolfhart Pannenberg, *Toward a Theology of Nature*, edited by Ted Peters (Louisville: Westminster/John Knox Press, 1993), pp. 37~40.

16) Einstein, *Ideas and Opinions*.

17) 자연의 신뢰성에 대한 확신을 기초하기 위해 과학자들은 이전에는 우주가 영원하고 필연적이라는 생각에 호소할 수 있었다. 지금도 많은 과학자들이 그렇게 한다. 그러나 우리가 나중에 제시하겠지만 영원성과 필연성이 그득한 우주의 상을, 특히 빅뱅 물리학과 카오스 이론에서 발견되는 개념들의 관점에서는, 지지하기 점점 더 어려워지고 있다.

18) 예를 들면 Wolfhart Pannenberg, *Toward a Theology of Nature*, pp. 72~122를 보라.

19) Whitehead, *Science and the Modern World*, p. 18.

3 진화는 신의 존재를 배제하는가?

1859년에 찰스 다윈은 우리가 지금 '진화'라고 부르는 것에 관한 유명한 책인 『종의 기원On the Origin of Species』을 출간했다. 그것은 일찍이 쓰여진 과학책 중 가장 중요한 것 중 하나이며 오늘날에도 전문가들은 그것을 생명의 역사에 관한 일반적으로 정확한 설명이라고 받아들이고 있다. 그러나 신학적으로 말할 때, 그것은 격렬한 논쟁의 회오리바람을 일으켰고, 우리는 여전히 그것에 어떤 식으로 대응해야 할지에 대해서 씨름하고 있다. 다윈의 이론은 죽은 종교의 관(棺)에 마지막 못을 박는 것인가? 아니면 종교와 진화 사상의 내실 있는 만남이 있을 수 있는 것인가?

많은 과학자들에게 진화는 우주가 근본적으로 비인격적이고 신이 없는 곳임을 의미한다. 사실상 스티븐 와인버그—앞장에서 우리는 그의 입장을 살펴보았다—는 진화는 물리학보다 훨씬 더 결정적으로 '관심 갖는' 신의 관념을 논박한다고 주장한다.[1] 다윈의 이론을 잠깐 살펴보기만 해도 그것이 왜 사랑과 능력을 지닌 신에 대한 전통적인 종교적 신념을 교란시키는가를 알게 된다.

다윈은 모든 생물종들이 성체가 될 개체수보다 더 많은 자손들을 양산함을 관찰했다. 그럼에도 어떤 종 안의 개체의 수는 아주 일정하게 유지된다. 성체가 되는 것보다 더 많은 어린 것들이 생산되기 때문에 이것은 확실히 사망률이 매우 높음을 의미한다. 왜 어떤 것은 살아남는데 어떤 것은 그렇지 못한가를 설명하기 위해 다윈은 어떤 종의 개체들이 모두 동일하지 않다는 것에 주목했다. 어떤 것은 다른 것들보다 그들의 환경에 더 잘 "적응되어 있다." '최적자'들이 살아남아서 자손을 낳는 것으로 보인다. 대다수의 개체와 종들이 생존 경쟁에서 탈락하지만 진화의 긴 여행 속에서 엄청나게 다양한 생명체들과 수백만의 새로운 종들이 출현했고 결국에 인간종이 출현했다.

그렇다면 무엇이 그렇게 이 이론을 신학적으로 문제가 되게 하는가? 신의 존재 자체조차 의문시하는 것은 진화론의 어느 부분인가? 그것은 세 명제로 요약될 수 있다.

종의 분화를 낳는 변이들은 순수하게 무작위적이고 이것은 자연의 작동이 '우연적'이고 비이성적임을 암시한다. 오늘날 이러한 변이의 원천은 유전적 돌연변이와 동일시되었고, 대부분의 생물학자들은 여전히 이것을 '우연'으로 돌리는 데 다윈을 따르고 있다.

개체들이 생존을 위한 투쟁을 해야 하며 그들의 대부분은 이 경쟁에서 고통을 겪다가 패배하여 사라진다는 것은 기본적으로 우주가 잔인함, 특히 약자에게 잔인함을 지적해준다.

더 잘 적응된 유기체만이 생존하는 방식인 자연 선택이라는 무심한 과정은 우주가 본질적으로 맹목적이며 생명과 인류에게 무관심함을 가리킨다.

이 분리할 수 없는 세 성분 ─ 무작위성, 투쟁, 맹목적인 자연 선택 ─ 모두는 우주가 비인격적이며 철저하게 '관심 갖는' 신과는 무관함을 암시하는 듯하다. 다윈 자신은 진화론에서 '잔인성,' 무작위성 및 비인격성에 관해 고찰한 후, 그의 조상부터 믿어온 영국 국교회의 온건한 유신론으로 다시 돌아갈 수 없었다. 그는 완전히 신앙심을 잃지는 않았지만 그의 많은 과학적 후계자들은 진화론을 무신론과 등치시키는 데 훨씬 주저함이 없었다.

19세기 중반부터 오늘날까지 걸출한 사상가들은 다윈의 사상을 회의론의 종교에 대한 최종적 승리로 환영해왔다. 다윈의 '불독bulldog'으로 알려진 헉슬리T. H. Huxley는 진화가 전통적인 유신론에 반(反)한다고 생각했다. 에른스트 헤켈Ernst Haeckel, 카를 마르크스Karl Marx, 프리드리히 니체Friedrich Nietzsche, 지그문트 프로이트Sigmund Freud는 모두 다윈의 사상이 그들의 무신론에 잘 들어맞음을 발견했다. 그리고 우리 시대의 많은 이들이 진화를 불신앙에 긴밀하게 연결시킨다. 유신론에 대한 적대감과 진화론의 제휴를 감안할 때 이 사상이 몇몇 종교 그룹으로부터 많은 저항에 부딪힌 것은 그리 놀라울 것이 없다.

그러나 다윈 자신은 진화와 회의론 사이의 단합을 그렇게 명쾌하게 상정하지 않았다. 그가 불신앙으로 나아갔다 할지라도 많은 개인적 고뇌와 의혹을 거친 후였다. 『종의 기원』 출간 1년 후인 1860년에 그는 이렇게 썼다.

나에게는 세상에 너무 많은 고통이 있는 것 같다. 자애롭고 전능한 신이 의도적으로 애벌레들의 살아 있는 몸 속에서 그것들을 뜯어먹게 하려는 명백한 의도를 가지고 맵시벌Ichneumonidae을 창조했다거나 고양이가 생쥐와 놀아야 한다고 나 자신을 설득할 수 없다. 이것을 믿지 않는 나는 눈이 명백하게 설계되었을 필요성을 알지 못한다. 한편 나는 이 놀라운 우주, 특히 인간의 본성을 보고 모든 것이 무자비한 힘의 결과라고 결론짓는 것에 아무래도 만족할 수 없다. 나는 우연이라고 불리는 것에서 벗어나 작동되는 세세하게 갖추어진 설계된 법칙들에서 모든 것이 비롯된 것으로 바라보려는 경향이 있다.[2]

어떤 현대 저자들이 다윈을 과학적 무신론을 위한 선전가로 바꾸어 놓으려고 애를 썼지만 그를 마음 내켜 하지 않는 불가지론자로 보는 것이 가장 적절하다. 그는 아무 생각 없이 자신의 종교적 유산을 버리지는 않았다. 그의 유명한 항해 동안에도 다윈은 교구 목사가 될 전망을 가지고 있었고, 그가 웨스트민스터 수도원의 아이작 뉴턴의 묘에서 멀지 않은 곳에 묻힌 것은, 종종 추측되듯이 그렇게 심하게 그가 교회 당국을 화나게 하지는 않았다는 것을 입증해준다.

그러나 결국 우리는 진화에 있어 다윈주의적 자연관(지금은 신다윈주의적 자연관)이 종교와 양립 가능한가를 물어야 한다. 그렇다면 어떤 의미에서 그런가? 이 질문에 대한 답들은 일반적으로 이 책에서 따르고 있는 네 범주로 나누어진다. 여기에서 각 입장이 진화와 종교라는 주제에 관하여 제시한 것을 간단히 요약하겠다.

1. 갈등

우리 회의론자들이 유신론적 종교를 거부할 가장 확실한 과학적 이유를 진화에서 발견한다는 것은 이상한 일인가? 우연, 투쟁, 맹목적 자연 선택의 세 가지 특징은 신의 섭리와 설계에 대해 상상할 수 있는 어떠한 개념에도 반하므로 우리는 어떻게 과학 교육을 받은 사람이 여전히 신을 믿을 수 있는지 이해하기 힘들다.

영국의 생물학자 리처드 도킨스Richard Dawkins는 우리의 입장을 그의 책, 『눈먼 시계공The Blind Watchmaker』에서 간략하게 제시한다.[3] 그의 명제는 장구한 세월의 도움 속에서 우연과 자연 선택은 우리 자신을 포함해서 다양한 생물종 모두를 설명하기에 충분하다는 것이다. 우연과 자연 선택만으로 생명의 역사 속에서 모든 창조성을 설명할 수 있다면 우리는 신의 개념을 불러낼 필요가 있겠는가? 다윈 이전에 무신론을 위한 결정적인 이유를 찾기가 어려웠다는 것을 우리는 인정한다. 자연의 질서와 유형은 초자연적인 설명을 요구하는 것 같았고 신의 존재를 위한 설계 논증은 그 당시에 어느 정도 설득력을 가졌을 것이다. 그러나 이제는 아니다. 분자 생물학의 발견들에 의해 최신 이론으로 무장한 진화론은 대부분의 교육받은 사람들이 19세기의 중엽 이전에 믿었던 신적 설계자를 폐기했다. 진화는 신의 관념에 대해 남아 있었던 지적 존경심을 완전히 앗아갔다.[4]

19세기 초의 표준적인 학문적·신학적 지혜를 제시한 『자연 신학Natural Theology』에서 윌리엄 페일리William Paley는 자연을 시계에 비유했다. 당신이 만약 땅 위에 홀로 떨어져 있는 시계를 보고 그것의 복잡한 구조를 알아보았다면 당신은 시계가 지적인 설계자에 의해 만들어졌다는 결론을 내리지 않을 수 없다고 페일리는 적었다. 그것은 단순한 우연의 산물일 수 없을 것이다. 그리고 자연 세계는 어떤 시계보다도 훨씬 더 복잡한 질서를 드러내 보인다. 그러므로 페일리는 자연의 미세한 배열을 만들어낸 지적 설계자인 신이 있어야 한다고 결론지었다. 물론 이 설계자는 성서적 종교의 창조주, 신과 같을 것이다.

그러나 도킨스는 신적 설계자가 더 이상 필요치 않음을 만족스럽게 입증해 보인다.

페일리의 논증은 열정적인 진지함으로 이루어져 있고 그 시대 최고의 생물학자들의 연구 정보를 사용하고 있다. 그러나 그것은 틀렸다. 영광스럽고도 철저하게 틀렸다. 시계와 유기체 사이의 유비는 틀렸다. 겉모습과는 정반대로 자연의 유일한 시계공은, 비록 매우 특수한 방식으로 배치된 것이지만, 물리학의 맹목적인 힘이다. 진짜 시계공은 선견지명이 있다. 그는 톱니바퀴의 이와 스프링을 설계하고 마음의 눈 속에서 미래의 목적에 맞게 그것들의 상호 연결을 계획한다. 다윈이 발견한 자연선택은 모든 생명체의 존재와 합목적적 형태에 대한 설명이라고 이제까지 인정받고 있다. 그러나 맹목적이고 무의식적이며 자동적인 과정인 자연 선택은 마음속에 목적을 갖고 있지 않다. 그것은 마음도 없고 마음의 눈도 없다. 그것은 미래를 위해 계획하지 않는다. 그것은 안목도 통찰력도 견해도 없다. 자연 선택이 자연에서 시계공의 역할을 한다고 말할 수 있다면 그것은 눈먼 시계공인 것이다.[5]

데이비드 흄David Hume과 다른 철학자들이 이미 신의 존재에 대한 설계 논증을 심하게 공격했지만 도킨스는 다윈의 자연 선택 이론만이 자연 신학에 대해 결정적인 논박을 제시했다고 생각한다. "다윈은 지적으로 완성된 무신론을 가능하게 만들었다."[6]

우주의 질서와 설계는 표면적으로는 그것의 복잡한 부분들을 고안한 신적 '시계공'을 지시해주는 것처럼 보일 수 있다. 그러나 진화는 우리가 자연의 질서잡힌 배열에 있는 기만적 표면의 밑을 바라보게 해주었다. 과학적으로 문맹인 사람들에게 현저하게 기적적으로 보이는 패턴과 설계는 이제 다윈의 비인격적인 진화론으로 완전하게 설명될 수 있

80

다. 그 이론은 신 존재 가설의 모든 고유한 호소력을 무력화한다. 시계 공이 존재한다면 그것은 신적 지성이 아니라 수십억 년의 시행착오를 거쳐서 그렇게 놀랍게 자연의 부분들을 결합시킨 맹목적인 자연 선택의 과정이다. 진화의 목적 없는 힘들은 생명과 마음의 모든 경이들을 설명하기에 충분하다.

도킨스 혼자서 이렇게 확신하는 것이 아님을 덧붙여야겠다. 오늘날 대부분의 진화 생물학자들은 종교적 입장에서 난점을 발견한다. 신다윈주의 진화론이 유신론적 종교에 주요한 현대적 도전이 되었다고 말하는 것은 과장이라 할 수 없다. 그러므로 만약 종교가 오늘날의 우주에 대한 지적 개연성이 있는 해석으로 살아남으려고 한다면 진화론의 불 속을 통과해야 할 것이다. 우리의 견해는 그것이 그 과정에서 타버릴 것이란 점이다.

확실히 그렇게 많은 우리의 반대자들이 '창조주의'의 입장을 채택하게 된 것은 이러한 가능성에 대한 두려움 때문이다. 그들은 성서의 창조 이야기가 우주와 그 기원에 대한 진화적 해석과 모순이 된다는 것을 잘 알고 있다. 그러나 그것보다 더 심층적으로 그들은 어떠한 종교적 관점과도 진화론이 근본적으로 양립 불가능함을 제대로 감지한다. 우리는 그들이 진화와 신이 양립 불가능하다는 우리의 확신을 공유하고 있음에 놀라지 않는다.

창조주의의 한 이설(異說)은 특히 우리를 괴롭힌다. 종종 '과학적 창조주의' 또는 '창조 과학'이라고 불리는 이것은 진화론을 과학적으로 불건전한 것으로 거부하고 성서를 생명의 창조에 대한 대안적·'과학적' 이론의 원천으로 제시한다.[7] 예를 들면 그것은 화석 기록에 있어 중간 형태의 희귀함은 신이 태초(대략 1만 년 전)에 현재의 형태로 생물들을 창조했다고 말하는 창세기가 진화론보다 더 좋은 '과학적' 가설임을 함축한다고 주장한다. 그것은 성서의 본문이 다윈주의 과학보다 지질학, 생물학, 고생물학의 실제 데이터에 더 잘 들어맞는다고 주장한다.

그러나 '창조 과학'은 결코 진정한 과학이 아니다. 그것은 진정한 과학이 요구하는 자체 수정의 방법을 진지하게 받아들이지 않으며 다른 개정된 진화 이론, 가령 스티븐 제이 굴드Stephen Jay Gould나 엘드리지Niles Eldredge가 제안한 '단속평형punctuated equilibrium' 이론(진화의 속도가 느림과 빠름을 반복한다는 이론-옮긴이) 같은 것과 화석 기록간의 간극이 양립 가능하다는 견해도 받아들이지 않는다.[8] 창조 과학은 그 헌신자들이 진화론을 학교와 교과서에서 몰아내려는 시도에서 많은 공개적 논쟁을 불러일으켰다는 사실이 없다면 논의할 가치조차 없을 것이다.

그러나 우리의 입장은 진화가 근본주의적 기독교뿐 아니라 우주에 대한 어떠한 종교적 해석과도 양립할 수 없다는 것이다. 오늘날 유전적 '돌연변이'라고 불리는 우연적 변이가 널리 존재함은 결정적으로 질서를 부여하는 신성이라는 개념을 논박한다. 진화에서 투쟁과 낭비가 상존한다는 사실은 사랑의 신이 우주를 돌보지 않음을 결정적으로 입증해준다. 그리고 자연 선택의 현실은 사랑도 없는 우주의 비인격성에 대한 명쾌한 증거다. 다윈 이후의 신학은 이러한 사실들을 직시해야 할 것이며 우리는 이것이 그 대결에서 살아남을 수 있다고 생각하지 않는다.

2. 분리

우리의 입장은 종교와 과학이 세계를 바라보는 분리된 방식들이어서 그것들이 서로 의미 있는 경쟁을 벌일 수 없다는 것임을 당신은 기억할 것이다. 이것은 진화가 과학적 이론으로서는 꽤 정확할지도 모르지만 종교에 최소의 위협도 가할 수 없다는 것을 의미한다. '갈등'은 진화 과학 자체에서 일어나지 않고 다른 종류의 융합에서 일어난다. '과학적 창조주의자들'은 창조에 관한 성서의 설명을 현대 '과학'과 융합시키려 노력하고, 한편 과학적 회의론자들은 일반적으로 진화론을 그들 자신의 '과학적 유물론'의 이데올로기에 귀속시킨다.

여기에서 우리는 먼저 '과학적 창조주의'를 상세히 살피고 유물론적 진화론에 대한 비판을 살펴볼 것이다. 그러나 우리는 결코 과학적인 진화론을 공격하지 않는다는 것을 강조하고 싶고, 이 발제 끝에서 우리의 대적이 종교에 반한다고 생각하는 세 항목인 우연, 투쟁, 자연 선택과 우리의 신학이 어떻게 논리적으로 합치하는지 보일 것이다.

과학적 창조주의가 진화와 유신론 사이에서 발견하는 대립은 그들이 성서를 과학적인 저술로 사용하려고 하기 때문에 발생한다. 그들은 창세기를 종교적인 책자일 뿐 아니라 과학적으로 정확한 정보의 요약으로 여긴다. 그러므로 우리는 다윈의 이론 같은 대안적인 과학 개념들이 확립되자마자 갈등이 나타나는 것에 놀라지 말아야 한다. 창조주의자들은 성서가 과학적으로 정확하다고 가정하는 반면에 진화론자들은 그것이 과학적으로 부정확하다고 생각한다. 그러나 양측은 모두 창세기의 의도가 우리에게 과학적인 이해를 제공하려는 것이라고 보고 그것을 취급한다. 한쪽(창조주의)은 그것을 좋은 과학이라고 보지만 다른 쪽은(진화론적 회의론)은 그것을 나쁜 과학이라고 본다. 그러나 둘 다 암묵적으로 과학과 성서를 융합시키는데 이러한 연결은 필연적으로 갈등을 유발한다.[9]

첫째로 좋은 과학의 관점에서 이른바 '과학적 창조주의'는 관련된 자료 대부분을 살펴보기를 거절하기 때문에 거부되어 마땅하다. 진화를 옹호하는 과학적 증거는 압도적이다. 지질학, 고생물학, 화석 기록, 방사성 탄소 연대측정, 비교해부학, 발생학 모두와 현대 우주론의 더 광범위한 많은 발견들은 다윈의 이론을 지지하는 쪽으로 수렴한다. 화석 기록상의 분명한 간극들뿐 아니라 해결되어야 할 다른 문제들이 존재하므로 진화론이 확실히 수정될 가능성이 없는 것은 아니지만 이것은 세계와 생명이 진화하지 않았다는 것을 의미하지는 않는다. 이 모든 것은 과학이 여전히 진화의 세부에 대한 우리의 이해를 명쾌하게 하는 데 있어서 가야 할 먼 길이 있다는 것을 의미한다. 우리는 진화가 어떻게 일어나는가에 대하여 더 많은 것을 알아내려는 과학적 노력을 전적으로 지지한다.

둘째로 과학적 창조주의는 신학적으로도 황당한 것이다. 과학적 창조주의는 원래의 목적이 과학적 호기심을 충족시키는 것이 결코 아닌 신성한 텍스트에 과학적으로 기대될 만한 것들을 인위적으로 부과함으로써 종교를 하찮은 것으로 만들고 있다. 그것은 창세기가 생명의 기원에 대한 더 우수한 과학적 설명을 제공할 수 있는 것인 양 『종의 기원』과 성서적 텍스트를 병치시킴으로써 그것의 종교적 핵심을 완전히 놓치고 있다. 그리하여 과학적 창조주의는 창조에 대한 성서적 설명의 심오한 의미, 즉 창조의 언약적 모티프motif, 우주가 선물이라는 근본적인 메시지, 그리고 이 선물에 대한 인간의 적절한 반응은 감사와 신뢰라는 점에 집중하지 못한다. 창조주의는 신성한 지혜의 원천을 세속적 저술로 격하시켜, 사물을 설명하려는 저급한 과학적 시도들과 경쟁시킨다. 성서적 텍스트를 그렇게 철저하게 격하된 것으로 여기는 것은 종교적인 입장에서 볼 때 모욕이다.

결국 우리가 성서에 틀린 질문을 던지는 것은 성서가 본래의 의도로 우리에게 말할 수 없게 만드는 것이다. 잘못된 질문을 던지는 것은 종교적이건 아니건 중요한 텍스트에 담겨진 진정한 부요로부터 우리 스스로를 유리시키는 확실한 방법이다. 예를 들면 우리가 호메로스, 플라톤 또는 다른 고전시대 저술가의 저작에서 뭔가, 말하자면 고대의 요리 습관을 알아내려는 일차적인 의도를 가지고 접근한다면 당시 사람들이 어떻게 먹었는지에 대하여 뭔가를 찾아낼지 모른다. 그러나 그것이 우리의 유일한 질문이라면 그 텍스트의 진짜 핵심은 우리에게서 완전히 비켜간 것이다.

마찬가지로 우리가 던지는 성서에 대한 일차적인 질문이 우주의 시작이나 생명의 기원에 대한 과학적 호기심 중 하나를 충족시키려는 것이라면 우리는 성서의 진짜 의도를 틀림없이 놓치고 있는 것이다. 그 텍스트가 과학 이전 시대에 만들어졌으므로 그것의 일차적 의미는 20세기 과학의 용어로 전개될 수는 없다. 그러나 과학적 창조주의는 바로 그것을 성서에서 요구한다. 말할 나위도 없이 그러한 기대는 우주의 궁극적 신비를 우리에게 펼쳐 보이려고 의도된 극히 종교적인 저술의 전집을 케케묵은 먼지더미로 전락시키고 만다.

셋째로 과학적 창조주의는 역사적으로도 시대착오적이다. 창조주의자들은 얄궂게도 고대의 저술인 성서를 현대 과학의 한시적인 틀 속에 위치시킨다. 그들은 성서의 책들이 두 밀레니엄millenium의 시기에 걸쳐 형성된 사회적 · 문화적 · 역사적 상황을 고려하기를 거부한다. 그렇게 하면서 그들은 종교적 텍스트들에서 표현되는 것을 포함해서 모든 인간의 의식이 시간에 의존하는 본성을 가진다는 현대적인 역사 인식에 대해 눈을 감아버린다. 그들은 성서의 텍스트들이 지어진 다양한 시기뿐 아니라 성서의 매우 다양한 문학적 장르들—상징적 · 신화적 · 예배적 · 시적 · 전설적 · 역사적 · 신조적 · 고백적 장르 등—을 명쾌하게 구획짓지 못한다. 그들은 성서의 책들의 역사적 · 문화적 맥락을 고려하지 못하고 순진하게도 현대 과학적 예측들을 성서에 과도하게 부여한다.

그러나 이러한 문제에도 불구하고 우리는 여전히 창조주의의 현상에 일정한 공감을 느낄 수 있다. 창조주의는 근대성을 극복하기 위한 전통적인 신앙인들의 더 넓은 노력 중에 하나의 불행한 증후다. 창조주의자들과 다른 근본주의자들은 계몽주의 이후 세계의 모든 문제들로 인해 번민을 느껴왔다. 그들은 권위의 붕괴, '미덕'의 감소, 공통 목적의 부재, 절대적 가치에 대한 개념의 상실, 우리의 삶에서 신성한 신비감의 추방을 한탄한다. 많은 창조주의자들에게 '진화'의 개념은 세속적 근대성의 악과 공허함의 총합이다. 그러므로 진화론과 싸우는 과정에서 창조주의는 단지 과학적 이론이 아니라 훨씬 더 깊고 복잡한 무언가에 대응한다. 어느 정도까지 우리는 쉽게 그 고뇌를 공감할 수 있다.

더불어 우리는 창조주의라는 현상이 또한 우리의 가장 걸출한 과학 저술가들 중 몇몇이 과학을 학생들과 일반 대중에게 제시해온 방식에 있는 심각한 결점들을 지적해주고 있음을 확신한다. 보통 무시되는 점이지만 많은 과학자들은 그들 나름의 융합에 빠져 있다. 그들도 과학과 신념을 융합시킨다. 좀더 구체적으로 말하자면 많은 과학자들과 철학자들의 경우에 융합은 종교에 반하는 신념인 유물론과 진화론의 뒤섞임으로 이루어진다. 단지 몇 명만을 언급하자면, 탁월한 과학 저술가인 칼 세이건, 스티븐 제이 굴드, E. O. 윌슨E. O. Wilson, 리처드 도킨스는 우리에게 진화론을 과학적 유물론이라는 대안적인 '믿음'에 감쪽같이 싸서 제시한다. 그러므로 어떤 점에서 '과학적 창조주의'는, 흔히 그렇게 과학적 회의론자들에 의해 비판받지만, 단지 순수한 과학에 대한 거부는 아니다. 그것은 또한 과학을 모든 형태의 종교적인 이해에 반하는 것으로 보이게 만드는 또 다른 종류의 융합에 대한 비효과적이지만 이해할 만한 반응이다.

과학적 유물론자들은 일반적으로 진화가 본유적으로 무신론적인 양 그것에 관해 쓰고 있다. 그러나 그렇게 하면서 그들은 세속적인 지식

문화의 가정을 무비판적으로 신봉하고 있다. 그들의 융합의 종류는 종종 간단하게 '진화주의evolutionism'라고 불린다. 이것은 종종 숨겨진 전제들인 세속주의와 자연주의, 그리고 우리가 과학적 유물론이라고 불러온 신념 체계와 다윈주의 개념의 미묘한 결합물이다.

그러나 진화주의의 걸출한 신봉자인 스티븐 제이 굴드는 다른 많은 이들처럼 미묘하지 않다. 그의 견해를 따르면 그렇게 많은 사람들이 다윈의 생각을 받아들일 수 없는 이유는 진화가 유물론이라는 '철학적' 메시지와 분리될 수 없기 때문이다. 그는 다음과 같이 말한다.

> 나는 (다윈 이론의 수용에 있어서) 걸림돌이 그것의 과학적 난점에 있지 않고 오히려 다윈의 메시지의 철학적 내용, 즉 우리가 아직 버릴 준비가 되어 있지 않은 공고화된 서구적 태도에 대한 도전에 있다고 믿는다. 먼저 다윈은 진화가 목적이 없다고 주장한다. 개체들은 미래 세대에 그들의 유전자의 발현을 증가시키기 위해서 투쟁하며 그것이 전부다. ……둘째 다윈은 진화가 방향이 없다고 주장한다. 진화는 필연적으로 고등한 것으로 진행되지 않는다. 유기체는 그들의 국소적 환경에 더 적합하게 되어가며 그것이 전부다. 기생생물의 '퇴화'는 가젤의 걸음걸이만큼이나 완벽하다. 셋째 다윈은 일관된 유물론적 철학을 자연에 대한 해석에 적용했다. 물질은 모든 존재의 근본이다. 마음, 정신, 그리고 신조차 신경의 복잡성의 놀라운 결과를 표현하는 단어들일 뿐이다.[10]

누군가가 진화를 받아들이려 한다면 먼저 유물론과 그것의 모든 귀결들, 즉 종교는 실재에 근거하지 않으며 우주에는 목적이 없다는 것을 받아들여야 한다고 굴드는 이 책과 다른 곳에서 주장한다. 오늘날 많은 수의 그의 동료 과학자들처럼 그는 우리가 유물론적 가정과 진화 과학의 적나라한 융합이라고 부르는 것을 명시적으로 찬성한다. 그렇다면 우리는 마치 진화 과학이 필연적으로 본래부터 무신론적인 것처럼 제시될 때 신에 대한 믿음을 삶의 가장 중요한 측면으로 여기는 사람들이 그것을 적극적으로 받아들이려 하지 않는 것에 놀라야 하겠는가?

그러나 우리의 관점에서는 굴드가 과학과 이데올로기를 융합시킨 것을 그가 적절하게 배격했던 과학적 창조주의만큼이나 받아들일 수 없다. 진화론적 유물론자와 근본주의적 '창조 과학자'는 둘 다 상당한 분량의 교의로 순수한 과학의 측면들을 오염시킨 점에서 꽤 비슷하다. 다만 믿음이 각 경우에 다를 뿐이다. 우리의 견해로는 갈등을 유발하는 것은 바로 이러한 융합이다. 그러므로 우리가 일관되고 엄정하게 과학을 모든 신념 체계—종교적이건 유물론적이건—와 구분하여야 하는 이유는 이런 종류의 융합과 이로 인해 발생하는 갈등을 피하기 위함이다.

분리 접근법을 채택함으로써 우리는 과학을 모든 종류의 이데올로기에 감금된 상태에서 해방시키기를 희망한다. 따라서 우리는 신에 대한 우리의 체험이 진화에 어떤 예외적인 빛을 던질 수 없으며 진화 사상이 신에 대해 의미 있는 어떤 것도 말해줄 수 없다는 것을 받아들여야 한다. 신학은 독특한 종교적 경험으로 문을 열어주는 임무에 충실해야 할 것이며 과학자들은 매우 유용했을 굴드의 저술에서 견지되고 있는 이데올로기적 경향을 피하면서 과학에 전념해야 한다. 진화론은 유물론적이거나 종교적 용어로 서술될 필요가 없는 순수 과학 이론이다. 유물론적 덮개를 벗겨버렸을 때 진화론은 유신론을 지지하지도 그것과 모순되지도 않는다.

『사이언티픽 아메리칸Scientific American』 최근호에서 굴드는 "진화는 인간의 의식과 같은 것의 출현을 사실상 필연적으로 만들기 위해, 또는 적어도 예측 가능하게 만들기 위해 설정된 진보를 의미한다(또는 적어도 진보의 중심 원리를 구체화해준다)"는 위안적 관점으로 자연사를 물들이는 모든 이들에게 그의 통상적인 불쾌함을 표출한다.[11] 그는 진화 과학의 자료를 우리의 인간 중심적 착각에 강제로 꿰어 맞추는 것은 무책임하고 비과학적이라고 주장한다.

물론 우리는 진화 사상이 다른 독단적인 포장들뿐 아니라 피할 수 없는 '진보'라는 유혹적인 서구의 신화와도 명쾌하게 구별되어야 한다는 데 전적으로 동의한다. 이 책의 도처에서 표출되는 우리의 관심 중의 하나가 실제로 그런 외래적인 연결로부터 과학을 해방시키는 것이다. 우리는 단지 굴드도 다른 많은 현대의 과학적 회의론자들처럼 똑같이 선험적인 유물론적 가정에 풍성하고 유익했을 자연에 대한 묘사를 파묻지 말기를 희망한다.

우리가 앞서 지적했듯이, 과학적 회의론자들은 이른바 중립적인 과학적 정보의 조직화를 지배하는 사고 패턴의 신념적 본성을 일반적으로 의식하지 못한다. 그러나 누구든지 굴드의 화석 기록의 발굴을 주의 깊게 살펴본 사람은 세속적인 진보주의자들의 손에서 진화가 왜곡되는 것을 막겠다는 그의 의무감조차도 그가 자연의 역사를 이야기하는 방식에 그 자신의 편견이 끼어드는 것을 막아주지 못한다는 것을 알게 될 것이다.

예를 들면 방금 인용된 글에서(대부분의 굴드의 진화에 관한 글에서도) 그는 아주 반복적으로 생명을 '가지치는 관목'에 비유하고 있는데 우리는 이것이 엄밀하게 객관적인지 의구심을 품게 된다. 우리는 그가 모형이나 그림을 사용하는 것에 대해 논쟁을 벌이려고 하지 않는다. 왜냐하면 과학자들은 그들의 연구 자료를 정리하고 제시하는 데 그것들이 분명히 필요하기 때문이다. 그러므로 "엄청나게 많이 가지치는 관목"이라는 진화의 이미지는 생명의 자연사의 어떤 중요한 측면들에 우리의 주의를 집중하는 데 도움이 될 수 있다.

그러나 거기에는 과학자들이 보통 의식하는 것보다 훨씬 가까이 이미지와 이데올로기가 연결되어 있다. 편견은 특정 모형을 선택하는 시점에서 과학적 제시에 필연적으로 끼어들지는 않는다. 그러나 그것은 하나의 모형이 배타적으로 사용되게 될 때, 자연에 대한 대안적 표현을 실험할 때 사용하게 될 수도 있는 통찰력을 제멋대로 억누르는 요인이 된다. 모형은 항상 상당히 추상적이므로 그것들 중 몇몇은 다른 것들이 제외시켜버린 자연 세계의 중요한 특징들에 우리의 주의를 집중시킬 수 있다. 이러한 대안들을 완전히 무시하는 것은 순수 과학보다는 독단주의에 이익이 될 것이다.

굴드의 반복적인 자연사의 제시에서 가지치는 관목의 이미지는 독재적인 방식으로 작용해서 자연을 설명하는 다른 중요한 특징들에 주의를 기울이지 못하게 만들 수도 있다. 과학적으로 수용 가능하지 않은 개념인 우주의 목적론에 대한 종교적 믿음을 싫어하기 때문에 굴드는 종잡을 수 없고 방향성 없는 진화의 성격만을 편향되게 강조했고, 그것은 조금이라도 목적이 있어 보일 수 있는 과정에서 나타나는 어떤 특징들을 우리가 주목하는 것을 방해해왔다. 굴드의 뒤엉킨 나무 모형을 자세히 검토한 다른 과학자들은 적어도 우주는 비활성이고 상대적으로 단순한 물질 형태로부터 훨씬 더 강하게 조직화되고 의식 있는 형태로 창조적으로 변형되었다고 증언한다. 물질 조직의 복잡성이 증진된다는 것은 자연사의 부인할 수 없는 사실이다. 그러나 그것은 생물학적 진화의 가지치는 관목 모형에만 집중한다면 잃어버리게 되는 점이다.

최근에 굴드는 자연에 대한 과학적 연구가 복잡성의 전반적인 심화를 밝혀내고 있음을 시인하기 시작했다. 그러나 그는 이것이 맹목적인 자연 과정의 비인격적인 법칙이나 사건과는 달리 '진보'나 어떤 창조적 원리의 존재 증거를 구성한다는 것을 부인하려고 애쓴다. 그는 과학이 과거의 비밀스런 신비주의와 생기론으로 후퇴할 기회를 갖기 전에 지향적 또는 목적론적 자연 해석의 최소한의 출구조차도 모두 닫아걸어야 한다고 생각한다.

우리는 다시 여기에서 우주에는 목적이 있다는 종교적 신념을 과학이 지지하게 만드는 데 우리가 아무런 노력을 하지 않는다는 것을 강조한다. 이것은 과학의 오용일 것이다. 더욱이 자연이 목적을 구현한다는 믿음은 과학적 전문 지식에서 생겨날 수 없고 신의 계시의 은총에서만 생겨날 수 있다. 그러나 굴드 같은 회의론자들이 과학의 순수성을 신념의 굴레에서 보호한다고 하면서 '비과학적'이라 하여 그렇게 열렬하게 배격하는 목적론적 관점만큼이나 그들 자신이 이데올로기에 묶여 있는 것은 기이한 일이다. 방향 없는 진화의 과학적 묘사를 제시한다는 미명하에 사실상 이들 회의론자들이 유물론적 세계관에 편안하게 안주하고 있는 것을 아는 것은 어렵지 않다. 유물론이 없다면 그들이 자연을 바라보는 전반적 방식이 모두 무너지게 될 것이다.

생명이 의식을 향한 여정에서 취했을 경로가 무엇인지, 또 그것이 그 과정에서 만났을지도 모를 모든 위험이 무엇인지는 과학적으로 흥미로울지 모르지만 그것들은 우리에게 신학적으로 중요하지 않다. 중요한 것은 결국 의식 가진 존재인 우리는 여기에 있다는 것이고 이것은 우리가 어떻게 존재하게 되었는지와 무관하게 충분히 의미 있는 사실이다. 진화적 과거의 자세한 내용은 과학이 알아가는 대상으로 유용하지만 그것은 우리가 진정으로 누구이며 신과 우리가 어떠한 관계에 있는지를 정의하는 데는 중요하지 않다. 우리 인간이라는 종이 자유와 선함과 사랑의 능력을 가지고 나타났을 때, 진화는 전혀 새로운 지평으로 도약한 것이 분명하다. 우리의 진화적 과거가 무엇이든 인간 존재의 핵심은 과학적 이해의 영역 밖에 있다. 그러므로 인간의 의식이 생명의 관목에서 "뒤늦게 자라난 작은 가지일 뿐"이라는 굴드의 유물론적인 확신에 대응하여 우리는 동일한 현상을 바라보는 그럴듯한 다른 방법들이 있음을 제시할 것이다. 거기에는 우리의 본유적이고 영속적인 가치를 지시하는 종교적 관점도 포함된다.

그러나 당신은 틀림없이 이렇게 물을 것이다. 진화 과학은 진정 유물론적 독단에서 구제될 수 있는가? 신학적으로 문제를 일으키는 다윈 이론의 측면들—우연, 생존을 위한 투쟁, 비인격적인 자연 선택—은 어떠한가? 그것들은 유신론을 논박하고 유물론적 해석을 요구하지 않는가?

여기에서 우리는 신학적 추측에 빠져들지 않고 이 세 항목 중 어느 것도 필연적으로 유신론과 모순되지 않는다는 것을 보여줌으로써 만족할 것이다. 우리의 접근법은 과학과 종교는 양립 불능이 아니라는 것을 단순히 보여주는 것임을 당신은 기억할 것이다. 우리는 항상 변하고 있는 과학적 개념들로부터 사색적인 신학적 결론들을 이끌어내는 일에는 관심이 없다. 그러므로 진화론이 유신론과 분명히 모순될 경우에 우리는 다음과 같이 매우 간단하게 답할 것이다.

첫째로 자연 선택이 생존을 위해 택하는 변이의 우연적 특성은 인간의 타고난 편협함과 무지에 근거해서 쉽게 설명될 수 있다. 이른바 '무작위적'·유전적 돌연변이는 실제로는 전혀 '무작위적'이 아닐 수 있다. 그것은 단지 인간의 관점의 제한성에서 기인하는 착각일지도 모른다. 우리의 종교적 믿음은 어떠한 경우에도 순수한 인간적 시각은 항상 매우 제한되어 있음을 우리에게 확신시킨다. 그러므로 과학적 관점에서 불합리한 우연으로 보이는 것이 신의 무한한 지혜의 관점에서는 매우 합리적이며 일관된 것일 수 있다.

둘째로 자연 과정 속의 투쟁, 고통, 낭비, 잔인함에 대한 진화론자의 불평은 종교가 항상 충분하게 지적해온 악의 근원적 문제에 전혀 새로운 사항을 추가하는 것이 아니다. 예를 들면 성서는 욥의 시련과 예수의 십자가 처형을 확실히 허락했고, 모든 악과 고통 속에서도 신에 대한 믿음과 희망의 역설적 가능성을 선포한다. 우리 중 몇몇은 믿음이란 그러한 불합리에 대항하여 미지(未知)를 향하여 뛰어드는 것이 아니라면 강한 것도 깊은 것도 못 된다고 주장하기조차 한다. 믿음은 항상 이성과 과학에 맞서는 모든 난점들에도 '불구하고' 믿는 것이다.

우리의 또 하나의 영감의 원천인 덴마크의 철학자 키에르케고르Søren Kierkegaard는 너무 많은 객관적 확실성이 신실한 영혼을 무감각하게 만든다고 가르쳤다. 진정한 신앙심이란 극도의 불확실성에 대면해서만 가능한 것이다. 그러므로 생명 세계의 광범위한 투쟁과 고통에 대한 진화론적 설명이 객관적으로 문제가 되어 보이지만 그런 것들은 고통과 악이 항상 그랬던 것처럼 진정한 믿음에 대한 도전일 뿐이다. 사실상 우리 중 몇몇은 진화의 혹독함이, 지구를 엄한 교훈으로 우리가 영생의 자격을 얻기에 합당하게 만드는 '영혼의 학교'로 보는 고대의 종교적 과정과 잘 들어맞는 것으로 생각한다. 삶이 우리를 곤경에 빠뜨리지 않는다면 그리고 진화가 전적으로 우호적이라면 우리가 어떻게 도덕적이고 영적인 인격을 계발하도록 자극받을 것인가?

마지막으로 비인격적이고 맹목적이라고 하는 자연 선택의 무자비한 법칙은 관성의 법칙, 중력 또는 다른 과학의 비인격적인 측면들과 마찬가지로 신학적으로 문제될 것이 없다. 자연 선택처럼 중력은 우리의 본유적인 인격적 존엄성에 대하여 아무런 고려도 없다. 그것은 약자나 강자나 똑같이 아래로, 때로는 치명적일 정도로 강하게 잡아끈다. 그러나 중력이 신의 존재에 대한 심각한 반증 사례라고 주장하는 사상가는 거의 없다. 아마도 자연 선택은 좀더 긍정적으로 취급되어야 할 것이다.

어찌되었든 우리의 주장은 인간이 단순히 자연의 법칙과 사태만을 고려함으로써 궁극적 실재의 본성을 배울 수 없다는 것이다. 우리도 페일리가 좁게 상정한 '자연 신학'을 거부한다. 왜냐하면 그것은 자연 신학이 신의 자기 계시와 독립적으로 신을 알기를 추구하기 때문이다. 자연 자체는 신의 존재에 대하여 증거도 반례도 제시하지 않는다. 신의 존재처럼 중요한 무언가가 자연 세계에 대한 피상적인 과학적 해석에 의해 결정되기는 거의 불가능하다. 그러므로 우리는 진화론 때문에 번민하지도 힘을 얻지도 말아야 한다.

3. 접촉

우리는 적어도 분리 접근법이 대부분의 갈등의 사례들에 깔려 있는 믿음과 과학의 경솔한 융합을 파괴하는 장점이 있다는 것을 인정한다. 그것이 창조주의와 진화주의에 있는 이데올로기적 편향을 날카롭게 지적해준 것은 매우 유익하다. 분리는 진화와 종교의 관계에 대한 명쾌하고 생산적인 사고 과정에서 핵심적인 단계일지 모른다.

그러나 많은 과학자와 종교적 사상가들에게 분리는 그렇게 충분하지 않다. 진화는 신학이 거리낌없이 무시할 수 있는 또 하나의 무해한 과학 이론 이상의 것이다. 우리는 진화가 유신론과 모순이 되지 않는다는 것을 보여주는 것 이상의 무언가를 해야 할 필요가 있다. 우리의 판단으로는 진화가 우리의 종교적 확신의 진정한 의미를 표현해주는, 우리가 일찍이 가져본 것 중에서 가장 적절한, 일반적인 틀이기 때문이다. 실제로 진화는 우주뿐 아니라 신에 대한 우리의 이해를 심화시킬 수 있다.

불행하게도 많은 신학자들이 우리가 다윈 이전이 아니라 이후의 세계에 살고 있으며, 진화하는 우주는 전통적인 종교적 사상을 형성하고 키워온 세계상과는 많이 다르다는 사실에 정면으로 맞서지 않았다. 만약 신학이 오늘날의 지적 분위기 속에서 살아남으려고 한다면 신학은 진화적 용어를 사용하는 새로운 표현을 요구한다. 다윈 이후 시대에서 종교에 대해 생각할 때, 우리는 아우구스티누스Augustinus, 아비케나Avicenna, 마이모니데스Maimonides, 아퀴나스Aquinas 또는 우리의 조부모님들이나 부모님들이 그 문제에 대해서 가졌던 것과 똑같은 생각을 가질 수 없다. 오늘날 우리는 진화적 용어로 모든 신학을 다시 개작해야 할 필요가 있다.

과학과 종교를 융합하지 않고 신학은 진화론자들이 신의 존재에 반한다고 생각하는 다윈주의 사상과 생산적인 접촉을 할 수 있다. 사실상 우리 중 다수에게 진화는 오늘날 신에 대한 우리의 사고에서 절대적으로 본질적인 성분이다. 로마 가톨릭 신학자 한스 큉Hans Küng이 말한 대로 진화 이론은 다음을 가능하게 한다. 신에 대한 더 깊은 이해—신은 세계의 위나 밖이 아닌 진화의 중심에 있다. 창조에 대한 더 깊은 이해—창조는 진화에 대립되지 않으며 오히려 진화를 가능하게 만든다. 인간에 대한 더 깊은 이해—인간은 유기적으로 전체 우주에 관계되어 있다.[12]

물론 회의론자들은 즉시 우연이 생명의 진화에서 담당하는 역할과 섭리적인 신의 개념을 어떻게 조화시킬 수 있는지 물을 것이다. 이것은 중요한 질문이며 우리는 분리 옹호자들이 우연을 실제로 존재하지 않는 것으로 보고 그것을 좀더 큰 신적 계획에 대한 인간의 무지로 돌리는 느슨한 견해로 만족하지 못한다. 우리 견해로 우연은 실재하기 때문이다. 그것은 진화에서 구체적인 현실이지만 신의 개념과 모순되는 것은 아니다. 반대로 세계와 긴밀하게 연결된 사랑의 신이 존재한다면 우리는 자연의 미결정성과 무작위성의 측면을 기대해야 한다. 이유는 간단하다.

사랑은 강제적 방식이 아닌 설득적 방식으로 작동하는 것이 전형적이기 때문이다. 사랑은 사랑받는 자에 자신을 강요하지 않고 대신에 사랑받는 자가(이 경우에는 창조된 우주 전체) 그 자체로 머물기를 허용한다. 다만 이것이 포기보다는 친밀감을 함축하는 방식으로 이루어진다.

우리의 종교적 전통이 항상 고집해왔듯이 신이 진정으로 세계의 안녕을 돌본다면 세계는 신과는 다른 무엇인가가 되도록 허용되어야 한다. 세계의 존재가 근본적으로 신에서 비롯되었다 하더라도 그것은 일정한 정도의 '자유' 또는 자율성을 가져야 한다. 세계가 그 자체로서 존재하지 않는다면 그것은 신 자신의 연장(延長)일 뿐이다. 그렇게 되면 그것은 그 자체로서의 세계는 아닐 것이다. 진정한 유신론적 관점에서 볼 때, 우주에는 불확실성, 즉 직접적인 신적 결정론의 부재의 여지가 있어야 한다. 우리는 진화론의 무작위성을 세계의 안녕을 돌보는 신에 연결된 세계가 요구하는 필수적인 미결정성의 한 사례로 해석한다.

다시 말하면 세계는 신과는 다른 어떤 것이어야 한다면 그것은 다른 존재의 방식들의 주위를 배회하고 그것들을 실험하기 위한 여지를 가져야 한다. 그러므로 굴드의 가지치는 관목은 진화의 어떤 특징을 꽤 정확하게 표상한다. 신적 강제로부터 상대적으로 자유로운 상태에서 세계의 진화 실험 중 몇몇은 잘 돌아가고 어떤 것들은 그렇지 못할 수도 있다. 그러나 그것들은 모두 우주의 차원을 넓히는 데 있어서 흥미롭고 의미 있을 수 있다. 더욱이 그러한 자유 범위를 남겨두는 것은 신의 세심한 관심이 없다는 것을 의미하지 않고 피조물의 타자성(他者性)의 측면에서 신적 사랑이 거칠게 침범하지 않는다는 것을 의미한다. 신은 우주가 상대적으로 자유롭게 존재하도록 허용하는 모험을 한다. 그리고 생명의 이야기에서 세계의 본질적 '자유'는 진화의 원재료를 구성하는 무작위적 변이, 즉 유전적 돌연변이를 통해 나타난다. 그러므로 일정한 정도의 우연은 신에 대한 우리의 이해와 잘 맞는다.

신이 전형적으로 강제적 방식보다는 오히려 설득적인 방식으로 세계에 영향을 미친다면 이것이 왜 진화에서 무작위적 변이, 즉 돌연변이가 발생하도록 허용되는지를 설명하는 데 도움이 될 수도 있다. 세계가 진화하는 것은—그것도 미결정적 방식으로—신이 지배하는 권력이기보다는 오히려 설득하는 사랑이기 때문이다.[13] 신이 마술사나 독재자라면 우주는 단번에 완결되고 영원히 불변일 것이라고 기대할 수 있다. 만약 신이 사물을 완전한 통제 상태에 두기를 고집한다면 우리는 캄브리아기 폭발Cambrian explosion 때 생긴 기묘한 유기체들이나 그후의 공룡과 파충류 또는 우리에게 이상하게 보이는 다른 많은 야생 생물들을 기대하지 못할 것이다. 우리가 신을 마술사로 생각한다면 우리는 그가 말끔한 완전성이라는 편협된 인간적 감각의 취향을 따라 세계를 만들어내기를 원할 것이다.

그러나 그것은 얼마나 재미없고 빈약한 세계인가? 그것은 사실상 진화가 양산해온 모든 드라마, 다양성, 모험, 강렬한 아름다움 같은 것이 모두 결여되어 있을 것이다. 인간이 설계한 세계는 생기 없는 조화를 가질지도 모른다. 그것은 고통과 투쟁이 없는 세계일지 모르지만 진화론이 수십억 년에 걸쳐 유발시켜온 새로움, 상이함, 위험, 대변동, 장려함을 전혀 갖지 않을 것이다.

다행스럽게도 우리 종교의 신은 마술사가 아니라 창조자다.[14] 그리고 우리는 이 신이 현 상태를 보존하는 것보다는 자유와 진화의 모험을 증진시키는 데 훨씬 더 관심이 있다고 생각한다. 신의 창조적 사랑은 '내버려두는' 특성을 가지고 있으므로—결코 신성의 후퇴가 아니라 스스로를 감추는 친밀함을 함축한다—우리는 진화의 낯설고 변덕스러운 과정에 놀라지 않는다. 우리는 진화하는 세계가 고통과 비극을 허용한다는 것을 전적으로 철회할 수 없다. 생명, 의식, 문화에 도달하기 위한 우주의 오랜 창조적 투쟁이, 실제 사랑은 어떠한 상황을 강요하지 않고 사랑받는 자의 입장에서 항상 자유와 위험과 모험을—그리고 고통도—허용한다는 우리 신앙의 확신과 일치한다.

그러나 왜 신은 한번에 완전하게 완결된 세계를 원하지 않을 것인가? 왜 우주와 생명은 다윈주의 생물학이 묘사하는 매우 극적인 방식으로 전개(진화)되어야 하는가? 우리는 역시 확실한 답을 가지고 있지 않으며 이런 문제들에 대한 우리의 개념 자체가 끊임없이 진화하고 있다. 그러나 우주가 미완결로 남겨지고 적어도 어느 정도까지 자체 창조적이기를 요청받는 것은 신이 세계와 그 안에 존재하는 것들이 새로움을 창조하는 신적 즐거움에 참여하기를 원하기 때문이 아닐까? 그리고 어떤 점에서 세계가 자체 창조적이라면 화석 기록과 현재 우리를 둘러싸고 있는 다양한 생물계에서 발견되는 상이하고, 유쾌하고, 황당하고, 신기한 많은 형태들을 가지고 수행하는 자연의 규제받지 않은 실험에 우리가 그렇게 놀랄 필요가 있겠는가? 그러므로 굴드 같은 진화론자가 우리에게 제시하는 자연의 상을 바라봄으로써 신의 창조적 사랑의 방식에 대하여 많은 것을 배울 수는 없겠는가? 가령 그 자체로 완전히 적절하지는 않지만 무작위적으로 가지치는 관목 같은 진화의 모형조차도 적어도 자연 세계에 단순한 방향성이라는 편협한 인간의 개념을 투영하지 않도록 만들어준다.

실제로 다윈 이래로 과학자들은 페일리에 의해 제시되고 도킨스에 의해 풍자된 신의 설계에 대한 순진한 개념과 일치하지 않는 자연 세계의 현상들을 찾아내왔다. 회의론자는 시행착오 실험이라 할 만한 진화의 긴 역사를 논쟁의 여지가 없는 비인격적 우주의 증거로 해석하지만 점차 심화되는 우주의 이야기는 한없이 파악하기 어려운 종교적 경험의 신과 쉽게 부합한다. 신이 가진 창조적 생명을 인간만이 아니라 모든 피조물들과 나누기를 희망하는 신이 우리의 신이다. 그러한 신은 시작부터 창조의 과정에 대한 엄정한 통제를 단념하고 계속되는 세계의 진화에서 중요한 역할, 즉 동료 역할을 피조물들에게 실제로 부여한다. 그러한 은혜롭고 자기 부인적인 사랑은 우리가 진화의 물리적 기록에서 발견하는, 모든 경이에 열려 있는 세계와 상당히 일치할 것이다. 이러한 사랑은 또한 우리가 생명과 그것의 진화에서 목격하는 투쟁과 고통(비록 궁극적으로 이것들을 용인할 수 없다 하더라도)과도 논리적으로 일치할 것이다.

그러므로 진화는(나중에 살펴보게 될 다른 새로운 과학적 개념들과 함께) 우리가 신의 관념을 포기하기를 요구하지 않는다. 오히려 그것은 우리가 신을 새로운 방식으로 생각하기를 요청한다. 그러한 요구는 종교사에서 새로운 것이 아니다. 왜냐하면 각 시대는 궁극적 실재에 대한 주어진 세대의 이해에 극적인 전이를 요구할 전례가 없는 위기들과 직면하기 때문이다. 실제로 일반적으로 종교적 신념이 생동감을 유지하고 새롭게 되는 것은 심각한 도전들과 직면하면서다. 다른 살아 있고 진화하는 체계들처럼 종교적인 신념도 아무런 걸림돌이 그 앞길에 놓이지 않으면 생기를 잃게 된다.

그리하여 실제로 '접촉' 신학은 진화가 함축하는 소박한 신앙의 장애물들과 맞서기를 고대한다. 진지하게(마지못해서가 아니라) 다윈주의 진화론에 대하여 궁구(窮究)하는 신학은 이전과 똑같이 머물 수가 없다. 진화는 어떻게 신이 세계에 영향을 미칠 수 있는가를 더 주의 깊게 숙고하기를 요구한다. 진화의 신은 독재자가 아니며 자연의 인과 관계의 흐름에 드러내놓고 개입하지 않지만 종교적 신념은 필연적으로 신이 자연 세계에 영향을 미치고 그것과 상호작용하는 어떤 의미 있는 방식이 여전히 존재한다는 것을 함축한다. 미래를 확정하지 않는 신, 새 생명에 대한 계속되는 신선한 약속의 방식으로 세계와 대면하는 신에 대한 종교적 관념은 진화 과학의 데이터를 해석하기 위해 가장 적절한 틀이라고 우리는 생각한다.

그러므로 우리는 '자연 선택' 과정이 지구의 생물다양성biodiversity의 진화에서 제한 요인으로 존재한다는 개념에는 꽤 익숙하다. 그러나 생물학자들이 종종 그러듯이 총체화하는 형이상학적 방식으로 자연 선택 같은 막연한 개념에 호소함으로써 진화적 창조성의 현실이나 결과가 완전히 설명될 수 있다는 것은 자명하지 않다. 냉혹하게 작동되는 자연 선택과 더불어─우리는 그것을 부인하지 않는다─이 특수한 세계를 만들어내는 데 관여하는 다른 창조적이고 일일이 열거하기에 좀더 어려운 요인들이 있을 수 있다.[15]

진화는 극히 예측 불가능한 과정이며 자연 선택의 개념은 가장 기민한 유기체가 살아남는 자가 될 것을 함축할 뿐이다. 그러나 진화의 표준 이론은 왜 물질이 자체 조절 능력을 갖는 경향이 있는지 왜 진화가 우리같이 자의식을 갖는 존재를 향해 진행되어왔는지를 설명하는 데 무력해 보인다. 왜냐하면 바로 같은 이론이 진화의 결과로 마음 또는 언어와 사랑의 능력을 결여한 유기체만을 만들어낼 가능성도 얼마든지 허용하기 때문이다. 그러한 유기체는 인간과 마찬가지로 '적응되어' 있었을 것이다.

진화론자들의 대답은 진화가 수백만 년, 심지어 수십억 년에 걸쳐 일어났다면 많은 놀라운 것들─인간을 포함해서─이 환경에 적합한 작은 무작위적인 유전 변화의 선택과 재생의 결과로 생겨날 수 있다는 것이다. 그러나 도킨스가 하듯이 진흙을 마음으로 바꾸는 마술사의 역할을 엄청난 시간에 맡기는 것은 여전히 의문의 여지가 있다. 철학적으로 말해서 시간의 새로운 증가분은, 아무리 많은 시간을 더한다 하더라도, 죽은 물질을 생명과 의식으로 변환시키는 데 필요한, 창조적 대행자를 구성할 수는 없다. 시간이 물론 필요했다. 그러나 그 엄청난 시간이라는 실체는 좀더 원초적인 우주의 창조성의 결과이며, 그것은 자연 선택이라는 생물학적 개념에 의해 설명될 수 없는 것이다.

아인슈타인이 발견했듯이 시간이라는 실체는 물질 자체의 본성과 긴밀하게 얽혀 있다는 것을 우리는 여기에서 기억할 필요가 있다. 그러므로 오늘날 우리는 전체 물리적 우주를 이 논의에 끌어들이지 않고는 시간—진화가 요구하는 막대한 양의 시간을 포함해서—에 대해서 논의할 수 없다. 지금 우리는 완전히 새롭고 전례 없는 방식으로 생명의 진화가 물리적 우주 전체와 얼마나 분리 불가능한가를 우주 물리학과 우주론으로부터 배우고 있다. 그러므로 생명의 진화에 대한 적절한 설명은 반드시 총체적 우주의 본성에 대한 고려를 포함해야 한다. 우리가 이 점을 특히 강조하는 이유는 세계에 대한 신의 영향력을 우리가 이해하고자 할 때 단지 자연의 전개 과정에 있는 특별한 '간극들'이 아니라 총체적 우주에 집중하기를 희망하기 때문이다.

현재 우리가 우주 물리학으로부터 배우고 있듯이 물질 우주는 생물 진화가 일어나기 오래 전에 생명과 마음으로 진화하려는 매우 특수하게 설정된 성향을 항상 가지고 있었음에 틀림없다. 사실상 과학자들은 오늘날 매우 좁은 범위의 물리적 특성들만이 탄소에 기반을 둔 생명의 기원과 진화를 허용할 수 있었을 것이란 점을 알아내고 있다. 그리고 물질이 생물이 되고 창조적인 존재가 되려는 기존의 경향을 설명하는 것은 자연 선택이 아니다. 생명이 출현하기 수십억 년 전에 물리적 실재는 생명과 의식을 갖는 존재를 만들어내려는 놀라운 경향을 이미 가지고 있었다. 그러므로 생물학적 진화의 창조성은 생명의 출현 이전 수십억 년 전까지 그 기원을 추적할 수 있는 창조적 우주의 흐름을 단순하게 이어간 것에 불과하다.

그러므로 진정한 논제는 왜 자연 선택이 그렇게 창조적이냐가 아니라 왜 전체 우주가 우리의 행성에서 또는 다른 곳에서 생물학적 진화의 드라마를 지원하는 경향을 갖게 되었는가이다. 우리가 이 질문을 좀더 충분히 천착한다면 그것은 신학적 언급을 요구할 것이지만 그것이 과학적으로 특수한 방식으로 그 과정을 이해하려는 노력을 결코 대신하지는 않는다는 점은 쉽게 알 수 있다. 5, 6장에서 좀더 자세히 설명하겠지만 최근의 우주 물리학은 생물학적 창조성에 대한 근본적인 추진력은 대부분의 진화 생물학자들이 최근까지 살펴보았던 곳보다 훨씬 더 먼 우주의 과거와 물질 자체의 본성에까지 거슬러 올라감을 입증해준다. 유물론적 생물학자들이 자연 선택의 개념에 부여한 형이상학적 의미가 이러한 우주적 배경의 이해에 도움을 줄 수 있을지 의심스럽다.

더욱이 (우리가 다시 7장에서 카오스와 복잡성의 새로운 과학에 관련하여 보게 되겠지만) 우주는 이미 첫 번째 생명체가 출현하기 오래 전에 복잡성의 증거와 자체 조직화의 본유적 경향을 가지고 있었다. 이러한 생명 없는 물질 자체에 널리 퍼진 창조적 경향은 왜 진화가 생명과 의식이 있는 존재를 양산해낼 만큼 창조적이었는지 설명하려 할 때 간단히 무시되어서는 안 된다.

유물론자들조차 이제는 받아들이듯이 생물 진화의 서사시는 우주 역사의 초기 단계에서 주어진 조건으로부터 분리될 수 없다. 그러나 보통 회의론자들은 생명의 역사가 창조적 모험을 향한 더 원초적인 우주적 추진력에 깊이 의존하지 않는 것처럼 진화와 자연 선택의 개념을 사용한다. 지난 세기 내내 거의 물질은 본유적으로 생명에 적대적이며 진정한 창조성은 생물학적 진화의 도래와 함께 비로소 우주에 출현한 것처럼 이야기되었다. 그러나 그러는 동안 우주 물리학은 우리가 물질과 생명을 새로운 방식으로 바라보게 해주었다. 다음 장들에서 우리는 더 충분하게 이 묘사를 보충하겠지만 오늘날 설명이 요구되는 것은 생명이 왜 출현하고 진화했느냐가 아니라 왜 우주 전체가 항상 새로운 형태의 질서를 추구하는 경향이 있느냐라는 것임을 여기에서 언급해두어야 하겠다. 새로운 것을 실험하는 물질의 모험적 경향은 생명이 발명한 것이 아니라 단지 생명이 거기에 참여한 것일 뿐이다. 그러므로 우리가 최근의 모든 우주론적 설명에 의해 이해해야 하는 것은 우주 자체가 왜 그렇게 단조로움을 근본적으로 용납하지 않는가, 또 왜 매우 초기 순간부터 그러했느냐이다. 우리는 신학이 이러한 종류의 이해에 대한 탐구와 무관하지 않다고 생각한다.

도킨스와 굴드 같은 이들의 주장에도 불구하고 유물론적 진화론은 점점 더 복잡한 질서를 추구하는 우주 물질의 총체적 운동을 이해하는 데 도움을 줄 수 없다. 진화의 창발적 특성에 대한 우리의 인식은, 굴드가 항상 주장하듯이, 문화적으로 편협한 인간의 진보에 대한 욕망을 무관심한 우주에 투영한 것이 아니다. 오히려 무관심한 우주라는 굴드의 그림은 자연의 역사 중에서 비교적 짧은 기간인 생물 존재 시기에서 유래한 자연 선택의 법칙에서 그가 발견한 무관심에 대한 생생한 인상을 우주의 (상상된) 총체성에 투영하는 데서 비롯된다.

요약하자면 수소 원자로부터 두뇌를 만드는 과정이 1분이 걸리든 150억 년이 걸리든 단순에서 복잡으로 전반적인 우주적 운동을 증진시키는 데에는 자연 선택에 의해 작동되는 무작위적 변화와 긴 시간이 아닌 더 근본적인 무언가가 우주에 있어서, 조용하고 광범위하고 겸손하게 작동될 가능성을 배제할 수 없다. 진화적 선택은 그것의 동인인 우주의 창조성과 결합되어 있고 그것을 증진시키지만 결코 그것을 유발하지는 않는다는 것이 점차 과학에서 분명해지고 있다. 그러므로 왜 우주가 그렇게 창조적 참신성을 넘치도록 추구하는지는 여전히 미해결의 문제로 남아 있다.

더욱이 앞에서 언급했듯이 자연 선택이라는 특색 없는 개념은 진화가 사실상 취하는 특정한 경로를 밝혀내기에는 너무 가볍다. 우리는 이런 이유 때문에 진화 과정이 과학자들이 느슨하게 자연 선택이라고 부르는 것의 제한 조건들을 따르면서 끝없는 다양성과 특수성을 허용하는 방식으로 나타나는 신적 창조성의 표현일 수 있다고 제안한다. 진화 생물학, 고생물학, 그리고 자연사는 그 상세 과정을 이해하는 데 도움을 줄 수 있다. 한편 종교와 신학은 진화 생물학의 작업을 침해하지 않고 전우주 과정의 토대가 되는 엄청난 넉넉함, 곧 신을 지시할 수 있다. 그러므로 종교적 신념과 진화 과학을 분리시킬 타당한 이유가 없는 것이다. 그 둘은 서로 꽤 잘 조화를 이룬다.

사실 진화적 선택의 관념은 어떤 측면에서는 공허할지 몰라도 역설적으로 과학과 종교의 관계를 밝히는 데 도움을 줄 수 있다. 흔히 진화는 환경에 적응하려고 투쟁하는 사물의 이야기라고 한다. 어떤 적응을 위한 노력은 성공하고 다른 것은 성공하지 못한다. 그러나 과학과 종교는 둘 다 진화의 산물이다. 그것들이 무엇이든 그것들은 우리 인간이 우주에 적응하기 위해 생각해낸 많은 방식들 중에 있다. 진화 원리를 따른다면 우리는 적응을 위한 이러한 시도 중 몇몇은 성공적일 것이고 다른 것들은 생존 경쟁에서 패배할 것임을 예측할 수 있다. 가령 우리는 과학의 전역사를 자연적 환경에 부합하려는 인간 지성의 투쟁으로 이해할 수도 있다. 과학자들은 다양한 '가설'을 실험하는 방식으로 그러한 적응을 시도하고 이러한 가설들이 실제 세계와 들어맞지 않을 때 그것들을 던져버린다. 자연 세계에 다소간 적합한 과학적 개념들만이 살아남을 수 있다.

우리는 또한 종교의 역사를 환경에 적응하려는 인간의 연장된 일련의 노력으로 볼 수 있다. 그러나 종교의 환경은 자연뿐 아니라 종교적 경험이 자연의 밑에서 또는 그것을 초월하여 직관적으로 파악하는 극히 창조적인 신비도 포함한다. 종교는 상징적·신비적·신조적 구성물들을 통해 이러한 신적 신비에 우리를 적응시키려고 노력한다. 그러나 신비는 극도로 이해가 어렵기 때문에 영구적으로 완전한 이해에서 벗어나 있고 우리의 종교적 상징, 신비, 교의는 우주의 창조성의 궁극적 토대에 결코 '들어맞지' 않을 것이다. 그러므로 우주의 토대를 이루는 신성한 신비와 우리의 삶을 일치시키려는 노력에서 종교들은 소란스러운 투쟁을 필연적으로 겪게 되고 때때로는 진정한 사물의 깊이에 우리를 조율시키려는 긴 탐색 과정에서 경쟁까지도 하게 된다.

물론 그러한 불쾌한 일들 때문에 회의론자들은 종교의 역사 도처에서 종교가 그러한 혼란을 겪어왔다면 종교에 무엇인가가 있을 수 있겠냐고 묻는다. 종교에 어떠한 실체가 있다면 왜 그것은 그렇게 너저분하고 불안정한가? 그러나 적응과 선택이라는 진화적 개념은 그것들의 불특정성에도 불구하고 종교의 발생과 몰락뿐 아니라 신들의 출생과 사망을 이해하는 도움이 되는 새 모형을 제공해줄 수 있다.

신학자 거트 타이센Gert Theissen은 적자를 '부적자'로부터 분리시키는, 우리의 종교적 가설들을 선별하고 분류하고 '판단'하는, 어떤 '저변의 실재'가 있는 것이 당연하다고 생각한다. 이러한 저변의 실재를 우리는 '신'이란 이름으로 부를 수 있다. 그리고 우리가 종교의 역사에 대해서 반성할 때 우리는 그것의 구성물 중 소수만이 이 위대한 신비와의 대면에서 살아남는다는 것을 알아차릴 수 있다. 그러므로 '신'이란 가설은 '신들'의 출생과 사망의 혼란스런 역사에 대한 그럴듯한 설명이다.[16]

요컨대 진화 이론의 대안이 아니라 그것과 조화를 이루도록 취해진 신의 개념은 진화가 생명에서뿐 아니라 문화와 종교에서도 증가하는 복잡성과 의식을 설명하는 데 도움을 줄 수 있게 한다. 초월하는 신적 신비의 개념은 우주가 질서를 가질 뿐 아니라 진화에서 보이는 것과 같은 새로움과 창조성의 경향을 가짐을 설명해준다.

우리는 신적 창조성을 우주가 점점 더 다양한 방식으로 자신을 표현하도록 신이 초청하는(강요하는 것이 아니라) 것으로 이해한다. 우리는 신을 세계의 질서뿐 아니라 현 상태를 항상 어떻게 해서든지 붕괴시키는 새로움과 다양성의 궁극적 근원이라고 생각한다. 새로움이 세계에 생겨나면, 결국 현재의 질서는 양보해야 한다. 우리가 진화의 '원인'이라고 부르는 대신에 혼돈스럽게 '우연'이라고 부르는 것은 새로운 것이 진입할 때 현재의 질서 형태의 붕괴의 결과로 이해될 수 있다.

이러한 참신성의 궁극적 또는 숨겨진 기원은 우리가 신이란 단어로 의미하려는 것들 중 하나다. 이 설명에서 '신의 뜻'이란 진화적 새로움과 다양성을 극대화하는 것이다. 새로운 창조에 대한 신의 비전은 모든 시간과 공간을 가로질러 우주에 조용히 제시된다. 참신성과 다양성의 도입은 우주를 아름다운 세계로 만드는 것이므로 우리는 진화의 신은 우주의 아름다움을 계속해서 증진시키기만을 원하는 신이라고 말할 수 있다. 그러므로 우연적인 창조를 해낼 수 있는 방황을 포함해서 우주의 진화적 묘사는 모험적이고 사랑이 많은 신을 "모든 것을 새롭게 하시는" 분으로서 이해하는 성서의 관점과 꽤 잘 들어맞는다.[17]

그러나 진화에서 신의 역할은 한층 더한 새로움과 아름다움이 생기도록 우주를 휘젓는 자극만이 아니다. 우리의 종교적 교리는 우주를 창조하는 동일한 신이 항상 우주를 모든 수고와 고통, 사망으로부터 건져내기를 약속한다고 말해준다. 이것은 우주적 진화의 전역사가 속속들이 믿기지 않을 정도로 폭넓게 사랑의 신의 기억 속에 영원히 남겨짐을 의미한다. 생명의 진화 묘사에서 선명하게 드러난 무고한 자와 약한 자의 고통은 신의 영원성에서 분리할 수 없게 된다. 우리의 신학은 세계를 단지 창조만 하고 내팽개치는 신을 용납하지 않는다. 우리에게는 세계를 진화하도록 초청하는 동일한 신이 진화적 과정 속에 긴밀하게 연루되어 있다. 신은 모든 것과 더불어 그들의 고통과 기쁨에 참여하면서 투쟁하여 궁극적으로 무한한 긍휼로 세계를 구속하여 결국에는 아무것도 잊혀지거나 상실되지 않게 한다.[18]

이것은 진화 과학과의 만남이 어떻게 현대 신학을 변환시키고 있는지에 관한 간단한 예시일 뿐이다. 많은 다양한 진화 신학이 현재 존재하며 우리는 다윈 이후 신학에서 계속되는 재고(再考)의 작은 부분만을 제시했다. 그렇게 많은 현대 종교 사상이 창조주의나 분리 관점에 매달려 있는 것은 안타까운 일이다. 비록 진화 신학이 반드시 지속적인 수정을 필요로 한다고 하지만—게다가 우리는 그것의 특정 이설을 항상 숭상하기를 희망하지 않는다—우리는 적어도 임시적으로 진화론을 오늘날 신에 대한 생각을 위한 가장 적절하고 생산적인 과학적 틀로 생각한다.

4. 지지

우리는 진화 신학을 구성하려는 시도를 전적으로 지지한다. 그러나 우리는 유신론과 진화론 사이의 긴밀한 연결을 확립하는 데 있어서 더 멀리 나아갈 것이다. 우선 우리의 관점은 종교적 개념이 다윈 개념의 토대를 제공한다는 것이다. 진화 사상에 대한 유신론의 근본적인 '지지'를 입증하는 최신 연구들은 많이 있으며 우리는 그것들을 모두 여기에서 논의할 수 없다.[19] 그러나 우리의 요점의 하나는 진화 이론이 시간의 본성과 관련된 묘사와 더불어 신에 대한 성서적 이해에 바탕해서 형성된 문화적 맥락 밖에서는 거의 꽃필 수 없었을 것이라는 점이다.

성서는 신이 새롭고 놀라운 미래를 도래하게 하는 것으로 시간을 이해한다. 성서의 믿음을 통해서 우리는 미래를 확정하지 않고 나타나는 신이 우리에게 제시하는 약속을 알게 되었을 때, 새로운 방식으로 시간을 경험하기 시작했다. 약속된 새로운 창조가 우리에게 손짓했을 때 우리는 더 이상 과거의 황금 시대로 돌아갈 욕망을 느끼지 않았다. 시간은 우리의 깊은 수준의 의식에서 방향성을 갖고 비가역적이 되었다. 현대에 신이라는 관념이 우주에 대한 지적인 묘사에서 제거되었을 때조차 방향성이 있고 비가역적인 시간의 관념은 우리—세속적인 과학자들을 포함해서—의 감수성에 깊이 자리잡은 채로 남아 있었다. 서구 과학이 우주의 진화적 묘사를 받아들이게 만든 것은 원초적으로 시간에 대한 성서적 인식이었다.

이러한 선형 역사관과 대조적으로 대부분의 비성서적 종교와 문화는 시간을 반복하는 원으로 이해해왔다. 원시 종교 및 동양 종교 전통에서 시간의 숙명이란 근본적으로 새로운 어떤 것이 될 수 없으며 우주적 기원의 순수성과 단순성으로의 회귀이다. 한편 근본적으로 새로운 미래의 근원으로서 신에 대한 성서의 강조는 고래(古來)의 시간의 순환을 열어버린다. 시간은 정해져 있지 않은 미래 또는 시간의 끝에 하느님의 나라의 도래를 고대하도록 전체 우주를 부른다.

진화 사상이 형성될 수 있었던 것은 이러한 비가역적 연속성의 관점의 형판(型板) 위에서였을 것이다. 진화가 '진보'라는 세속적 개념을 함축해야 할 필요가 없다 할지라도 진화는 그것의 모태로서 여전히 시간에 대한 종말론적이고 미래 지향적 이해를 요구한다. 우리가 여기에서 강조하고 싶은 것은 이러한 시간관은 실재를 약속으로 보는 종교적 체험에서 나왔다는 점이다.

그러나 신에 대한 믿음이 진화 개념을 지지하는 훨씬 더 심층적인 방식이 있다. 칼 라너Karl Rahner 등이 밝혔듯이 유신론적 종교의 중심 개념은 무한자가 유한한 우주에 사랑으로 자신을 부어주는 것이다. 이것이 '계시'의 근본적인 의미다. 그러나 우리가 주의 깊게 이 종교적 가르침에 대해 생각해본다면 그것은 자신을 주는 다함이 없는 신적 사랑에 연관된 우주는 진화하는 것이 되어야 한다는 결론으로 우리를 이끈다. 만약 신이 우주에 자신을 주는 무한한 사랑이라면 유한한 세계는 아마도 이 무한하고 은혜로운 부요를 한 순간에 받을 수는 없을 것이다. 신이 무한한 사랑을 부어줌에 반응하여 우주는 자기 변환의 과정에 참여하도록 기대될 것이다. 신적 무한성에 '적응'하기 위해서 유한한 우주는 계속해서 더 확장하는 방식으로 그러한 흘러 넘치는 사랑을 받아들이는 자신의 능력을 강화시켜야 할 것이다. 다시 말하면 우주는 증가하는 복잡성, 생명, 의식을 향하는 힘들고 극적인 진화를 견뎌낼 것이다. 결국 우주가 자기 초월의 경로, 즉 진화의 경로로 진입하는 것은 자기를 주는 신의 사랑이 주입된 결과다.[20]

이러한 관점에서 보면 우주의 진화는 분리 입장이 주장하듯이 유신론과 양립 가능하거나 접촉 접근법이 말하듯이 그것과 '조화를 이루는' 정도가 아니다. 오히려 자기를 주는 사랑의 신에 대한 믿음은 실제적으로 진화하는 우주를 예고한다고 말해도 지나치지 않을 것이다. 자기를 주는 무한한 신의 사랑에 대한 종교의 가르침을 다른 종류의 우주와 화해시키는 것은 매우 어려울 것이다.

■주

1) Weinberg, pp. 246~9.

2) John C. Greene, *Darwin and the Modern World View*(New York : Mentor Books,

1963), p. 44에서 인용.

3) Richard Dawkins, *The Blind Watchmaker*(New York: W.W. Norton & Co., 1986).

4) 같은 책, p. 6.

5) 같은 책, p. 5.

6) 같은 책, p. 6.

7) 예를 들면 Duane Gish, *Evolution: The Challenge of the Fossil Record*(El Cajon: Creation-Life Publishers, 1985)를 보라.

8) Niles Eldredge, *Time Frames: The Rethinking of Darwinian Evolution and the Theory of Punctuated Equilibria*(London: Heinemann, 1986).

9) 결코 모두는 아니지만 상당수의 진화 과학자들은 '종교'와의 대화에서 대부분의 신학자들이 '창조주의자'라고 가정한다. 그들은 보통 '창조'의 개념이 대부분의 신학에서 매우 미묘한 개념이라는 것을 인식하지 못한다. 우리가 여기에서 이야기하는 혼동의 예로 Niles Eldredge, *The Monkey Business*(New York: Washington Square Press, 1982), pp. 132~5를 보라.

10) Steven Jay Gould, *Ever Since Darwin*(New York: W.W. Norton, 1977), pp. 12~3.

11) Steven Jay Gould, "The Evolution of Life on the Earth," *Scientific American*, Vol. 271(October, 1994), p. 91.

12) Hans Küng, *Does God Exist?* trans. by Edward Quinn(New York: Doubleday, 1980), p. 347.

13) 이 접근법에 대한 더 발전된 논의를 위해서는 John F. Haught, *The Cosmic Adventure*(New York: Paulist Press, 1984)와 *The Promise of Nature*(New York: Paulist Press, 1993)를 보라.

14) L. Charles Birch, *Nature and God*(Philadelphia: Westminster Press, 1965), p. 103을 보라.

15) 뒤에서 자세히 논의하게 될 최근의 카오스와 복잡성의 과학도 진화의 창조성에서 선택의 배타적 역할에 대하여 심각한 문제를 제기하고 있다.

16) Gerd Theissen, *Biblical Faith: An Evolutionary Approach*, trans. by John Bowden(Philadelphia: Fortress Press, 1985). 비슷한 주장은 John Bowker, *The Sense of God*(Oxford: Oxford University Press, 1978), p. 151에서 제시된다.

17) 이러한 개념의 전개는 John F. Haught, *The Cosmic Adventure*를 보라.

18) 이러한 생각들은 '과정 신학process theology'이라고 불리는 것에 의해 특히 선명하게 드러난다. John B. Cobb, Jr. and David Ray Griffin, *Process Theology: An Introductory Exposition*(Philadelphia: Westminster Press, 1976)을 보라.

19) 예를 들면 Ernst Benz, *Evolution and Christian Hope*(Garden City, N. Y.: Doubleday, 1966)를 보라.

20) Karl Rahner, S. J., *Hominization*, trans. by W. J. O'Hara(New York: Herder & Herder, 1965)를 보라.

4 생명은 <u>화학으로</u> <u>환원</u> 가능한가?

제임스 왓슨James Watson과 함께 DNA의 이중 나선 구조를 발견한 프 랜시스 크릭Francis Crick은 최근 저작에서 '놀라운 가설'이라는 것을 제 시한다.

놀라운 가설이란 '너'와 너의 기쁨과 슬픔, 너의 기억과 야망, 너의 정체 감과 자유 의지가 사실은 엄청난 수의 신경세포의 집합체와 그것에 연 관된 분자들의 행동에 불과하다는 것이다. 루이스 캐럴의 앨리스가 말 했듯이, "너는 단지 한 뭉치의 뉴런에 불과하다." 이러한 가설은 오늘날 대부분의 사람들에게 낯선 것이기 때문에 진정 놀라운 것이라 불릴 만 하다.[1]

크릭은 계속해서 대부분의 사람들의 생각은 불행하게도 독특한 인간

의 영혼과 생명의 신비한 신성함에 대한 소박한 믿음을 지닌 전(前)과
학적 종교의 망상에 의해 형성되었다고 말한다. "과학의 확실성만이(그
한계를 가지고 있지만) 결국에 가서 우리 조상들의 미신을 제거해줄 수
있다"고 그는 결론짓는다.[2]

크릭이 잘 인식하고 있듯이 전통적인 종교는 신에 관련한 중요성의
정도에 따라 등급이 매겨지는 존재의 상이한 수준들의 위계로 우주를
묘사한다. 예를 들면 물질은 일반적으로 가장 낮은 수준이고 가장 덜
중요하다. 식물은 살아 있기 때문에 물질보다는 중요하게 여겨지고 동
물은 식물보다 더 가치 있고 인간은 동물보다 더 가치 있다. 그리고는
위계의 최상위에 전통적인 종교의 가르침은 전형적으로 신적 실재를
배치한다.

이 위계를 거슬러 올라갈 때 각 수준은 그 아래에 있는 것들에서 결
여되어 있는 특징을 나타낸다고 한다. 우리가 한 수준에서 다음 수준으
로 올라갈 때 우리는 '존재론적 불연속성'을 감지한다. 생명, 마음, 신
성은 그것들 밑에 있는 단계에 의해서는 이해될 수 없다. 윗 단계는 아
랫 단계를 포괄하지만 아랫 단계는 윗 단계를 포괄할 수 없다.[3]

이러한 전통적인 위계 구도를 받아들이는 사람들은 영혼의 존재와
생명의 특별한 지위, 궁극적으로 신의 실재를 부인하는 크릭의 '놀라
운 가설'에 대하여 어떻게 스스로를 방어할 것인가? 의심의 여지없이
그들은 신과 영혼이 존재한다면 낮은 수준에 대한 지식에서 우리가 사
용하는 동일한 인식 방법론에 의해 그것들의 실재를 파악하기를 기대
하지 말아야 한다고 대답할 것이다. 우리가 어떤 더 높은 수준을 그 아
래에 있는 수준에 의해서만 이해하려고 시도할 때마다 무언가가 반드
시 그 번역 과정에서 상실될 것이다.[4] 고래(古來)의 지혜는 우리에게 물
질에 대해서 무엇인가를 가르치는 저 과학이 신의 본성은 고사하고 우

리 자신의 독특한 본성을 설명할 수조차 없다고 주장한다. 위계상 낮은 수준을 파악하는 임무를 감당하는 전문 분야들은 결코 더 높은 수준을 포괄할 자격이 없다.

그러나 오늘날 과학자들은 오래된 우주의 위계적 관점에 도전하고 있다. 예를 들면 크릭은 '다수'의 신경 과학자들이 "영혼이라는 개념을 신화라고 믿고 있으며"[5] 아마도 그들은 신에 대한 종교적 관념에 동일한 평가를 확장시키고 있다고 주장한다. 과학적 회의론자들은 고전적인 위계가 지나치게 '신비적'으로 보인다는 이유에서 그것을 거부한다. 그들에게 고전적인 위계는 과학이 스스로 발견하고 설명하는 것에 임의적인 한계를 설정한다. 비록 위계관이 수천 년 동안 우리 행성에서 대부분의 사람들의 의식을 형성해왔지만 그것이 이제는 어찌할 도리 없는 구닥다리가 된 듯하다.

결국 오늘날 많은 과학자들은 자신들이 화학과 다른 '낮은 수준'의 과학들로 생명뿐 아니라 인간의 의식도 설명할 수 있다고 확신한다. 그들 중 몇몇은 생명과 마음을 물질보다 더 '실재적'인 것으로 생각할 수 있는지에 대해서까지 의문을 제기한다. 그들에게 전통적인 위계적 우주론에서 언급된 '높은 수준들'은 순수하게 물질적인 기질(基質)의 부수적 파생물이거나 하찮은 유도체인 것으로 간주된다. 그것에서 어떤 실재적 실체를 갖는 것은 물리적 수준뿐이다.

이러한 사고 방식은 보통 '환원주의'라고 불린다. 환원주의는 생명, 마음, 심지어 '신'에 대한 종교적 개념 같은 분명한 '높은' 수준들 모두가 화학과 물리학이라는 '낮은 수준'의 과학에 의해 충분히 설명될 수 있다는 것을 함축한다.[6] 그러나 여기에서 '방법론적 환원'과 '형이상학적 환원주의'를 구분하는 것이 유익할 것이다.[7] 전자는 사물을 성분의 수준에서 이해하기 위해서 분석적으로 사물을 해체하는 유익한 과학의 방법이다. 그것은 화학적 또는 물리적 분석이 사물의 근본적인 '실재'에 더 가까이 다가가게 만들 것이란 주장을 하지 않는다. 그것은 과학적 분석이 우리를 현상의 완전한 이해로 이끌 수 있다는 믿음을 반드시 받아들이지는 않고 개개의 현상들을 탐구하는 것에 만족한다.

한편 형이상학적 환원주의는 사물의 실체를 파악하는 유일한 방법이 과학적 분석이라고 단언한다. 그것은 분자의 구조와 살아 있는 세포의 활동에 대한 지식이나 인간의 두뇌에 대한 신경생리학적 이해는 생명이나 마음이 실제로 무엇인가를 이해하기 위해 필요한 모든 것이라고 주장한다. 크릭의 말을 빌리자면 순수하게 물리적인 것 외에는 실재가 없으므로 순수 과학이 제공하는 것 외의 다른 종류의 설명이 필요하지 않다. 그리하여 형이상학적 환원주의는 우리가 과학적 유물론이라고 불러왔던 것과 팔장을 끼고 간다. 이 장에서 '환원주의'라는 용어는 형이상학적으로 유물론적인 의미로 사용될 것이다.

과학은 고전 물리학의 조악한 '벽돌공장' 유물론(죽어 있는 물질들이 벽돌 쌓듯이 쌓여져 모든 상위 수준들이 만들어졌다고 믿는 관점 – 옮긴이)에서 떠나 물질의 놀랍도록 미묘한 자체 조직적 경향을 승인하기 시작하고 있지만 많은 과학 사상가들은 여전히 생명, 마음 및 우주의 진화를 이해하는 데 철저히 유물론적이고 환원주의적이다. 그러므로 우리는 이 장에서 환원주의의 현상에 집중할 필요가 있다. 왜냐하면 크릭의 책이 밝혔듯이 환원주의가 종교의 유효성에 대한 심각한 문제를 제기하기 때문이다.

종교는 전통적으로 우주적 위계의 수준들이 아래에서 위로 올라갈수록 더 실재적이 된다고 주장해왔다. 사물이 더 이해하기 힘들고 신비할수록 그것들은 더 중요하고 실재적이다. 한편 환원주의는 유일한 실재적 '사물'이 전적으로 과학적으로만 접근 가능한 물질 수준인 바닥에 머물러 있음을 함축한다. 그러므로 크릭처럼 생명, 마음, 자아, 영혼, 심지어 신을 단지 허구로만 생각하는 것이 옳지 않겠는가?

여기에서 매우 중요한 이 질문에 우리의 네 접근법은 어떻게 대응하는지 알아보고자 한다.

1. 갈등

우리는 화학(그것은 물리학으로 환원 가능하다)으로 생명과 마음을 포함해서 모든 것을 설명하는 환원주의적 이상을 전적으로 지지한다. 과학은 우리가 만나는 모든 실재가 처음에 얼마나 신비적으로 보이느냐에 관계없이 더 기초적인 과학으로 완전히 설명될 수 있는 구성 성분과 과정으로 분해될 수 있다는 가정에서 진행된다. 이러한 가정에 대한 반대는 과학의 성장을 저지할 뿐이다. 우리가 어떤 종류의 비물리적 '설명'에 조금이라도 여지를 남겨놓으면 우리는 과학자로서의 소명을 다하지 못한다. 크릭이 강조하듯이 환원주의는 "현대 과학의 눈부신 발전에 주된 동인이다."[8] 우리의 임무는 사물을 자연주의적으로, 즉 신비주의에 의지하지 않고 설명하기 위해 우리가 할 수 있는 모든 것을 다하는 것이다.

이것은 어떤 영역도 과학적 탐색의 한계 밖에 있지 않음을 의미한다. 우리는 능숙하게 경쟁적으로 생명과 마음뿐 아니라 윤리와 종교까지도 순수하게 유물론적으로 설명할 수 있다. 다시 말하면 우리의 목적은 우주를 '탈신비화'하는 것이다. 우리는 신의 관념에 의지하는 것을 특히 인간의 지식 진보에 적대적인 것으로 간주한다. 그래서 우리는 유감스럽게도 종교는 과학과 상충된다는 결론에 다시 한 번 도달하지 않을 수 없다.

우리는 인간의 사상사에서 우리의 주장에 대하여 훌륭한 지지 사례를 발견할 수 있다. 우리의 환원주의 프로그램은 수십 세기 전 데모크리토스의 유물론적 원자론에서 제시되었다. '원자와 허공'이 존재하는 모든 것이라는 이 고대 그리스 철학자의 선언은 여전히 우리 중 다수에게 실재에 대한 강력한 설명력을 갖는 점에서 충격적이다. 그것의 단순성과 우아함은 완벽하게 '적절한' 것으로 보여서 우리는 그것에 저항할 수 없다. 그래서 우리는 원자의 구성으로, 즉 물질의 가장 낮은 공통 단위로 모든 것을 설명하고자 한다. 우리가 모든 생명을 분자의 운동만으로 이해할 수 있다면 또는 우리가 크릭처럼 뉴런과 그것들의 상호작용만으로 의식을 설명하려고 시도한다면 초자연적 설명을 찾아야 할 이유가 있겠는가?

물론 오늘날 우리는 물질이 고대 원자론자들이 가정한 것보다 훨씬 더 미묘하다는 것을 시인하지만 여전히 유물론적 환원주의가 훌륭한 과학자들이 채택할 유일한 합법적인 접근법이라고 생각한다. 마찬가지로 우리는 물질 우주 속에서 사물의 배열에 확실한 위계적 특성이 존재한다는 것을 받아들인다. 그러나 우리는 원자적 성분과 낮은 수준에서 작용하는 순수하게 물리적인 상호작용에 의해 이해할 수 없는 더 높은 수준에서 작동하는 특별한 원리들이 있다는 생각을 받아들일 수는 없다.

과학에서 환원주의의 추구는 갈릴레오, 데카르트, 뉴턴의 고전 물리학으로부터 추진력을 얻었다. 이 거인들이 물질의 우주에서 신비적인 '힘'들을 몰아내고 철저하게 비인격적인 물리적 법칙들이 우리의 광대하고 복잡한 우주를 이해하기 위해 필요한 전부라는 것을 확실시할 때까지 과학은 이 기조를 벗어나지 않았다.[9] 그후 19세기에는 물리학자들이 에너지의 변환과 보존에 연관된 열역학의 법칙들을 만들어냈고 이제 이 법칙들은 생명과 마음의 진화를 포함하여 자연에서 일어나는 모든 것을 설명할 수 있다. 잘 알려진 열역학 제2법칙은 우주가 질서에서 무질서로 비가역적으로 흘러가면서 쇠퇴하고 있어 결국 모든 생명과 의식은 사라지게 될 것임을 함축하고 있는 것이 사실이다. 그래서 얼마 동안 어떤 과학자들은 생명의 존재가 열역학 제2법칙에 위배되므로 자연에 모순되는 기적적인 무엇인가를 함축한다고 생각했다. 그러나 이제 우리는 생명이 열역학 제2법칙의 위배가 아니라 한 가지 표현이라는 것을 알고 있다.[10] 더 복잡한 형태의 생명으로 진화가 진행되는 과정에서 전체 우주에서는 '질서'(물질을 복잡하게 만드는 데 사용할 수 있는 에너지)의 손실이 있기 때문이다. 물리와 화학의 법칙들은 여전히 위배될 수 없고 그것들은 인간의 '영혼'뿐 아니라 생명체의 존재를 설명하기에 충분하다.

또한 19세기의 환원주의 접근법은 다윈의 진화 이론의 출현으로 가장 중요한 승리를 얻어냈다. 생명과 의식이 생각이 없는 물질로부터 점진적으로 발현하는 우주상을 제시함으로써 그의 이론은 살아 있고 생각하는 존재들이 살아 있지 않은 실재들과 연속선상에 놓여 있음을 함축했다. 진화 과정에는 확실한 불연속점이 없다. 생명과 마음에는 신비한 것이 아무것도 없다. 왜냐하면 그것은 오랜 시간에 걸쳐서 비활성의 물질의 지속적인 뒤섞임으로 제대로 설명되고 환원될 수 있기 때문이다.

생명이 물질 과정으로 완전히 환원될 가능성은 생물학이 화학의 방법을 채택하기 시작한 20세기에 결정적으로 확립되었다. 살아 있는 세포의 생화학적 분석은 생명의 겉보기의 '비밀'이 생명 없는 원자의 연쇄에 불과한 핵산과 아미노산의 고분자의 활동에 달려 있음을 드러냈다. 생명의 창조와 진화에서 특별한 신적 개입을 옹호하기 위해서 신학이 더 이상 호소할 '비밀'은 없다.

살아 있는 세포 중에는 엄청나게 복잡한 분자들이 있다. 그 중에서 가장 인상적인 것은 모든 유기체의 형태와 행동을 결정하는 정보 암호인 DNA이다. 그러나 결국 DNA는 물리 법칙에 완전히 종속된 보통 화학 원소 몇 가지의 연쇄일 뿐이다. 이렇게 해서 생물학은 화학으로 환원될 수 있다. 생명에 대한 진정한 과학적 연구는 우리가 생체 조직으로 인식하는 물질 세계에 화학의 원리를 특별히 적용한 것에 불과하다.

프랜시스 크릭이 일찍이 『분자와 인간에 관하여Of Molecules and Men』에서 "생물학에서 현대적 운동의 궁극적 목표는 생명에 관한 모든 것을 화학과 물리학으로 설명하는 것이다"라고 밝힌 것은 정당하다.[11] 이것은 환원주의적 주장의 정직하고 명쾌한 표현이다. 과학은 DNA 사슬의 단순한 분자 서열이 번역되었을 때 그 결과로 생긴 유기체의 특성을 결정한다는 사실에 감동하지 않을 수 없다. 생명은 분명히 화학적 기초를 가지고 있으며 화학으로 가장 잘 이해될 수 있다.

그러나 인간의 의식은 어떠한가? 가장 미묘한 자연 현상인 그것은 순수한 과학 용어로 설명될 수 있는가? 우리는 그렇다고 믿는다. 우리가 완전한 이해를 얻어내기까지는 먼 길을 가야 한다 할지라도 우리는 '마음의 분자'를 분석할 때 이미 이룩된 상당한 진보에 의해 힘을 얻는다.[12] 마음은 뇌의 한 표현에 불과하며 뇌는 엄청나게 복잡하기는 하지만 거칠게 표현하자면 본질적으로 고깃덩어리에 불과하다. 그것은 다양한 종류의 조직으로 정교하게 구조화된 분자와 원자로 이루어져 있지만 여전히 철저하게 물질적이다. 우리가 마음을 물질로 환원 가능하다고 생각하는 이유는 화학 물질을 우리의 몸에 끌어들여 우리가 느끼고 생각하는 것을 변경시킬 수 있기 때문이다. 그러므로 생명의 경우에서처럼 마음도 역시 순수한 화학적 기초를 가지고 있음에 틀림없다.

여기에서 스스로를 자랑스럽게 유물론자라고 부르는 대니얼 데닛이 크게 호평받은 책 『의식의 설명』에서 어떻게 말하는지 살펴보자.

단 한 종류의 물질—물리학, 화학, 생리학의 물리적 대상—만이 존재한다. 마음은 어쨌든 물리적 현상에 불과할 뿐이다. 요컨대 마음은 뇌이다. 유물론자에 따르면 우리는 원리상으로 방사능, 대륙 이동, 광합성, 생식, 영양, 성장을 설명하기에 충분한 물리적 원리, 법칙과 원재료들을 사용해서 모든 정신적 현상들을 설명할 수 있다.[13]

최근에 몇몇 자칭 환원주의자들, 특히 E. O. 윌슨과 그 추종자들은 개체 인간의 의식뿐 아니라 전체로서 인간 문화가 유물론적으로 설명될 수 있다고 주장하고 있다. 윌슨은 우리가 사회적으로 행동하도록 만드는 것은 결국 우리의 유전자라고 주장한다. 유전적인 측면들은 완전히 행동을 결정하지 않을지 모른다. 그러나 어떤 방식으로든 유전자는 우리의 사회 생활과 모든 인간 문화를 속박한다.[14] 유전자들은 DNA의 단편들이고 DNA는 다시 원자의 사슬이므로 사회적·문화적 생활도 아무튼 화학적으로 형성되는 것이란 결론에 도달한다.

'사회 생물학'은 생물학적 진화와 인간 문화 사이의 관계를 탐구하는 과학에 윌슨이 부여한 이름이다. 사회 생물학은 다윈주의의 원리, 유전학, 현대 생화학이 궁극적으로 보통 인간의 습관뿐 아니라 인간종이 왜 그렇게 종교적인지도 설명할 수 있다는 것을 보여주기를 시도한다. 종교는 어떤 신적 실체가 있기 때문이 아니라 종교적 느낌, 사상, 행동으로 우리를 몰아감으로써 가장 잘 살아남을 수 있는 인간 유전자 풀pool을 자연이 선택했기 때문에 존재하는 것이다. 단지 수천 년에 걸쳐 우리가 진화되는 동안 종교적 경향은 적합함이 입증되었기 때문에 인간은 종교적이다. 이것은 왜 우리가 환경에 적응하는 데 도움이 되는 신념 체계에 소속되려는 성향을 가지고 있는지를 설명해준다. 과학적 회의론자들도 어떤 종류의 신념 체계를 받아들일 필요가 있다는 것을 우리는 윌슨처럼 받아들인다. 다만 우리의 신앙은 유신론적 종교라는 신비적 착각이 아니라 과학적 유물론이다.[15]

그러면 당신은 물을 것이다. 도덕은 어떤가? 과학이 우리의 윤리적 지향을 설명할 수 있을까? 우리의 도덕적 의무감의 절대성을 설명하려면 우리는 철학자 임마누엘 칸트Immanuel Kant처럼 신의 존재를 상정할 필요는 없는가? 여기에서 다시 우리의 대답은 순수한 진화적 지평을 넘어 도덕성으로의 신성한 자극과 같은 것을 찾을 필요가 없다. E. O. 윌슨과 마이클 루스Michael Ruse는 설명한다.

> 진화론자로서 우리는 전통적인 도덕 판단의 가능하다고 보지 않는다. 도덕성 또는 더 엄밀하게는 도덕에 대한 우리의 신념은 재생산적 목적을 증진시키기 위해 만들어진 적응일 뿐이다. 그러므로 윤리의 기초는 신의 뜻에 있는 것이 아니다. ……윤리는 우리가 그것을 이해하듯이 인간 유전자가 살아남을 수 있도록 우리를 협력하게 만들기 위해 유전자에 의해 우리에게 교묘하게 제시된 착각이다.[16]

그리하여 과학의 무게에 눌려서 실재에 대한 고대의 위계적 모형이 마침내 붕괴하였다. 이른바 더 높은 또는 더 포괄적인 수준들─생명, 마음, 신에 대한 개념조차─이 이제 전적으로 물질에 의해 이해 가능하다. 어떤 다른 관점이 과학에 대립적이더라도 우주의 종교적 해석에 호소할 합당한 이유가 더 이상 없다. 결국 유일한 수준의 실재가 있고 그 수준은 원리상 완전히 우리의 과학적 이해에 열려 있다. 과학은 우주에 대한 독특하고, 포괄적이고, 초월적인 의미의 증거나 생명과 마음의 진화에 있어서 비물질적인 인과율에 대한 증거를 전혀 제시하지 않는다. 그러므로 신비적이거나 초월적 실재에 대한 추정적인 경험에 기초하는 신학이라는 분야는 더 이상 필요하지 않다. 말할 나위도 없이 신학은 현대 대학의 지적 생활의 일부로서 거의 정당화될 수 없다.

더욱이 과거 몇 년간 과학은 물질 자체의 놀라운 자체 조직화의 본성에 대해 점점 주목하게 되었다. 물질은, 옛 유물론이 가르쳤던 것과는 달리, 자발적으로 스스로를 조직해—몇몇의 단순한 계산 원리를 사용해서—엄청나게 복잡한 창발적 구조인 세포, 뇌, 그리고 사회 등을 조직할 수 있다. 신학은 물질에 외부적인 무엇, 즉 어떤 신비적인 힘이나 생기적인 자극이 물질을 조직화된 복합체로 만들어내는 데 요구된다고 주장한다. 그러나 우리는 이제 자체 조직화, 즉 창조적으로 생명, 의식, 문화를 향해 진화해가는 것은 물리적 실재 자체의 본성이라는 것을 깨닫기 시작했다. 물질 자체의 놀라운 속성에 대한 이러한 관점은 신의 개입을 훨씬 더 불필요하게 만든다. 환원주의는 과거만큼 받아들이기가 쉽다. 그래서 종교와 신학의 맥빠진 '설명'에 대한 더 이상의 요구는 없다.

2. 분리

우리는 일단 환원주의의 변론이 설득력을 가지고 있다는 것을 받아들인다. 환원주의적 설명의 명쾌함과 경제성은 복잡한 현상에 대한 가장 단순한 그럴듯한 설명을 찾으려는 인간의 심오한 충동에 호소한다. 그러나 우리는 프랜시스 크릭에 의해 명쾌하게 예시된 형이상학적 환원주의는 방법론적 환원이 과학에서 이룩한 인상적인 발전들에도 불구하고 근본적으로 잘못되었다고 여기서 주장할 것이다. 이 책의 주제들에 대해 우리가 제시한 이전의 글에서 이미 추론했을지 모르지만 우리의 입장은 이렇다. 종교가 요구하는 위계적인 사고와 갈등 관계에 있는 것은 과학이 아니라 과학에 대한 특정한 신념들이다.

형이상학적 환원주의는 그것이 순수한 과학인 것처럼 대중에게 알려져 있지만 과학과 융화된 신념 체계일 뿐이다. 그런 식으로 잘 가는 것 같지만 사실 그것은 과학이 아니다. 환원주의는 과학주의와 과학적 유물론과 손잡고 의기양양하게 대학의 강당을 퍼레이드하며 도전받는 일도 없이 행진하는 가장 현대적인 신조, 즉 이데올로기다. 그것은 과학이 진리에 대한 특권을 가진 방법이라는 형이상학적 가정의 필연적 결론이며 물질만이 실재적이라는 유물론적 확신의 지속적인 파트너다. 그런 식으로 환원주의는 확증할 수 있는 지식의 범주보다는 반증되지 않는 신념의 범주에 해당한다.

크릭이 말했듯이 과학자들은 과학적 설명만을 유효한 것으로 받아들이려는 '미리 상정된 편향'을 가지고 있다. 이러한 편향은 지난 몇 세기 동안 과학이 '놀랍도록 성공적'이었기 때문에 전적으로 정당화될 수 있다고 그들은 말한다.[17] 그들은 무엇이 '성공'을 결정하기 위한 적절한 기준을 구성하는지 말하지도 않으며 특정한 가치의 집합(과학이 그것을 지정해줄 수 없다)에 대한 결단 같은 것만이 과학이 성공인지 실패인지를 판단할 수 있게 해준다는 것을 인식하지 못한다.

크릭과 다른 환원주의자들처럼 만약 과학이 진리로 가는 유일한 유효한 길이라고 믿는다면, 당신은 자연스럽게 물질만이 실재적이라고 믿을 것이다. 왜냐하면 과학이 알 수 있는 것은 바로 물질이기 때문이다. 그리고 물질이 실재의 총합이라고 믿는다면, 당신이 사물을 이해할 수 있는 유일한 길은 그것을 물질적인 부분과 상호작용으로 분해하는 것이라고 믿을 것은 당연하다.

물론 과학이 상당히 적절하게 사물을 분해한다는 것은 말할 나위도 없다. 복잡한 현상을 분석하고 그것들에 대한 가장 단순하고 그럴듯한 설명을 찾는 것은 적절한 과학의 과정이다. 우리는 생화학과 뇌 생리학에서 이루어지는 모든 일에 갈채를 보낸다. 우리는 가령, 크릭과 다른 분자 생물학자들이 생명 또는 인간의 뇌의 화학적 기초에 대해 우리에게 가르친 것을 받아들이는 데 어려움이 없다. 그러나 과학적 분석이나 방법론적 환원은 환원주의와는 다르다. 근본적으로 환원주의는 생명이나 마음과 같이 복잡한 사물을 이해하는 단 하나의 유효한 방법이 그것의 화학적·물리적 조성을 밝혀내는 것이라고 믿는다. 이것은 입증되지 않았고 입증될 수도 없는 믿음이다.

그러므로 이 경우에 다시 한 번, 겉보기의 '갈등'은 과학과 종교 사이가 아니라 환원주의와 종교적 믿음이라는 두 신념 체계 사이에서 발생한다. 그러나 과학 자체는 본질적으로 환원적이지 않다. 환원주의는 사물을 화학적·원자적 부분으로 분해하는 중립적인 과학적 탐구 과정을 뛰어넘어 우리를 멀리까지 데려가는 믿음의 도약이다. 그것은 현상을 이해하기 위해 인지적으로 유효한 단 하나의 방법이 현상을 물질적인 구성 요소들로 분해하는 것이라고 독단적으로 선언한다. 우리가 임의적이고 독단적이며 비과학적이라고 생각하는 것은, 분석적인 과학의 방법 자체가 아니라 이러한 권위주의적이고 타협을 모르는 배타주의다.

다시 말해서 환원주의는 과학이 아니라 오히려 '종교' 같은 것이다. 그것은 모든 것을 이해할 수 있게 해주는 포괄적이고 타협을 모르는 '틀'을 제공한다. 모든 종교처럼 그것은 과학이 아니라 '신념'에 기초한다. 왜냐하면 과학적 방법으로는 환원하는 방법이 모든 수준의 실재를 고려한다는 것을 입증할 수 없기 때문이다. 예를 들면 환원주의는 과학의 환원적 방법이 고전적인 종교 전통의 위계적 접근법보다 우월하다는 것을 과학적으로 입증할 수 없다. 종교적 믿음은 거친 과학적 도구들이 전혀 미칠 수 없는 숨겨진 차원의 실재로 어떤 사람들의 마음을 이끌어갈 수 없다라는 주장을 어떻게 그들이 입증할 수 있겠는가? 그들이 종교적 경험에 특징적인 정제된 감성을 독단적으로 거부하는 것은 과학적 검증의 문제일 수 없고, 단지 과학적 믿음의 문제일 뿐이다.

우리의 '분리' 접근법은 과학과 종교의 가시적 갈등이 과학과 이데올로기의 때지난 융합에서 기원한다고 지속적으로 주장해왔다. 이 이데올로기는 종교적이거나 자연주의적일 수 있지만 두 경우에서 그것은 모두 경험적 증거보다는 믿음을 훨씬 더 많이 포함한다. 그러므로 신화적 설명을 과학에 도입하려는 모든 신학적 입장에 대하여 환원주의자들이 반대하는 것은 온당하다. 그러나 우리도 그들만큼이나 신비주의와 과학의 융합을 반대한다. 우리와 환원주의자들의 차이점은 우리가 지속적으로 신념을 신념으로, 과학을 과학으로 인식한다는 점이다. 반면에 그들은 종교적 근본주의자들과 마찬가지로 그들이 무비판적으로 과학적 환원과 특정한 믿음—그들의 경우에는 형이상학적 환원주의—을 융합시켰다는 사실을 모른다. 우리는 과학자들이 환원주의, 과학주의, 유물론 같은 신념 체계와 과학을 융합시키는 것에 반대한다고 생각한다. 우리는 과학과 어떤 유형의 신념 체계를 완전히 다른 진영으로 분리시키며 모든 종류의 융합에 반대한다. 이런 식으로 우리는 과학과 종교의 순수성을 지킬 수 있다.

유명한 경제학자이며 종교 사상가인 슈마허E. F. Schumacher(그는 한때 자신도 환원주의자였음을 고백했다)는 전통적인 위계적 시각은 융합과 그것이 유발하는 갈등을 모두 피하도록 우리를 도울 수 있다고 주장한다. 1백여 년 전까지 자연은 흔히 네 영역으로 나뉘어졌다고 그는 지적한다. 광물계, 식물계, 동물계, 인간계가 그것이다. 우리가 광물의 수준을 m이라고 나타내면 식물 생명은 m+x, 동물 생명은 m+x+y, 그리고 인간 생명은 m+x+y+z이다. 각 수준은 그 아래에 있는 수준에는 없는 신

비스러운 특성(x, y 또는 z)을 더 가지고 있다.[18]

슈마허의 구도는 비록 의도적으로 지나치게 단순화되어 있지만—그것이 의도적으로 지나쳐버린 많은 층위적 수준들이 있다—그것은 과학과 종교에 명쾌하게 구분되는 각자의 자리를 할당하여 그것들이 엄밀하게 정의된 영역에 머무르도록 하여 어떤 뒤섞임도 생기지 않도록 해준다. 예를 들면 화학과 물리학의 적절한 영역은 물질(m)의 수준이다. 식물학 같은 생명과학은 그들의 관심을 식물 생명의 영역(m+x)에, 그리고 동물학은 동물 생명(m+x+y)에 집중할 수 있다. 그리고 인간 과학과 인문학은 인간 존재(m+x+y+z)의 특징들까지 다룬다. 이런 식으로 보면 상위 수준의 연구는 화학과 물리학으로 환원이 가능하지 않다. 왜냐하면 새로운 무언가가 각 수준에서 더해지기 때문이다. 각각의 상위 수준은 하위 수준에 적합한 과학적 도구로는 파악할 수 없는 특징들을 가지고 있지만 그것은 여전히 앎의 비과학적 형태에는 열려 있을지 모른다. 마지막으로 신학은 모든 다른 과학들과 구별된다. 왜냐하면 그것은 특징적인 초점이 모든 것 중에서 가장 포괄적인 수준인 신적 실재에 관한 것이기 때문이다.

이 모형은 비록 개략적이지만 융합을 향한 모든 시도에 대항하는 보루이다. 그것은 과학과 신학이 서로 모순을 일으키지 않도록 분리되게 해준다. 신학의 임무는 물질의 화학을 제시하는 것도 다른 과학적 작업을 하는 것도 아니다. 사물의 궁극적 본성(사실상 형이상학적 환원주의가 하듯이)에 관해 권위 있게 주장하는 것이 다른 과학의 역할이 아니다. 위계적 구조는 모든 전문 연구 분야를 적절한 자리에 자리매김함으로써 과학과 신학 사이에 아무런 대립이 없도록 보증해준다.

학문의 위대한 세계적 중심지들이 원래 조직된 것은 이러한 구조에 의해서다. 그러나 환원주의는 이 위계 구조를 모두 바닥 수준으로 끌어내린다. 그렇게 하는 과정에서 그것은 진정한 폭넓은 교육이 이루어질 수 있는 유일한 틀을 파괴할 뿐 아니라 과학과 종교 사이의 갈등을 유발하는 일종의 융합으로 가는 지름길을 열어놓는다. 모든 실재는 가장 낮은 수준인 물질적 수준으로만 존재한다는 주장은, 실재의 궁극적 본질에 대해 선언함으로써 철학이나 신학의 과업을 과학이 강탈하게 만드는 시도이다. 반복해서 말하지만 환원주의는 과학이 아니라 이데올로기적 믿음이며 과학과 가장 비과학적 부류의 독단론과 부적절하게 결합한 산물이다. 만약 그것이 하고자 하는 일을 아무도 막지 못한다면, 결국 대학에서 온당한 학과는 오직 화학과와 물리학과뿐일 것이다.

하지만 왜 그렇게 많은 과학 사상가들이 이 교조적 환원주의에 순순히 굴복하는가? 다시 말하면, 왜 환원주의자들이 그런 억압적인 신념과 과학을 융합시키기가 그렇게 쉬운가? 모든 특수한 경우에 대하여 이 질문에 답하기는 어렵지만 연구해볼 만한 하나의 가설은 환원주의의 주된 매력이 그 추종자들에게 자연을 지배하는 뿌듯한 느낌을 제공하는 데 있다는 것이다. 과학적 환원은 자연의 어떤 측면에 대해 알아가는 적절한 방법이지만 형이상학적 환원주의는 진리를 얻게 해주는 것이 아니라 실재를 통제하려는 인간의 욕구를 묵묵히 충족시켜주는 신념 체계이다. 우리의 종교가 실제로 주목하듯이, 인간은 항상 정치적이건, 경제적이건, 군사적이건, 지적이건 총체적 실체를 지배하려는 미심쩍고 보통은 무감각하게 하는 경향을 가지고 있다. 오늘날 과학이 우리에게 주는 지적 지배의 명백한 느낌은 저항하기 힘들 정도다.

환원주의의 근본적—그리고 완전히 근거 없는—가정은 과학적 지성이 특별한 특권을 부여받은 지위, 즉 세계에 대하여 결정적인 인식적 우월성을 지니고 있다는 것이다. 환원주의는 과학적 방법에 의해 총체적 존재를 총괄하려는 인간 지성의 능력에 대한 맹목적 믿음의 표현이다. 원리상 인간의 지성이 과학으로 완전히 이해할 수 없는 실재의 차원(즉 생명, 영혼, 신)을 만날 수 있다는 전망은 절대적인 지적 지배를 향한 환원주의의 열망에 대한 위협 요소다. 환원주의자들은 곧 그들이 '믿는' 만큼 모든 것을 이해하게 되지 못할 수 있다는 가능성을 겸손히 받아들이기보다는 신비적 또는 초월적 차원이 존재한다는 것을 부인할 것이다.

한편 분리 접근법은 진정한 과학이 권력욕에서 나오지 않고 우주에 대하여 뭔가를 이해하려는 겸손한 욕구에서 나온다는 것을 인정한다. 환원주의는 권력욕에 뿌리를 둔 독단적 주장이지만 과학 자체는 단지 이해하려는 겸손한 희구에서 태어난다. 그러므로 화학적 구조를 찾아내기 위해 사물을 들여다보는 결백한 과학의 방법은, 어떤 과학 혐오자들이 주장하듯이 폭력 행동이 아니다. 세포나 뇌 같은 것의 구조에 대한 탐구(크릭이 가장 잘하는 것이다)는 본연의 의미의 과학에 전적으로 적합하다. 그러나 폭력적이고 불쾌한 것은 과학적 환원이라는 순결한 방법을 환원주의적 통제 프로그램으로 미묘하게 변환시켜, 우리 조상 세대들의 가장 고상한 생각들을 '미신'의 범주로 무심결에 넘겨주는 것이다.[19] 순수한 화학적 분석에서 벗어나 그러한 분석이 우리에게 사물에 대한 포괄적인 그림을 제공한다는 선언으로 넘어가는 것은 매우 교묘하지만 전적으로 부당하다. 그러한 총체화된 도약은 우리를 과학에서 벗어나 의문시되는—그리고 역설적으로 불합리한—인간의 충동에 기초한 철저하게 임의적인 신념 체계의 틀 안으로 데려간다.

우리의 위계적 구도의 기이함에 대해서 당신이 뭐라고 말한다 하더라도, 적어도 그것은 과학을 과학으로 남게 한다. 위계적 구도는 과학의 환원적 방법이 우리에게 실제 세계의 깊이와 신비에 대한 모든 것이 아니라 틀림없이 아주 작은 부분만 말할 수 있다는 것을 겸손하게 받아들이기를 요구하므로, 그것은 과학을 파괴적인 경향에 넘겨주려는 우리의 습성에 제동을 걸 것이다. 우리는 여기에서 우리 시대의 진정한 문제는 과학자가 전문화되는 것이 아니라 너무 많은 전문가들이 일반화하고 있는 것이라고 한 빅터 프랑클Viktor Frankl의 말에 동의한다.[20]

셀 수 없이 오랜 세대 동안 전수되어온 종교적 지혜에 묻혀 있는 '위계적 원리'는 우리에게 상위 수준이 하위를 포괄하지만 하위 수준은 상위 수준을 포괄할 수 없다고 가르친다. 생명과 인간 존재 또는 자연 세계를 감싸는 신적 '수준'에 속하는 영적 특성이 존재한다면, 이것은 인간의 마음보다 더 포괄적일 것이다. 아무리 과학적으로 많이 알아도 인간의 마음은 그것을 이해하기 시작할 수도 없고 심지어 그것을 인지할 수도 없다. 인간의 마음은 위계적으로 그것보다 아래에 놓인 것의 측면을 이해할 수 있다. 그리고 이런 노력에서 우리를 돕는 것이 과학의 역할이다. 그러나 모든 것을 포괄하는 신적 신비가 실제로 존재한다면, 그것은 우리 존재가 그것을 이해하지 못한다 할지라도 우리를 이해할 것이다. 정의에 의해 그것은 과학적 검증의 영역에서 벗어나 있을 것이다. 실제로 과학이 그것을 파악할 수 있다면, 그것은 더 이상 우리가 믿는 무한한 신이 아니라 단지 우리 자신의 제한된 인식적 지배력의 비천함에 종속되는 시시하고도 유한한 무엇일 뿐이다.

그러므로 과학은 신비의 실재나 생명의 신성함이나 영혼의 존재에 대한 의문을 해결할 수 없을 것이다. 그렇게 하는 것이 과학의 임무는 아니다. 그러나 환원주의는 그것이 과학이 관여할 일이라고 주장하고 교리론dogmatics의 역할을 강탈하여 '신비적' 요소가 실제로 존재한다면, 그것은 가장 낮은 수준인 물질의 수준에서 나타나야 한다고 주장한다. 그러나 신비로움은 거기에서 결코 나타나지 않으므로, 그것은 존재하지 말아야 한다!

그러나 우리 신학이 관계하는 한, 신적 신비는 자연에 속하는 대상이 아니라 자연의 근본이며 포괄하는 영역이다. 그것은 우주의 존재를 지탱하는 것이지 마치 과학이 이해할 수 있는 유한한 것들의 목록에 하나의 추가사항인 양 관찰될 수 있는 무엇이 아니다. 우리는 신적 신비를 지배하려고 노력하는 것이나 위계 구조의 최하위 수준으로 끌어내리는 것이 아니라 종교적 경배의 행위로 신적 신비에 우리 자신을 굴복함으로써 그것의 실재를 감지하게 되는 것이다.

마찬가지로 우리가 '영혼'의 실재를 경험하는 것은 특히 예배 안에서다. 기도 속에서 영혼이 겸손하게 굴복하는 것을 떠나서 우리는 신의 존재를 의식적으로 경험할 수 없으며, 영원과 본유적인 연결을 직접적으로 인식하지 않고서는 '영혼'이 무엇을 의미하는지 알 수 없다. 과학의 방법은 우주 안에서 신의 존재나 그 존재를 직관할 수 있는 영혼이 존재함을 결정할 적절한 도구를 제공하지 않는다. 더 직접적인 경험─종교적 믿음의 경험─이 요구된다.

더욱이 신의 존재를 명쾌하게 이해하는 것은 가능하지도 않고 인간의 이해의 바람직한 목표도 아니다. 실재의 어떤 수준이 더 포괄적일수록 자신을 낮추지 않고는 그 실재를 인간의 마음의 권위에 쉽게 굴복시킬 수 없다. 그리하여 우리의 위계적 관점에서 우리가 신적 실재를 명쾌하게 파악할 수 없다─그러므로 우리가 이것에 대하여 말할 때 상징적이고 신화적인 표현의 '모호함'에 호소해야 한다─는 사실이 완전히 초월적이고 모든 것을 포괄하는 신의 존재와 완전히 일치한다. 만약 우리가 신을 이해하고자 한다면, 그때 '신'은 더 이상 신이 아닌 것이다. 우리가 상상할 수 있는 어떤 신적 존재는 차치하고 우리 자신의 정신 상태에 대한 확실한 이해를 얻는 것이 얼마나 어려운가? 우리 자신의 마음을 이해하려는 어떠한 노력이든지 동일한 마음이 이해 작업을 수행한다. 그러나 '이해하는 마음'은 그 과정에서 그 실체의 대부분을 잃지 않고는 '이해되는 마음'의 영역으로 들어갈 수 없다. 그러므로 마음은 항상 같은 마음에 의한 완전한 객관화를 교묘하게 빠져나간다. 성 아우구스티누스가 여러 세기 전에 지적했듯이 이러한 이해의 어려움은 왜 우리 자신의 마음과 자아보다 훨씬 우리에게 덜 친밀한 신성이 그것을 객관적으로 파악하려는 우리의 노력에서 벗어나는가에 대한 실마리를 제공한다.

마음을 완전히 '설명'하려는 데넷의 계획이 논리적으로 불가능하다고 생각하듯이 우리는 과학이 사용하는 모든 객관화하는 담론이 종교와 신학에서는 부적절하다고 생각한다. 왜냐하면 우리 자신의 마음도 객관적으로 이해할 수 없다면 어떻게 존재의 위계 구조에서 인간의 의식보다 상위의 것을 이해할 수 있겠는가? 모든 것의 최상위를 점유하는 신은 인간 지식의 영역에 들 수가 없다. 신이 우리를 이해할 수는 있지만 우리가 신을 이해하기를 기대할 수는 없다.

그러나 우리는 믿음의 교의를 받아들이기 때문에 신이 우리에게 신적 실체의 무엇인가를 계시했다고 믿는다. 종교조차 신이 우리 자신의 수준에서 우리가 관계 맺을 정도로 겸손하다는 것을 시인한다. 그러나 동시에 종교는 계속 신이 끝없는 신비로 존재하며 우리의 지적 능력의 완전한 지배하에 들 만큼 하찮은 실재는 아니라고 본다. 초월적이며 열려 있는 무한 세계에 대한 종교적 느낌은 실재가 닫힌 상자가 아니라는 기분 좋은 확신으로 우리를 충만케 한다. 우리는 영원히 그것이 열려 있기를 희망하고 우리 위에 또는 앞에 항상 고갈되지 않는 신비의 신선하고 한없는 지평이 펼쳐져 있기를 기원한다. 우리가 인간의 '영혼'이라는 말로 의미하는 것의 일부는 이러한 무한성에 대한 우리의 타고난 개방성이다.

요컨대 환원주의의 세계는 우리를 너무 질식시킨다. 우리 자신의 미약한(과학적인) 지성을 모든 것의 상위 한계로 삼는 세계는 끔찍할 정도로 작다. 우리는 총체적 실재의 아주 작은 부분만이 우리의 인지적 통제권 아래에 올 수 있다고 믿는다. 그러나 환원주의적 신념 체계는 철저하게 임의대로 인간의 과학적 정복의 한계를 뛰어넘는 실재의 측면은 없다고 주장한다. 우리는 이 가정이 인간이 감당하기에는 너무 무거운 짐이라고 생각한다. 우리는 과학적 노력이 성취할 수 있는 것에 대하여 훨씬 겸손한 기대를 갖는다. 우리는 실재가 과학적 환원에 종속된다고 무리하게 임의적으로 주장하지 않는다. 우리는 우주에 대해 극히 일부분만 알 수 있는 제한된 방법으로서 과학적 분석을 어느 정도 받아들일 수 있다. 그러나 환원주의의 신조를 받아들이는 것은 불합리하고 우상숭배적이라고 생각한다. 우리가 사물의 심층적 실체와 접촉하기를 원한다면, 과학에 보완적이고 추가적인 다른 앎의 방식이 필요하다. 이 지식의 대안적 방법 중에서 가장 중요한 것이 종교다.

3. 접촉

비록 분리 입장이 몇 가지 필요한 것을 명쾌하게 보여주었지만, 우리는 종교와 환원이라는 과학적 방법 사이에 덜 상반되고 더 대화할 수 있는 관계가 있다고 생각한다. 우리는 형이상학적 환원주의가 신념 체계이며 과학에 필수적인 동반자가 아니라는 데 동의한다. 과학과 환원주의는 명쾌하게 구분된다. 그러나 우리는 이 분자 생물학과 신경 과학의 시대에 과학적 분석(방법론적 환원)에 의해 이룩된 놀라운 발견들의 신학적 함축을 더 주의 깊게 생각해볼 필요가 있다고 본다. 우리는 신학이 이 과학 분야들의 새로운 발전과 더 깊은 접촉을 통해서 이익을 얻을 수 있다고 확신한다.

추가로, 우리는 환원주의를 믿는 과학자들이 전통적인 위계적 모형에 의문을 제기하는 유일한 이들이 아님을 발제의 첫머리에서 지적해야겠다. 오늘날 심지어 어떤 신학자들조차, 완전히 다른 이유이기는 하지만, 위계적 모형을 거부한다. 실재에 대한 개념을 조직하는 전통적인 우리의 위계관은 적어도 우리 중 몇몇에게는 가부장적 문화의 특징인 정치적 남성 지배의 합리화인 것으로 보인다. 위계적 사고는 남성이 여성을 억압하고 자연(종종 단순하게 여성적이라고 묘사된다)을 이른바 '남성적' 원리인 마음의 통제하에 귀속시키는 전통에서 유래한다. 그러나 역설적으로, 형이상학적 환원주의는 그 자체가 과학적 분석으로 실재를 통제하려는 욕심을 가지고 있기에 우주에 대한 오래된 가부장적 종교관의 세속화된 버전이다.

그럼에도 위계적 모형은 실재의 어떤 차원들이 다른 것들보다 더 포괄적이라는 중요한 진리를 드러낸다. 생명은 분명히 죽은 물질보다 중요하며, 인간의 의식은 식물의 생명이나 동물의 감각성보다 본유적으로 더 중요하며, 신은 모든 것 중에서 가장 중요한 실재다. 그래서 우리가 옛날의 위계 구조의 단단한 수직 구조를 해체하기를 희망할지라도, 신학은 여전히 실재의 다양한 차원 중에서 중요성의 상대적 등급에 의해 생각할 필요가 있다. 어떤—아마도 다듬어진—위계의 개념 없이는 우리는 상대주의의 혼돈 속에 빠질 것이다. 그러나 가치의 위계 구조가 엄밀하게 층화된 우주를 요구하지는 않는다. 아마도 수준들이 차곡차곡 위에 쌓여 있는 전통적인 상보다는 바깥의 원이 안의 원보다 더 포괄적임을 나타내는 동심원의 이미지, 즉 하위 체계를 감싸주는 체계의 이미지가 더 적절할 것이다.

이때 '위계'라는 용어는 약간 불일치한 지칭일지 모르지만 어떤 것들이 다른 것들로 환원되지 않는다는 직관적 통찰이 종교적인—그리고 이 문제에 있어서는 진정으로 윤리적인—조망의 필수 성분으로 남게 된다. 그러나 그것은 분자 생물학과 뇌 과학의 최근의 발견들과 상응하는가?

이 질문에 답하기 전에, 우리는 분자 생물학이 생명의 화학적 기초에 대해 우리에게 가르치는 모든 것을 완전히 받아들일 수 있다는 것을 강조하고 싶다. 마찬가지로, 우리는 '인공지능'과 관련된 과학들이 마음의 작동 중 몇몇의 이해를 증진시킬 수 있다는 가능성도 열어놓고 있다. 우리는 이러한 새로운 지식이 매우 중요하다고 생각한다. 우리는 그것에 위협받지 않을 뿐 아니라 우리의 신학이 그것과 접촉함으로써 상당히 개선될 수 있다고 생각한다.

과학자이며 철학자인 마이클 폴라니Michael Polanyi는 환원적 과학의 발견들이 우주의 종교적 해석과 대화하게 만드는 방식을 보여준다. 1891년에 헝가리에서 태어난 폴라니는 베를린의 카이저 빌헬름 연구소에서 화학자로서 세계적인 명성을 얻었다. 그러나 그는 나치에 의해 추방되었고, 영국의 맨체스터 대학교로 옮길 수밖에 없었다. 거기에서 그는 사회 연구 교수가 되었다. 그는 생명과 마음을 완전히 화학과 물리학으로 설명하는 환원주의적 프로그램에 대해 더 엄밀하게 생각하기 시작했다. 그는 방법론적 환원에는 반대하지 않았지만 형이상학적 환원주의는 문화적·윤리적으로 허약하게 하며 논리적으로도 잘못되었다고 주장했다. 만약 생물학이 물리학과 화학으로 남김 없이 환원 가능하다면, 우리가 생명을 이해하기 위해서는 곧장 화학자나 물리학자에게 나아가야 한다고 그는 생각했다. 하지만 우리는 분명히 그렇게 하지 않고 생물학자에게 먼저 간다. 왜일까?

그 답은 엄밀히 말해서, 생물학자가 화학과 물리학으로는 완전히 접근할 수는 없는 실재의 차원을 암묵적으로 다루고 있기 때문일 것이다. 이 차원은 '인격적' 종류의 앎, 즉 더 딱딱한 과학harder sciences의 더 비인격적인 방법으로 환원될 수 없는 앎에 의해서만 생물학자의 의식에 나타난다. 생명은 그것에 있어서 단지 인격체만이 파악할 수 있는 환원되지 않는 특성을 지니고 있다. '신비주의'나 의심스러운 생기론에 호소하지 않고도 우리는 화학자의 그물의 더 넓은 그물코를 통해서 빠져나가는 생명에 관한 무엇이 있음을 동의할 수 있다. 생명의 실재 전체는 환원적인 것과는 대별되는 전일론적(全一論的) 인지 방식에 의해서만 파악될 수 있다. 특정 목표를 성취하려고 애쓰는 유기체의 전반적인 경향—이미 생명을 정의하는 특징의 일부가 되었다—은 그 성분이 되는 물질적 부분들과 상호작용을 단순히 살피는 것만으로는 알아낼 수가 없다. 우리는 생명체 전체와 그것들이 작용하는 방식에 대한 총체적이고 인격적인 직관을 필요로 한다.

그러나 형이상학적 환원주의는 과학주의의 비인격적인 방법과 철저하게 결탁되어 있기 때문에 생명체 전체에 대한 이러한 '인격적' 앎은 너무 모호해서 진지하게 취급할 수 없는 것으로 간주할 것이다. 그러므로 순수하게 논리적인 토대 위에서, 폴라니는 환원주의가 잘못되었음을 확신 있게 보여주었다는 것을 지적하는 것은 중요하다. 여기에서 우리는 그의 주장을 매우 간략하게 요약해서 보여주려고 한다.[21]

비록 과학적 유물론자라 할지라도 생물이 구성 요소의 전반적인 배열에 의해, 즉 그것에 특성을 부여하는 정해진 방식에 의해 '정보를 제공받는다'는 것은 받아들인다. 폴라니는 생물의 이러한 질서 있는 측면은 DNA 분자의 수준에서 가장 분명해진다고 지적한다. 지금 모든 생물학자들은 살아 있는 세포의 핵 속의 DNA가 정보를 준다. 즉 의미나 메시지 같은 무엇인가를 운반한다는 것에 동의한다. 생물의 유전자의 구성 요소인 DNA는 각 생물마다 특정한 서열로 배열된 네 가지 화학적 '문자(ATCG)'로 이루어져 있다. 이 문자의 서열이 번역되고 복제되면서 다양한 생명체와 생물종의 일반적인 종류와 형태가 결정된다.

그러므로 비록 DNA 암호가 화학적 원소로 이루어져 있기는 하지만, 어떤 유기체는 쥐, 어떤 것은 개구리, 또 어떤 것은 인간이 되게 하거나 한 종 안에서도 한 개체가 다른 것과 달라져 독특하게 되는 것은 암호 속의 화학적 '문자들'의 특정 서열 때문이다. 그러나 그 특정한 서열은 화학이 완전히 밝혀낼 수 있는 무언가가 아니다. DNA의 염기들이 배열되는 구체적인 방식은 어쨌든 순수 화학을 '초월한다.' 물론 원자의 화학결합은 이 모든 것이 일어나는 데 필요하다. 그러나 어떤 주어진 DNA 분자 안의 원소들의 특정 서열이 오로지 그리고 단순히 결정론적 화학 과정의 결과는 아니다. 만약 DNA 안의 문자들(ATCG)의 특정한 배열들이 화학적 필연성만의 산물이라면 단일한 종류의 DNA 분자만이 있을 것이다. 그러나 실제는 단조로운 '메시지'만 있는 것이 아니라 무한한 다양성이 있다.

실제로 DNA가 그렇게 다양한 생물종과 독특한 객체에게 정보를 제공하는 암호로 기능할 수 있는 것은 특정한 유기체 안에서 특정한 순서가 순수하게 화학적인 또는 물리적인 필연성 '이상'의 무언가를 포함하기 때문이다. 이것은 정보의 전달자로 기능하기 위해서는 어떠한 암호든지, 화학에 의해 일일이 지정될 수 없는 무한 수의 배열이 가능해야 한다. 만약 그것이 정보를 운반하려고 한다면 암호 요소, 즉 '문자'들은 정보를 제공하는 방식으로 재배열될 수 있기 전의 상태로 스스로 해체될 수 있어야 한다. 비유적으로 말하면 그들은 무한한, 그리고 화학적으로 미결정된 다양한 서열로 되돌려지기 위해 혼합이나 뒤죽박죽되기 randomizing가 쉬워야 한다.

그러므로 생명의 메시지를 운반하는 암호는 이 메시지와 화학적으로 무관함이 틀림없다. 그 메시지는 화학 성분을 '조직하지만' 화학은 메시지를 결정하지 않는다.[22] 이것의 의미는 논리적으로 생물학이 화학으로 환원 가능하지 않다는 것과 다르지 않다. 순수한 수학적 용어로 살아 있고 생각하는 유기체의 정보상 미결정된 성분을 자세히 설명할 수 없다는 것이 우리에게 문제가 되지 않는다. 환원주의자와는 달리, 우리는 생명체 내의 모든 실제적이고 구체적인 DNA 서열이 완전한 열거나 화학 분석의 지배에서 벗어나 있다는 것을 기꺼이 받아들인다. 왜냐하면 우리가 화학적 법칙에 의해서만 DNA의 서열을 지배할 수 있다면 그것은 DNA가 더 이상 정보를 주는 기능을 하지 않는다는 것을 의미한다.

그러므로 분리 옹호자들과 우리는 세계에서 가장 중요하고 실재적인 것들은 과학적 지배에 종속되게 만들기가 거의 불가능하다는 개념을 받아들인다. 그러나 분리 접근법과는 달리 우리는 폴라니와 같이 생명과 마음은 여전히 화학적 법칙과 과정에 물리적으로 속해 있으며 그것에 의존한다는 것을 강조한다. 우리는 전통적인 위계적 관점이 허용하는 이원론적 방식으로 생명과 마음을 화학에서 분리시킬 수 없다. 우리는 논리적으로 생물학을 화학과 구분해야 한다. 그러나 우리는 생명과 마음을 물질로부터 그렇게 손쉽게 분리할 수 없다. 왜냐하면 우리는 지금 생명체 내의 화학적 과정이 적절하게 작동하지 않으면 생명은 '성공하지' 못할 것을 알고 있기 때문이다. 또는 인간의 뇌 속의 뉴런이 믿음직스럽게 협동적으로 기능하지 않는다면, 생각은 손상을 입거나 파괴된다. 오늘날 우리는 생명과 마음이 이전에 생각했던 것보다 얼마나 물질적 기초에 의존적인가를 깨닫고 있다. 이러한 인식은 환원주의가 주장하듯이 종교적 관점을 논박하지는 않지만 새로운 방식으로 생명,

마음, '영혼'에 대해 생각하게 만든다. 신학을 분자 생물학과 신경 과학의 발전에서 계속 완전히 분리시키는 것은 도움이 되지 않는다.

마찬가지로 우리는 인간의 유전자가 어떤 점에서 인간 문화의 '목에 끈을 매고' 조종한다는 E. O. 윌슨의 말에 동의할 수 있다. 예를 들면 우리 자신의 유전적 구성은 언어, 감정, 행동의 영역에서 우리가 할 수 있는 것에 매우 실제적인 제한을 둔다. 우리 각자의 세포에서 DNA가 배열된 특정한 방식이 우리 주위에 한계를 둔다. 그러나 우리는 환원주의적 또는 결정론적 방식으로 이 한계를 해석할 필요가 없다. 우리 존재의 원자적·분자적·세포적·신경적 수준은 여전히 '한 수준 올릴 때' 무한히 많은 방식으로 질서잡힐 가능성이 열려 있기 때문이다.

그래서 우리가 그 순간들을 위해 위계적 이미지를 다시 사용한다면, 우리는 '아래로부터' 엄밀하게 결정되지는 않는다. 실제로 각 수준은 그것의 아래 있는 것에 속하며 의존한다. 그리고 그것은 하위 수준들을 규정하는 속박 속에서 작동해야만 한다. 사실상, 하위 수준의 예측 가능한 작동은 상위 수준의 예측 불가능한 성공을 위한 필요조건이다. 그러나 상위 수준은 하위 수준에 의존하는 반면, 상위 수준은 하위 수준의 분석에 의해 적절하게 이해될 수 없다. 말하자면 각각의 상위 수준에는 '남겨진' 무언가가 있다. 진화하는 우주에서 생명, 마음, 영혼이 생겨나는 자유가 실제적으로 허용되는 것은 화학에 의해 특수하게 지정되지 않은 채 남겨진 그 영역에서다. 물론 환원주의자들은 그러한 '영역'이 존재한다는 것을 부인할 것이다. 그들의 근본주의적 믿음은 과학이 무언가를 파악할 수 없다면, 그것은 실재를 갖지 않는다는 것이다. 그러나 우리에게는 생명, 마음, 영혼에서 화학적으로 일일이 지정되지 않은 면들이 그것들의 중심이자 실체이다.

어떻게 이것이 가능할까? 우리가 화학적으로 일일이 지정할 수 없는 실재의 차원을 승인하기를 고집한다면, 우리는 분자 생물학이나 신경과학과 협력할 수 없는 것인가? 이 질문에 답하기 위해서 우리는 약간의 비유를 사용하고자 한다.

생명이나 마음을 완전히 화학적으로 분석한 후에도 남아 있는 파악하기 어려운—하지만 매우 실제적인—차원을 묘사하는 한 가지 방법은 체스 경기에 대해 생각해 보는 것이다.[23] 체스 경기를 하는 이들은 모두 알고 있듯이, 체스에는 어겨서는 안 되는 매우 엄격한 규칙이 있다. 이 규칙은 모든 실제 경기에서 균일하게 작용한다. 모든 경기자들은 철저하게 그것을 지켜야 한다. 규칙의 '결정론적' 불변성은 모든 특정 경기자의 경기 스타일에 엄격한 '제한'을 가한다. 그리고 규칙의 비유동성은 체스 경기에서 경기자들의 수(手)를 제한한다.

그러나 체스의 규칙이 변경될 수 없다 하더라도 그것이 모든 경기와 모든 수를 완전히 '아래로부터' 결정할 정도로 그렇게 유연성을 떨어뜨리는 것은 아니다. 만약 그렇게 된다면 모든 체스 경기는 매번 정확히 동일할 것이다. 오히려 규칙들은 미결정의 수에 풍부한 여유를 남겨놓는다. 그것들은 별로 제한적이지 않아서 개별 경기자들은 규칙에 의해 미결로 남겨진 '공간' 내에서 독특한 전략이나 개인적 경기 '스타일'을 발전시킬 수 있다.

어떤 특정한 경기 또는 경기자의 스타일이 체스의 추상적 규칙으로 환원될 수 없듯이, 우리는 생명이나 마음의 특정한 사례를 그것들 밑에 있는 화학적 '규칙'의 명료화를 통해서 완전히 이해할 수 없다. 화학의 법칙은 체스 규칙만큼 확고부동하지만 그것도 살아 있고 생각하는 존재에 의해 분자적 성분들이 유형화될 수 있는 무한한 방법에 열려 있다. 사실상 '인격적' 관심의 초점은 체스에서나 살아 있는 유기체에서나 모두, 경기의 규칙이나 과학의 법칙에 들어 있는 족쇄를 승인한 후,

'남겨진' 가능성에 모아진다. 더욱이 체스 경기자가 체스 경기에 형식적인 정체성을 부여하는 제한들에 감사를 표현할 수 있듯이 우리도 생명과 마음이 실재화될 수 있는 현실적인 외부 한계를 제공하는 고정된 화학 법칙에 감사할 수 있다.

과학은 이제 신학이 한쪽의 생명, 마음, 영혼과 다른 쪽의 화학적 과정 사이에 존재하는 긴밀한 관계를 고려하게 만들었다. 환원주의는 이러한 긴밀성을 근거로 하여 '상위' 차원을 순수하게 물질적인 과정인 무생명, 무정신의 영역으로 완전히 흡수시키는 것으로 해석할지 모른다. 그러나 우리의 요지는 화학적·신경적 수준이 생명과 마음의 성공적인 기능을 위한 필요조건이지만, 우리는 그것들이 충분하다고 생각할 필요가 없다는 것이다. 물리적 친밀성과 내재(內在)는 필연적으로 단순한 정체성을 함축하지 않는다. '추가적'인 무엇이 생명과 마음의 수준에서 계속 진행될 수 있고 화학적 분석만으로는 그것이 무엇인지 알 수 없을 수도 있다.

또 하나의 비유를 들자면, 우리가 여기에서 제시하는 사상을 당신이 읽으려면 잉크를 종이에 흡착시키는 화학적 법칙들이 성공적으로 작동되고 있어야 한다. 우리의 사상을 당신에게 전달하는 것은 인쇄 과정에서 실효화된 화학적 결정론에 의존하며 그 속에 내재한다. 화학 법칙이 무너진다면, 정보를 당신에게 전달하는 우리의 과정은 역시 무너진다. 그런 의미에서 화학적 수준은 이러한 사상을 당신에게 전달하기 위한 필요조건이다.[24]

그러나 우리는 여기에서 단지 잉크와 종이의 화학적 결합보다 더 많은 것이 움직이고 있다는 것에 당신이 동의하기를 희망한다. 이 페이지의 문장에 담겨진 의미를 설명하는 데 화학은 필요할지 모르지만 충분하지는 않다. 사실상 화학 지식만으로는 정보가 담긴 내용을 파악하는 데 도움을 줄 수 없다. 여기에서 진정으로 중요한 것은 당신이 약간의 문자의 특정한 배열을 단어로, 단어의 배열을 문장으로, 문장의 배열을 단락으로, 단락의 배열을 좀더 일반적인 의도로 식별해내고 있다는 것이다. 여기에는 화학 지식이 결코 완전히 꿰뚫을 수 없는 정보 수준의 복잡한 위계 구조가 있다.

물론 당신은 순수하게 화학적인 관점으로 이 페이지를 분석하기로 작정할 수도 있고 그것이 보여주는 무엇인가를 발견할 수도 있다. 그러나 그렇게 함으로써 당신은 이 페이지 위에 있는 검은 표식에 담긴 의미의 다른 수준에 대해서는 놓쳐버릴 것이다. 마찬가지로 환원주의자처럼 당신은 살아 있고 생각하는 존재를 화학적 또는 신경적 활동만으로 바라볼 수도 있다. 이것도 확실히 무언가를 알아낼 수 있을 것이지만 그렇게 당신의 시각을 제한함으로써, 당신은 뭔가 매우 중요한 것을 알아차리지 못할 것이다. 당신은 무엇이 실제로 진행되는지 대부분을 놓쳐버릴 것이다.

이렇게 우리 자신을 환원주의에서 멀리 떼어놓은 후에, 오늘날의 신학은 최근의 과학이 밝혀낸 화학, 생명, 마음의 긴밀한 연결을 진지하게 다루어야만 한다. 신학자들은 그러한 검토 작업에서 무엇을 배울 수 있는가?

우선 생명과 마음이 화학적·물리적 과정에 의존한다는 것은 겸손에 대한 새로운 교훈을 우리에게 제시해준다. 그것은 자연에 대한 인간의 의존성이라는 주제의 토대가 된다. 이러한 의존성의 개념은 건전한 종교적 관점의 중심에 있으며 그것은 창조의 교리와 잘 맞는다. 위계적으로 말해서, 생명과 마음은 물질로 환원 가능하지만, 그것들은 화학적 영역에서 생겨나지 않는다. 필수적인 화학적 결합이 무너진다면, 생명과 마음도 사라진다는 의미에서 그것들은 화학적 과정에 의존한다. 그러므로 우리가 물리적 우주에 의존한다는 관점 안에서 과학은 겸손과 감사를 위한 명쾌한 이유를 우리에게 제공함으로써 신학에 도움을 준다. 우리는 마지막 장에서 이러한 고백의 생태학적 함축에 주목할 기회가 있을 것이다.

둘째로 신학이 화학적 과정에 대한 생명과 영혼의 의존이라는 현실과 조화를 이룰 때, 신학은 신과 우주의 관계를 규정하는 새로운 방법을 발견할 수도 있다. 종교적 믿음에 따르면, 신이 전통적으로 모든 것의 최상위 수준 또는 더 작은 우주를 포함하는 가장 넓은 원이라 할지라도, 신은 우주에 내재한다. 실제로 신학자 폴 틸리히Paul Tillich가 지적하듯이, 신은 세계 안에 거하지 않으면서 세계를 초월할 수 없다. 초월한다는 말이 '경계를 넘어간다'는 의미이므로 신은 어떤 식으로든 처음에는 그 안에 있지 않고는 그 세계의 경계를 넘어갈 수가 없다. 그러나 어떤 의미에서 신은 세계 안에 거하는가? 아마도 신은 생명이 물질 안에 파묻히는 부드럽고 방해되지 않는 방식과 유사한 어떤 방식으로 물질 안에 거할 것이다.

생명이 우주적 진화에서 나타날 때, 그것은 어떤 식으로든 물리학과 화학의 법칙을 위배하거나 그것들로부터 자신을 분리시키지 않는다. 우리는 화학의 예측에 어긋나는 예외적인 분자 활동을 찾음으로써 생명을 발견하지 않는다(마찬가지로 우리는 체스의 규칙을 어기는 것을 찾는 것이 아니라 이러한 규칙을 이용하는 창의적인 방식을 찾아냄으로써 체스의 달인의 특별한 재능을 알게 된다). 세계의 진화 과정에서 생명은 우주적 과정 속으로 들어갈 때, 물리학과 화학의 법칙에 폭력을 가하지 않는다. 그것은 생기론적 침입의 방식으로 갑자기 자연을 교란하여 그 규칙을 어기지 않는다.

사실상 기초적인 화학적 법칙의 관점에서도 물질이 생명이 될 때 새롭게 일어나는 것은 아무것도 없다. 생명은 자연 법칙을 변경하는 방식보다는 오히려 물질의 매우 조용하면서도 놀랍도록 효과적인 정보적 정돈의 형태로 진화하는 물질 세계 속에 교묘히 나타난다. 우리는 한계(系)의 화학적 특수태들을 찾는 것이 아니라 물리적 하위 체계와 그것의 분자적 성분들 중에서 복잡한 관계로 이루어진 전반적인 배열, 즉 '게슈탈트gestalt'를 (인격적으로) 인식함으로써 생명을 알아본다.

아마도 우주 안에 신적 존재에 대한 종교적 감각은 물질 세계 속에서 생명의 존재를 인식하고 평가하도록 이끄는 것과 전적으로 다르지 않은 앎의 방식을 통해 우리에게 주어질 것이다. 우리는 어떤 물리 외적인 낯선 요소를 찾기 위해 유기체의 특정 분자를 면밀히 검토함으로써 생명을 알게 될 수 없다. 예를 들면, 사실상 개구리나 지렁이의 특정한 성분을 분석하는 데 더 깊이 들어가면 들어갈수록, 우리는 그것이 '살아 있다'는 특성에 대해서 더 많이 알아볼 수 없게 된다. 왜냐하면 우리는 비분석적인—폴라니가 단순하게 '인격적인'이라고 부르는—앎의 방식을 통해서 전체로서 그것에 관계할 때만 무엇인가가 살아 있다는 것을 알게 된다.

마찬가지로 우리는 우주적 실재의 특수태들 사이에서 자연적 연속성의 어떤 극적인 교란의 흔적을 찾음으로써 신의 존재를 발견하지 못할 것이다. 물론 이것은 환원주의자들이 찾는 방식이고 그들은 원자, 분자, 세포, 뉴런—또는 과학이 이해할 수 있는 어떤 것—의 수준에서 신의 존재를 발견하지 못하므로, 그들은 신이 존재함을 부인한다.

어떤 경우에도 그러한 발견은 여전히 우리의 신학적 방법이 지속적으로 거부해온 오래된 '공백의 신god-of-the-gaps'(과학적으로 설명되지 않는 것을 설명하기 위해 도입되는 신-옮긴이)일 것이다. 세계에 완전히 내재하기 위해서 신은 물리적 법칙이 갑자기 연기되는 것을 요구하지 않기 때문이다. 오히려 신은 생명이 유기체 내에서 화학적 과정에 방해되지 않는 정보 제공을 하는 것과 유사한 방식으로 우주에 부드럽게 "정보를 줄 수 있다." 그러나 우리는 과학의 환원적 방법이 우리를 그러한 신적 존재에 대한 감각으로 이끌어가기를 기대할 수 없다. 우리가 생명을 인식하기 위해서 인격적 앎이 필요하다면, 신에 대한 감각을 얻기 위해서 우리의 앎은 얼마나 더 인격적이어야 하겠는가?

더 멀리 가자면, 생명을 우주적 진화에 도입하기 위해 화학적 법칙의 신뢰할 만하고 협동적인 작동이 필요하듯이 세계에서 신의 존재가 나타나는 방식도 마음, 생명, 그리고 물질이라는 신보다는 덜 포괄적인 수준의 적절한 기능에 의존할 것이다. 분리 접근법이 신의 초월성을 강조한 것은 옳다. 그러나 말 그대로의 단순한 위계적 모형으로는 신이 자연 속에 깊이 내재하기보다는 너무나 쉽게 자연 밖으로 밀려나게 된다. 하지만 우리의 신학은 신의 진정한 육화incarnation, 즉 임재(臨在)를 허용해준다. 그것은 과학이 감지하지 못하는 방식으로 생명이 물질에 연결되듯이 신은 세계에 긴밀하게 연결될 수 있다고 주장한다. 과학은 보통 정보적 패턴으로 실재를 보지 않고 특수태 속에서만 실재를 보는 환원적 방법을 사용하기 때문에(비록 우리는 나중에 이것도 변화하기 시작했음을 보이겠지만), 우리가 생명이나 마음이라고 부르는 파악하기 어려운 양상들에 접촉할 수 없다. 그러므로 과학이 신의 육화된 임재에 대한 명쾌한 감각을 얻을 수 없는 것도 놀라운 일이 아니다.

셋째로 인간의 의식이 뇌의 화학현상에 의존한다는 새로운 인식은 죽음 이후의 생명에 대하여 의문을 제기한다. 우리가 논의하는 동안, 당신은 인격의 불멸성에 대한 종교적 기대에 대하여 궁금해했을지 모른다. 생명, 마음, 심지어 '영혼'이 자신들의 실현을 위해서 세포적 · 화학적 · 기초 물리적 과정에 의존한다면 종교가 종종 믿듯이 어떻게 그것들이 죽음을 뛰어넘어 생존할 수 있겠는가? 무덤을 넘어서는 생명의 일관된 개념을 구제하기 위해서는 분리 옹호자들의 이원론적 관점으로 돌아가야 할 필요는 없는가?

이러한 질문에 대한 제대로 된 답변은 따로 한 권의 책을 요구할 것이므로 우리는 여기에서 그것을 제대로 취급할 수 있는 척하지 않겠다. 어떠한 경우든 우리와 전체 우주의 운명은 약속의 신의 능력과 성실성에 대한 신뢰를 포함하는 문제다. 우리를 위해 모든 것을 일일이 규정하는 구속(救贖)의 특정한 방식이 있을 필요가 없다. 생명에 대한 가장 중요한 질문 중 어떤 것이든 절대적인 명료함을 요구하는 것은 불신과 마찬가지가 될 것이다. 믿음은 신적 사랑의 새롭게 하는 능력에 대한 우리의 신뢰가 무조건적일 것을 요구한다.

그럼에도 약속의 조망은, 어떻게 과학이 원리상 죽음의 저편에 있는 의식을 가진 부활한 생명이라는, 겉보기에 불가능한 결말에 열려 있을 수 있는지에 대하여 시험적인 가설을 구성하도록 격려한다. 우리는 생물학자들이 생명체에서 발견한 정보적 특성을 간략하게 검토함으로써 죽음 너머의 생명에 대한 관념과 과학의 조화를 설명할 길을 찾을 수 있다.

논리적으로 말해서, 우리가 앞서 주장했듯이 우리는 DNA '문자'의 특정한 서열을 그것이 구체화되어 있는 물질적 바탕과 동일시할 수 없다. 컴퓨터 시대에 살고 있는 가장 강경한 환원주의자들도 시인하듯이 어떤 의미에서 정보적 측면은 그것이 존재하는 물질을 '초월한다.' 예를 들면 유기체의 생존 기간 동안, 원자적·분자적 내용물의 지속적인 교환이 있음을 우리는 안다. 우리 각각은 수년 전에 가졌던 것과는 완전히 다른 '물질'의 조합을 우리 몸 안에 가지고 있다. 물질적 '수준'을 퍼내고 재충전하는 과정 내내 정보적 성분은 상대적으로 동일하게 유지되므로 지속적으로 '재육화(再肉化, re-incarnation)'를 경험하는 셈이다.

그러나 상대적으로 불변하는 정보의 패턴이 단일한 사람 또는 유기체의 생명의 과정에서 연속적인 여러 번의 육화를 수용할 수 있다면, 유사한 종류의 회복이 외견상의 마지막인 죽음을 뛰어넘어 이루어지는 것이 불가능하다고 확신할 수 있겠는가? 물론 이것이 일어나기 위해서는 모든 것에 형태를 부여하는 정보적으로 풍부한 무수한 양상들을 '기억'할 능력을 가진 민감한 영속적 실재가 존재해야 한다. 그러한 저장소는 우리의 신앙 전통이 항상 '신'이란 말로 지칭하려 했던 것들 중 하나이다.

케임브리지 대학교의 물리학자 존 폴킹혼John Polkinghorne은 이러한 신학적 사고의 한 형태를 제공한다.

> 영혼에 대한 나의 이해는 이러하다. 영혼은 거의 무한정으로 복잡하고, 역동적인, 정보 운반 패턴으로서 어떤 순간에든 나의 살아 있는 몸의 물질에 의해 운반되고 내가 땅 위에서 사는 동안 내 육체의 모든 성분의 변화를 통해 연속적으로 발전하는 것이다. 정신·신체적 단위는 내가 죽었을 때 나의 몸이 분해됨으로써 해체되지만 나라는 패턴은 신의 기억 속에 남겨져 그가 정한 새로운 환경에서 나를 재조직할 때, 그것의 구체적 형태가 재창조될 것이다. 이것이 종말에 오는 부활일 것이다. 이것은 완전히 일관된 소망이라고 나는 믿는다.[25]

그러나 한 단계 더 나아가면, 왜 우리는 신이 오직 인간의 패턴만을 '기억하여' 재구성하고 다른 생물체의 정보적 측면, 그리고 전우주의 역사를 구성하는 패턴은 마찬가지로 쉽게 재구성할 수 없다고 가정해야만 하는가? 실제로 만약 우리 자신의 존재가 전우주와 복잡하게 얽혀 짜여져 있다는 새로운 과학적 직관을 받아들인다면, 우리는 다시 우주의 운명을 불멸성에 대한 우리 자신의 개인적 희망으로부터 분리시킬 수 있겠는가?

4. 지지

앞에서 약술한 세 입장은 과학적 환원의 전계획의 토대가 되는 중요한 특징을 간과해왔다. 환원하려는 마음속의 열망은 우리가 종교에서 발견하는 것과 상당히 일치하는 단순성과 순수성의 추구의 예라는 점이다. 사물의 가장 단순하고 그럴듯한 설명을 찾으려는 이 열망은 반드시 지배욕의 발현은 아니다. 오히려 그것은, 적어도 어떤 점에서, 사물의 궁극적 단일성을 찾으려는 종교적 탐구와 일치할 수도 있다. 유물론적 환원주의조차 궁극적으로 모든 것이 존재하는 근본적 단일성을 찾아내려는 훨씬 더 폭넓고 심오한 신비로운 추구의 천박한 형태다.

종교는 사물의 표면 아래에 있는 깊이에 도달하려는 열망을 과학과 공유한다. 그리고 과학처럼 그것은 사물의 심장부에 도달하면 놀라운 단순성을 발견할 것이라는 기대로 우리를 인도한다. 사물은 보이는 것이 전부가 아니다. 과학과 종교는 모두 이것에 동의할 수 있다. 사물의 얇은 표면 아래에는 철저하게 우리를 놀라게 하는 해답이 있다. 본질적으로 환원적 과학의 배후에 있는 동기력은 신비적 종교에서 가장 분명하게 표현되는 단일성을 향한 인간의 강한 열망과 분리될 수 없다. 여러 세기 전에 아마도 기원전 800년에서 500년 사이에 종교적 신비주의자, 철학자, 예언자, 신학자들은 세계 몇몇 곳에서 거의 동시에 점점 더 정교화되어가는 형태의 다신교와 종교의 번잡한 다른 표현들이 야기한 혼돈에 싫증내기 시작했다. 쓸데없이 복잡한 의례와 엄격한 숭배 규정의 불만족스러운 결과들에 동요되어 몇몇 구도자들은 그들이 실재의 중심에 있다고 느낀 단일함에 대한 더 심오한 느낌을 찾게 되었다. 우 파니샤드를 지은 힌두교의 저자들, 그리스의 철학자들, 부처, 중국의 도교, 헤브루의 예언자들은 모두 이 시기 동안 부담스럽게 복잡한 종교를 정화시키기를 추구했다.[26]

그들의 정화의 목표는 달성되지 않은 채로 지금까지 내려왔다. 오늘날도 종종 종교는 그전처럼 복잡하고 다원화되어 있으며 나뉘어 있기 때문이다. 그들은 서로 화해할 수 없는 우상과 이상(理想)을 계속해서 숭배한다. 그렇지만 여전히 종교적 의식(意識)의 기본적 특색은, 서로 다른 신과 가치의 숭배로 야기된 분열을 종식시킬 단순성과 단일성의 추구에 있다. 우리가 여기에서 강조하고 싶은 것은 현대 과학의 환원주의의 주장조차 이러한 근본적인 종교적 추구의 빗나간 표현이라는 것이다.

물론 하나의 신념 체계로서 환원주의는 신비 종교의 적이다. 그러나 단순성과 단일성을 추구하는 것은 그렇지 않다. 환원주의가 신학적으로 문제가 되는 것은 지식의 단일성을 추구하는 것이 아니라 천박하고 단순한 원자론을 이러한 단일성의 궁극적 기초로 기꺼이 받아들이려고 한다는 점이다. 유물론적 환원주의를 그렇게 얄팍하고 창백한 신념 체계로 만드는 것은 유물론적 환원주의가 사물의 표면 위에 표류하는 원자적·분자적·신경적 또는 유전적 단자들이라는 실체가 없는 집합에 집중하기 때문이다.

그러므로 우리는 단일성과 단순성에 대한 환원주의적 추구에 갈채를 보내고 그것이 종교적 추구와 일치함을 본다. 그러나 그것이 종교적 추구와 일치함을 인정하는 것은 그것과 종교가 공통의 연장(延長)과 공통의 경계를 갖는다는 의미가 아니다. 왜냐하면 그것은 전반적으로 너무 빨리 포기하기 때문이다. 과학적 환원주의는 궁극적 단일성과 단순성이라는 잘 잡히지 않는 목표에 충분히 이르지 못한 상태에서 그친다. 그것은 궁극적으로 신비로운 우주의 모든 복잡한 양상의 토대가 되는 한없는 단일성까지 더 깊이 파고들기보다는 인위적으로 분리된 물리적 단위들을 실재의 토대로 숭상함으로써 끝낸다.

종교적 조망은 실재에 궁극적인 단순성과 단일성이 있다는 환원주의의 주장에 동의할지도 모르지만, 우리와 우리가 추구하는 최종적인 목표 사이에 있는 모든 심오하고 복잡한 문제들을 망각하기를 원하지 않는다. 신의 무한성과 유일성에서 흘러나오는 우주의 한없는 신비를 시인할 정도로 종교는 유물론적 환원주의보다 우리의 현재 경험 속의 모호성과 모순에 훨씬 더 관대하다. 그것은 실제 단일성과 단순성의 목표는 요원하여 손쉽게 성취되지 않는다는 것을 인식한다. 우주의 실제 깊이는 그 표면을 훑어서 과도하게 단순화된 환원주의적 과학주의의 결론들로 제시하기에는 너무 파악하기가 어렵다.

종교가 추구하는 단일성은 무수히 많은 다수성과 다양성을 포함한다. 그것은 실제 세계에서 모든 복잡성, 뉘앙스, 아름다움, 그리고 가치를 제거함으로써 도달할 수 있는 것이 아니다. 바로 이런 이유 때문에 모든 일관된 신학은 조만간에 궁극적 실재에 대한 가장 고매한 종교적 명칭들이 철저하게 부적절하다고 인식하게 된다. 따라서 많은 선인(聖人)들은 가장 적절한 예배 형태로 침묵의 필요성을 강조한다.

예를 들면 유대교와 이슬람교, 그리고 기독교의 중요한 교파들은 형상의 사용에 대한 분명한 자제가 있다. 그들의 종교적 형상과 관념에 대한 저항은, 궁극성에 대한 인간의 묘사가 쇠하지 않는 신적 단일성 그 자체를 적절하게 재현할 수 없다는 신앙심 깊은 직관적 통찰에서 비롯된다. 실제로 항상 너무 보잘것없는 신의 형상을 파괴하는 우상파괴적 분파는 많은 종교에서 존재한다. 침묵에 대한 종교적 권고는 그 심오한 실재가 무엇인지를 단 한번에 모든 것을 말할 수 없는 인간 지성의 무능을 시인하라는 초대인 것이다.

과학적 환원주의는 단순성과 단일성을 추구하기 때문이 아니라 그것이 모든 실재의 깊이에 마침내 도달했고 일관성을 찾으려는 인간의 오랜 탐구가 종국에 도달했다고 불경스럽고 조급하게 외치기 때문에 종교적으로 반대할 만하다. 그러므로 그것의 조급성은 신비한 우주 앞에서 가장 우리 인간에게 잘 어울리는 잠잠히 기다리는 금언적(禁言的, apophatic) 정신을 심각하게 위배한다.

과학적 분석을 통해 알 수 있듯이 모든 것이 이제 물질적 과정과 상호작용으로 분해 가능하다고 환원주의는 선언한다. 그러한 주장은 과학을 감금하고 이데올로기에 종속되게 만든다. 우리의 '지지'의 신학은 과학을 이러한 형태의 굴레에서 자유롭게 만들기를 추구한다. 과학적 유물론의 허튼 소리를 초월하는 단일성의 무한한 깊이와 심연을 가리킴으로써 참으로 종교적인 조망은, 궁극적인 실재로 기능해야만 하는 부담에서 물질을 해방하고, 대안적 종교로서 기능해야만 하는 끔찍한 임무로부터 과학을 자유롭게 한다.

■주

1) Francis Crick, *The Astonishing Hypothesis: The Scientific Search for the Soul*(New York: Charles Scribner's Sons, 1994), p. 3.

2) 같은 책, p. 257.

3) E. F. Schumacher, *A Guide for the Perplexed*(New York: Harper Colophon Books, 1978).

4) Ken Wilber, *Eye to Eye: The Quest for a New Paradigm*(Garden City: Doubleday Anchor Books, 1983), p. 24.

5) Crick, p. 6.

6) 생명에 대해 순수하게 '유물론적인' 설명을 위해서는 Jacques Monod, *Chance and Necessity*, trans. by Austryn Wainhouse(New York: Vintage Books, 1972)를 보라. 그리고 '마음'을 설명하려는 동일한 유물론적 시도로는 크릭의 작업 외에 Daniel C.

Dennett, *Consciousness Explained*(New York: Little, Brown, 1991)를 보라.

7) Ian Babour, *Religion in an Age of Science*(New York: Harper & Row, 1990), p. 4 를 보라. Barbour는 방법론적 환원과 형이상학적 환원을 비슷하게 구분한다.

8) Crick, pp. 8~9.

9) 이 세 명의 거인들은 여전히 유신론자로 남아 있었다는 점을 분명히 해야겠다. 그리고 흥미롭게도 뉴턴은 그의 생애의 끝까지 신비스러운 주제를 계속해서 다루었고 그 과정 에서 그의 독특한 신학을 만들어냈다.

10) Monod, p. 123.

11) Francis H. C. Crick, *Of Molecules and Men*(Seattle: University of Washington Press, 1966), p. 10.

12) 이 연구를 요약하기 위해서 가령, Jon Franklin, *Molecules of the Mind: The Brave New Science of Molecular Psychology*(New York: Atheneum, 1987)를 보라.

13) Dennett, p. 33.

14) E. O. Wilson, *Sociobiology: The New Synthesis*(Cambridge: Harvard University Press, 1975). 윌슨의 유전자 결정론에 대한 비판적 논의는 Robert Wright, *Three Scientists and Their Gods*(New York: Times Books, 1988) pp. 113~92.

15) E. O. Wilson, *On Human Nature*(New York: Bantam Books, 1979), p. 200을 보라.

16) Michael Ruse and E. O. Wilson, "Evolution of Ethics," in James E. Huchingson, ed., *Religion and the Natural Sciences*(New York: Harcourt Brace Jovanovich, 1993), p. 310.

17) Crick, *The Astonishing Hypothesis*, p. 257.

18) Schumacher, *A Guide for the Perplexed*, p. 18.

19) Ernest Gellner의 표현을 따라 Huston Smith는 그의 책 *Beyond the Post-Modern Mind*(New York: Crossroad, 1982), pp. 62~91에서 '통제의 인식론'에 대해 논의한다.

20) Schumacher에 의해 인용, pp. 5~6.

21) Michael Polanyi, *Personal Knowledge*(New York: Harper Torchbooks, 1964)와 The Tacit Dimension(Garden City: Doubleday Anchor Books, 1967)을 보라.

22) Harry Prosch, *Michael Polanyi: A Critical Exposition*(Albany: State University of New York Press, 1986), pp. 124~34의 논의를 보라.

23) 이 비유는 폴라니에 의해 제시되었다. Polanyi, *The Tacit Dimension*, pp. 31~4.

24) Michael Polanyi, *Knowing and Being*, edited by Majorie Grene(Chicago: University of Chicago Press, 1969), pp. 225~39.

25) John Polkinghorne, *The Faith of a Physicist*(Princeton: Princeton University Press, 1994), p. 163.

26) Karl Jaspers는 *The Origin and Goal of History*(New Haven: Yale University Press, 1953)에서 이것을 '주축 시대axial age'라고 부른다.

5 우주는 창조되었는가?

인격신교에서 창조의 가르침보다 더 중요한 것은 없다. 이 교리는 근본적으로 우주를 능력 있고 사랑이 넘치며 인격적인 '창조주'가 대가 없이 만들어준 선물로 해석한다. 다시 말해서 우주는 스스로 생겨난 것이 아니라 초월선(超越善)의 산물인 것이다. 히브리어 성서는 '태초에' 하늘과 땅을 만든 이는 신이라고 말한다. 그리고 전통적인 기독교와 이슬람교의 유신론은 신이 세계를 ex nihilo, 즉 무(無)로부터 창조했다고 주장한다. 그렇다면 현대 과학은 서구 종교의 가르침에 있어서 가장 기본적인 이러한 주장의 신빙성에 대해서 어떠한 태도를 견지하는가? 과학은 창조의 교리를 더 또는 덜 믿을 만하게 만드는가?

영국의 과학자 피터 애트킨스Peter Atkins는 현대 우주론이 신에 의한 창조 개념을 완전히 쓸데없는 것으로 만든다고 단도직입적으로 답한다.[1] 그리고 비록 애트킨스 자신은 신경쓰지 않는 것 같지만 그의 해석은 많은 이들이 자신들의 삶에서 가장 중요한 진실이라고 생각하는 것의 핵심을 공격한다. 신앙인들에게 창조 교리는 어떻게 모든 것이 시작되었는가에 대한 인간적 호기심을 충족시키기 위해서 의도된 이야기 이상의 의미를 갖는다. 그것의 취지는 훨씬 깊은 데까지 미친다. 왜냐하면 그것은 우리의 삶의 의미와 우주의 의미에 소망을 위한 실제적 기초가 있는가라는 인간의 공통된 관심사를 직접 다루기 때문이다.

만약 초월적인 능력과 선함이 우주를 존재하게 만들었다면 동일한 능력과 선함이 우리를 모든 악에서 구원하고 우리가 바라는 성취로 확실히 이끌 수 있을 것이다. 이 전체 우주를 존재하게 만들 수 있는 신은 낙심한 자들에게 구원을 가져다줄 수 있는 능력도 지녔을 것이다. 창조주는 심지어 죽은 자들을 살릴 수도 있다. 창조주의 존재는 우리가 아직은 정확하게 모른다 할지라도 우주가 깊은 의미를 갖고 있음을 믿을 충분한 이유가 있다는 것을 의미한다.

그렇다면 과학이 이러한 종교의 중심적인 가르침의 신빙성을 새롭게 지지한다거나 의심하게 만든다면 그것은 매우 중요한 일이 될 것이다. 오늘날 과학과 종교에서 가장 열띤 토론들 중 몇몇이 우주의 창조에 관련되어 있다는 것은 이상한 일이 아니다.

최근에 만들어진 우주의 기원에 관한 '빅뱅' 이론은 적어도 처음 보기에는 우주가 시작을 갖는다는 것을 함축하는 것으로 보인다. 우주가 시작을 갖는다면 결국 창세기에서 묘사된 것과 같은 신적 창조라는 성서적 개념이 과학적으로 타당한 것이란 의미가 아니겠는가. 하지만 많은 과학자들은 신적 창조에 의해 존재하게 된 우주의 개념에 여전히 불편해 한다. 그들 중 어떤 이들은 그 문제와 관련해서 우주가 시작을 갖는다는 것 자체를 확신하지 못한다. 아마도 우주는 항상 존재했고 항상 존재할지도 모른다. 그러나 오늘날 '빅뱅' 이론은 그러한 개념에 심각하게 도전하고 있지 않은가.

고대로부터 철학자들은 종종 우주가 영원하며 창조되지 않았다는 것을 당연하게 받아들였다. 플라톤과 아리스토텔레스는 다른 많은 그리스의 철학자들처럼 이렇게 생각했다. 아리스토텔레스보다 훨씬 이전에 데모크리토스는 우주가 영원으로부터 존재해온 '원자와 허공'으로 이루어져 있다고 가르쳤다. 그리고 적어도 매우 최근까지 거의 모든 유물론자들은 물질이 시작도 없고 영원하다고 가정해왔다. 그러나 과학은 이제 영원히 존재하는 우주의 관념을 잠재운 것으로 보인다. 물론 과학은 논쟁 없이 이 일을 한 것은 아니며, 아직도 믿지 않는 이들이 많다. 아인슈타인도 우주가 영원히 존재해야 한다고 확신했고 이것이 그가 인격적인 신의 개념을 거부했던 이유 중 하나였던 것을 우리는 기억해야 한다. 그는 영원한 질서를 가진 우주가 모든 것의 모태이며 원천인 한, 신은 단순히 불필요하다고 생각했다. 그러므로 오늘날 빅뱅에 대한 모든 논의에도 불구하고 어떤 과학자들은 여전히 시작도 없는 우주의 개념을 구제하려고 시도한다. 그들은 끝없는 계열의 '세계'의 존재를 가정하거나 우주에 시작이 있다는 결론을 피하는 데 다소간 도움을 줄지도 모를 다른 신기한 생각들을 실험함으로써 이 일을 한다. 만약 그들이 우주가 시작되었다는 생생한 근거를 제거할 수 있다면 그들은 그로써 창조주의 개념을 불필요하게 만들기를 기대할 수 있다.

뒤에서 주목하겠지만 어떤 신학자들은 영속적으로 존재하는 우주조차(그것이 무엇을 의미하든) 창조주 또는 창시자가 필요할 수 있다고 반응할 것이다. 그러나 20세기의 놀라운 우주 물리학적 발견들 때문에 대부분의 과학자들은 우주가 사실상 영원히 존재해왔다는 것을 의심하게 되었다. 최근 우주론의 합의는 우주의 시간적 지속은, 비록 상상할 수도 없이 광대하지만, 여전히 유한하다는 것이다.

그래서 우리에게는 이러한 질문이 생긴다. 우주가 영원 전부터 존재하지 않았다면, 그것의 시작은 어떤 초월적 원인을 요구하는가? 그리고 이것은 유신론이 이른바 신이라고 부르는 것과 동등한 원인인가? 또는 유한한 우주가 어떤 원인도 없이 자발적으로 생겨날 수 있는가?

우주가 실제로 명확한 시작을 갖고 있다는 생각은 20세기에 우주 공간이 팽창하고 있다는 과학적 관찰에 의해 처음으로 생겨났다. 그러나 공간적으로 팽창하는 우주는 일정한 시작점을 요구한다. 왜냐하면 우리가 우주 팽창의 과정을 따라 먼 과거까지 되돌아가다 보면, 우리는 결국 크기의 증가가 시작된 작은 점에 도달해야 하기 때문이다. 관찰에 따르면, 역시 20세기에 발견된 엄청난 수의 은하들은 서로 멀어져가고 있고 우주는 여전히 진화하고 있다.[2] 그래서 매우 긴 시간 전에 물리적 실재의 전체는 상상할 수도 없을 정도로 작고 빽빽한 물질의 점 속에 꽉 들어차 있었음에 틀림없다. 이제 입자 물리학은 이러한 빽빽한 점이 처음에는 원자의 핵만큼이나 작았을 것이라는 것을 인정한다.

약 150억 년 전에 이 믿을 수 없을 정도로 압축된 물질의 점은 '폭발'하기 시작했고 그 과정에서 우주와 시간이 시작되었다. 그 결과로 생긴 불덩이는 보통 '빅뱅'이라고 불리고, 그것은 일반적으로 우주의 시작과 연관된다. 빅뱅에 대해서 생각할 때, 우리는 분명히 우주의 시간적 '가장자리'에 도달했다. 철학자와 과학자, 신학자들이 빅뱅에 대해서 어리석은 질문을 제기하는 데 매우 주의하라고 말한다 해도 그것의 다른 쪽에 어떤 것이 놓였냐고 묻기를 자제하기 쉽지 않다. 거기에는 아무것도 없는가? 아니면 신이 있는가?

1917년에 네덜란드의 물리학자 빌헬름 드 지터Wilhelm de Sitter는 아인슈타인이 새롭게 만든 일반 상대성 방정식을 연구하는 동안, 그것들이 변화하고 팽창하는 우주를 함축한다고 결론지었다. 우주가 영원하고

정적이라면, 다양한 덩어리들이 지금까지 중력에 의해 서로에게 함몰되었을 것이다. 그래서 우주는 지속적으로 변하고 있어야 하고 이것은 우주도 시작을 갖는다는 것을 의미할 수도 있었다. 다시 1922년에 러시아의 수학자 알렉산더 프리드만Alexander Friedmann은 계산을 통해 일반 상대론이 영원히 불변하는 우주라는 개념에 이의를 제기한다는 것을 알아냈다. 드 지터와 프리드만은 아인슈타인에게 이러한 의심에 대해서 편지를 썼지만 20세기의 가장 유명한 과학자는 우주가 특이한 시작점에서 생겨났다는 우주론을 받아들일 준비가 덜 되어 있었다. 과학은 보편적이고 이해할 만한 규칙성을 추구하기 때문에 그러한 특이성은 과학적 이해에 걸맞지 않는다고 그는 생각했다. 보편성을 위해 아인슈타인은 항상 우주는 역동적으로 변하기보다는 영원하고 필연적이어야 한다는 개념을 항상 고수해왔다. 이것이 그가 무한한 과거의 영원한 동등성으로 연장해갈 수 있는 시작이 없는 우주를 선호한 이유다. 그래서 그는 인위적인, 그리고 나중에 밝혀진 대로, 순전히 가상적인 '우주론 상수'를 도입하여 그의 원래의 계산을 바꿈으로써 드 지터와 프리드만의 성가신 보고에 반응했다. 일정하게 밀어내는 우주의 본유적인 특징은 별들을 떨어뜨려 유지시키며, 우주가 붕괴되는 것을 막아준다고 그는 추측했다.

그러나 얼마 지나지 않아 아인슈타인은 미국인 천문학자 에드윈 허블Edwin Hubble 을 만났는데 허블은 아인슈타인에게 동적인 우주의 관찰 증거로 보이는 것을 제시했다. 허블은 윌슨 산의 망원경을 통해 몇몇 은하를 관찰하고 있다가 그것들 중 몇몇에서 퍼져 나오는 빛의 진동수가 스펙트럼의 붉은색 끝 쪽으로 측정할 수 있을 정도로 '편향'된 것을 발견했다. 이것은 빛의 파장이 보통 것보다 더 길고 빛을 발하는 대상이 관찰자로부터 멀어져가고 있음을 의미하는 것이었다. 그는 이

'적색편이' 현상에 대한 가장 좋은 설명으로 은하들이 지구에서 또 서로에게서 엄청난 속력으로 후퇴하고 있는 것이라고 결론지었다. 실험 과학은 이제 아인슈타인의 방정식으로 예측된 팽창하는 우주를 지지하고 있었다. 아인슈타인은 그 주장을 받아들이도록 압박을 받았고 나중에 그는 '우주론 상수'의 도입은 커다란 실수였음을 시인했다.

그러나 빅뱅에 대한 오해는 허블의 규명 이후에도 지속되었다. 많은 과학자들은 더 안정된 우주에 대한 그들의 열망을 포기하기가 어려웠다. 1965년에 과학자 로버트 윌슨Robert Wilson과 아노 펜지어스Arno Penzias가 낮은 온도의 우주 배경 마이크로파 복사를 발견했을 때, 이 새로운 이론은 상당한 활력을 얻었다. 그것은 초기의 뜨거운 빅뱅의 '잔광'으로 가장 잘 해석될 수 있었기 때문이었다. 이 복사는 특이한 우주적 기원 사건이 약 150억 년 전에 발생했다는 가장 명쾌한 증거였다. 우주가 빅뱅 같은 것에 의해 시작되었다는 것을 의심하기가 더욱 어려워졌다.

그러나 의심은 여전히 잔존하고 있었다. 그것은 정당한 이유가 있었다. 우주의 기원에 관한 빅뱅 이론은 초기 팽창에서 펼쳐지고 있는 우주는 모든 방향으로 매끄럽고 균일함을 함축하는 것으로 보았다. 그러나 천문학은 이제 더 명쾌하게 우리가 울퉁불퉁한 우주에 살고 있다는 것을 알려준다. 즉 우주의 물질은 어떤 장소에서는 거대한 덩어리를 이루고 있고 다른 곳에서는 더 엷게 흩어져 있다. 우주는 매우 불균질하게 분산된 은하, 성단 은하, 별, 행성, 가스, 그리고 아직 완전히 이해되지 않은 종류의 물질들로 구성된 초은하단으로 이루어져 있다. 예를 들면 광대한 텅 빈 공간이 은하의 무리들을 갈라놓으며 다른 것들은 더 가깝게 연결되어 있다. 만약 우주가 정말로 순조로운 빅뱅으로 시작되었다면 어떻게 오늘날의 우주가 물질의 균질한 분포와 거리가 멀 수 있었겠는가? 천문학자들이 현재 의식하고 있는 모든 불규칙성을 양산하기 위해서, 우주는 그 전개의 최초 단계에서도 불균일성의 씨를 틀림없이 가졌을 것이다. 그러나 빅뱅 이론은 이러한 특징을 고려하지 않는 것으로 보였다.

십여 년 전까지 몇몇 과학자들은, 빅뱅 이론이 물질의 불규칙한 분포를 설명할 수 없다면 그 이론을 거부할 태세였다. 그러나 1992년 봄에 그 의심은 완전히 사라져버렸다. 코비(COBE, Cosmic Background Explorer)라고 불리는 인공위성에서 주의 깊게 수집된 자료는 빅뱅 이후 30만 년, 우주가 아직 어렸을 때 나중에 물질로 진화하게 될 복사선이 이미 독특한 물결 모양의 특성을 가짐을 보여주었다. 원시의 주름은 아마도 우리가 오늘날 보고 있는 불규칙한 우주의 '씨앗'이었을 것이다. 그래서 빅뱅 이론은 적어도 지금까지는 안전해 보인다.[3]

그럼에도 어떤 과학자들은 여전히 '불신'을 버리지 않고 있다. 아무런 증거 없이 그러는 것은 아니지만, 그들은 우리가 '진동하는 우주'에서 살고 있을지 모른다고 추측한다. 아마도 수십억 년의 기간에 걸쳐서 우주는 수축과 팽창을 쉬지 않고 되풀이하여 무한히 연장되는 '빅뱅'과 '빅크런치(big crunch, 대붕괴)'의 계열을 가질지도 모른다. 이러한 도발적인 가설은 특히 신적 창조의 개념을 받아들이기 어려운 과학자들에게 선호된다.

그러나 다른 과학자들은 무한 계열의 세계는 여전히 열역학 제2법칙의 관점에서 문제가 있는 개념이라고 말한다. 이 물리학의 냉혹한 법칙은 우주가 사용할 수 있는 에너지는 시계 태엽이 점차 풀려가듯이 비가역적으로 점차 풀려간다고 주장한다. 그러므로 많은 진동(빅뱅과 빅크런치의 반복)이 있다면 우주는 긴 시간 동안 사용할 수 있는 에너지를 점차 잃어갈 것이다. 그리하여 열역학적 비가역성의 법칙은 가설적 우주의 전계열이 많은 진동 전에 단일한 시작을 가졌어야 할 것을 요구한다.

그래서 우주가 명쾌하게 정의되는 시작을 갖는지에 관한 논쟁은 계속되고 있다. 어떤 과학자들은 오늘날 우리의 세계에서 적용되는 동일한 열역학 법칙이 진동하는 우주의 다른 국면에서도 적용 가능한지 의심스러워한다. 과학은 모두가 만족하도록 우주가 영원할 가능성을 결정적으로 제거하지 못했다. 무한한 수의 '빅뱅'이 있었다는 개념을 지지할 구체적인 증거가 없다. 그러나 그것이 틀렸다는 것을 증명할 방법도 없는 것이 사실이다.

다음의 논의에서 소수의 회의론적 우주론자들이 진동하는 우주와 마찬가지로 상상력이 풍부한 다른 우주 이론을 확증하거나 반증할 경험적 증거도 없이 확신 있게 고수하는 것이 순수한 과학인지, 아니면 비과학적인 '신념'인지에 대해서 의문이 생길 것이다. 우주에 대한 다수의 지나친 관념을 시험삼아 생각해보는 동기들 중 하나는 생명의 출현이 순수하게 무작위적인 사건이라는 개념을 구제해서 특별한 신적 개입을 요구하지 않을 수 있기 때문이다.[4] 창조주가 없는 경우에 세계의 무한히 연장된 계열 또는 세계의 증식은 오로지 우연에 의해서 생명이 발생할 기회의 문을 활짝 열어놓는 것이 된다. 결국 단일한 우주에서 우연에 의해 순수하게 생명이 기원할 가능성은 매우 작다. 그러나 무한한 수의 빅뱅과 빅크런치가 있다면, 생명은 이러한 과정 중 한 번 또는 여러 번에 걸쳐 우연히 나타날 무한한 가능성을 갖게 된다.[5]

오늘날 과학은 생명이 출현하려면 무한한 수의 물리적 조건이 맞아야 함을 보여주었다. 그러나 우주에 무한한 수의 시도가 있다면, 언젠가는 그것들 중 하나가 생명을 발생시킬 조건을 갖는 데 성공하게 된다. 그러한 경우에 도저히 가능해 보이지 않는 우리의 존재도 전혀 기대치 못할 것은 아니게 된다. 사실상 생명은 생명도 없고 마음도 없는 세계의 무한 계열을 포함하는 우주라는 거대한 추첨상자의 거의 필연적인 궁극적 결과가 될 것이다.

그럼에도 이러한 셀 수 없이 많은 세계의 실제 증거가 나올 때까지 우리의 현재의 논의에서는 창조의 종교적 교리와 현재 과학계의 합의의 관계를 살펴보는 것이 더 적절해 보인다. 알려져 있듯이, 널리 받아들여진 우주의 기원에 관한 빅뱅 이론에 따라 상세하게 묘사된 우주는 매우 다양하지만 흥미로운 반응들을 자극하기에 충분히 매력적이며 확고하다. 빅뱅 우주론이 창조의 신학에 대한 과학적 확증의 근본적인 기초로 충분한가? 여기에 몇 가지 가능한 답이 있다.

1. 갈등

언뜻 보기에는 현대 과학에서 우주의 기원에 관한 빅뱅 이론보다 창조주인 신의 관념, 더 나아가 종교의 개연성을 더 지지하는 것은 없는 것으로 보인다. 성서는 "태초에 하나님이 천지를 창조하시니라"로 시작한다. 물질이 영원하다고 철학자들과 과학자들이 가정한 지 여러 세기 후에 과학 자체가 마침내 "우주는 시간적으로 유한하다"는 개념을 지지하는 것으로 돌아섰다. 우리는 우주가 시작을 갖는다는 개념보다 신학과 과학을 재결합시킬 더 분명한 기초를 찾을 수 있겠는가? 우리는 어떻게 우주가 무로부터 갑작스럽게 존재하게 되었는지를 창조의 교리─그리고 창조주 신의 관념─를 통해서 가장 잘 설명할 수 있지 않겠는가?

빅뱅 물리학이 다시 한 번 지적으로 존경할 만한 창조의 신학적 개념을 만들었다는 것을 보여주려는 시도에 많은 잉크가 뿌려졌다. 비록 근본주의자들은 성서문자주의에서 허용하는 짧은 시간(대략 1만 년)에 들어맞기에는 우주의 나이를 너무 많게 만들었다는 이유 때문에 빅뱅 이론을 거부하지만, 노먼 가이슬러Norman Geisler와 커비 앤더슨Kerby Anderson 같은 다른 보수적 기독교인은 "우주의 기원에 대한 빅뱅 이론이 천문학에서 창조 기원의 관점의 가능성을 부활시켰다"고 주장한다.[6] 창세기는 분명히 새로운 우주론에서 결정적인 지지를 얻었다.

그러나 당신이 예상했듯이, 우리 과학적 회의론자들은 우리를 종교적 신앙으로 돌이키기에는 빅뱅 물리학 이상의 것이 필요하다고 본다. 단지 우주에 시작이 있기 때문에 창조주가 있어야 한다는 것은 결코 자명하지 않다. 사실상 양자 물리학은 우주가 무에서 생겨날 가능성을 인정한다. 우주는 시작을 가졌을지 모르나 어떤 원인 없이 자발적으로 폭발해서 존재하게 되었을 수 있다.

이것에 대해 받아들여질 만한 반직관적 가설은 이러하다. 빅뱅 이론과 양자 물리학에 따르면, 한때 우주는 대략 아원자 입자 크기였고, 우리는 그것이 그런 입자처럼 행동했다고 가정할 수 있다. 미시물리학의 '가상 입자virtual particles'는 자발적으로 생겨났다 사라졌다 할 수 있다. 원시 우주가 그 아원자적 크기에서 같은 식으로 어떤 원인도 없이 존재하게 될 수 없었겠는가? 더글라스 랙키Douglas Lackey는 이렇게 설명한다.

빅뱅은 아무런 원인이 없이 생겼을 수 있다. 그러면 어떻게 그것이 일어났을까? 양자 이론에 의해 제공된 하나의 설명은 양자 물리학에서는 입자와 계의 에너지 수준이 정확하게 측정될 수 없지만 어떤 수준 사이에서 자발적으로 진동할 수 있다는 사실에 의존한다. 가장 작은 입자에 대해서 에너지 수준 사이의 이러한 진동은 에너지가 0으로 떨어지도록 만들 수도 있고 그 시점에서 입자는 존재하지 않게 된다. 반대로 진동이 입자를 0에서 어떤 유한한 수준으로 올릴 수 있다. 즉 그것은 입자를 존재하게 한다. 보통 가상 입자라고 불리는 그러한 입자는 문자 그대로 진공, 즉 무로부터 존재하게 된다. ……우리는 가상 입자를 존재하게 만드는 요동처럼, 빅뱅을 진공 속의 요동으로 설명할 수 있을 것이다. 그러나 만약 요동이 자발적이라면, 진공으로부터 우주의 창출도 자발적이다.[7]

더욱이 유명한 우주 물리학자 스티븐 호킹Stephen Hawking은 최근 자신의 이론을 통해서 우리의 회의론에 상당한 활력을 불어넣었다. 그의 이론은 우주는 영원하지 않지만 명쾌한 시작을 갖지 않았을 수도 있다고 주장한다. 이것은 상식적으로 이해하기 어렵지만, 현대 물리학이 시간과 공간의 긴밀한 연관을 강조하므로, 호킹은 시간이 공간으로부터 아주 천천히 생겨나는 것으로 상정할 수 있어서 급작스럽고 명쾌하게 정의된 첫 순간이 없을 수 있고 따라서 최초의 원인도 갖지 않는 것이 당연할 수 있다는 의견을 밝힌다. 그의 말을 직접 들어보자.

공간과 시간이 경계 없는 닫힌 표면을 형성할지도 모른다는 생각은 ……우주의 사건들에서 신의 역할에 대한 심오한 함축을 지니고 있다. 사건들을 묘사하는 과학 이론의 성공을 보고 대부분의 사람들은 신이 일련의 법칙에 따른 우주의 진화를 허용하고 이러한 법칙을 깨뜨리기 위해 우주에 개입하지 않는다는 것을 믿게 되었다. 그러나 법칙들은 우주가 시작되었을 때 어떠했는가를 우리에게 말해주지 않는다. 시계 태엽을 감고 그것이 어떻게 출발하게 할지를 결정하는 것은 여전히 신에게 달려 있을 것이다. 우주가 시작을 갖는 이상, 우리는 그것이 창조주도 갖는다고 가정할 수 있을 것이다. 그러나 우주가 경계도 변두리도 없어서 완전히 자기 충족적이라면 그것은 시작도 끝도 갖지 않을 것이다. 그렇다면 신의 자리는 어디겠는가?[8]

그러므로 새로운 물리학은 결국 신학으로 인도될 필요는 없다. 그러나 종교에 대하여 회의적인 우리 중 몇몇은 우주 물리학의 최근의 발전(진화 생물학의 발전과는 달리)이 반드시 종교와 대립하지는 않는다는 것을 받아들인다. 표면상으로 보면 그것들은 심지어 종교를 지지하는 것으로 보일 수도 있다. 예를 들면, 로버트 재스트로Robert Jastrow는 빅뱅 우주론에서 '신학적 함축'을 읽어낸다. 스스로 불가지론자임을 자처하는 재스트로는 『신과 천문학자 God and the Astronomers』에서 빅뱅 이론은 성서의 창조 교리를 지지하는 것으로 보인다고 진술한다. 그는 많은 천문학자들이 우주는 영원하기를 선호했을 것이라고 말한다. 그러면 전체 사업을 시작한 창조주를 상정할 필요가 없을 것이다. 그러므로 과학적 회의론자들에게 빅뱅 이론은 매우 불쾌하고 놀라운 일로 다가왔다. 재스트로는 과학이 우주의 시작을 입증했다고 신학자들은 즐거워할 것이지만 불가지론 입장의 천문학자들은 매우 초조할 것이라고 생각한다.

> 이 순간에(빅뱅 우주론의 결과로) 과학은 결코 창조의 신비라는 커튼을 올릴 수 없을 것처럼 보인다. 이성의 능력에 대한 믿음으로 살아온 과학자에게 그 이야기는 악몽처럼 끝이 난다. 그는 무지(無知)의 산을 기어 올랐고, 가장 높은 봉우리를 막 정복하려고 한다. 그가 마지막 바위로 올라설 때, 여러 세기 동안 거기에 앉아 있었던 한 무리의 신학자들이 그를 맞이한다.[9]

그러나 우리 모두가 재스트로의 빅뱅 물리학의 역설적 해석을 기뻐하는 것은 아니다. 우리는 결국 빅뱅 우주론은 로마 가톨릭의 사제였던 벨기에의 천문학자 조르주 르메트르Georges Lemaitre의 창작품이라는 프

레드 호일Fred Hoyle의 신랄한 비평만큼 멀리 가지는 않을지 모른다. 그러나 우리는 약간의 실망감을 느끼며 결정적 증거가 된 우주 배경 복사선의 공동 발견자이며 정통 유대교도인 아노 펜지어스가 최근 〈뉴욕타임스〉와 한 인터뷰에 주목한다.

"우주의 존재의 변칙사례는 물리학자들에게는 혐오스럽다. 나는 그 이유를 안다. 그들에게 우주는 생겨나지 말았어야 했다. 그런데 그것은 생겨났다."[10]

그리고 우리는 1992년 봄에 코비COBE 계획을 주도했던 자칭 회의론자인 조지 스무트George Smoot 교수가 빅뱅 이론을 위한 코비 계획에서 얻은 새로운 지지 증거에서 '신학적 함축'이라고 그가 생각한 것을 은연중 말한 것에 놀란다.[11]

우리 대부분의 회의론자들은 재스트로, 펜지어스, 스무트 같은 이들이 신학과 노닥거리는 것을 의심의 눈초리로 본다. 과학으로부터 신학적 결론을 이끌어내는 것은 부적절하다. 우리는 과학적 사상을 종교가 지지했을 때 그것의 장기적 결과를 생각하면서 몸서리를 친다. 당장은 빅뱅 물리학이 과학과 종교의 마찰을 약화시키는 것처럼 보일지라도 과학은 계속해서 바뀔 것이다. 그리고 만약 빅뱅 이론이 결국 미숙하거나 부정확하다 해서 버려진다면, 그것을 유신론의 옹호로 여기는 신학자들은 어떤 토대 위에 설 것인가?

2. 분리

우리는 빅뱅 물리학이 신학에 아무런 새 무기를 제공하지 않는다는 회의적 반대자들의 의견에 완전히 동의한다. 매력적인 새 우주론적 발견들에서 신학적 함축을 직접 읽어내려는 유혹이 강력하지만 건전한 신학을 위해서 모든 것을 희생해서라도 그것은 저지되어야 한다. 불행하게도 창조 신학과 빅뱅 물리학의 융합의 유혹은 가장 뛰어난 종교 지도자들 중 몇몇에게조차 피할 수 없는 것임이 입증되었다. 실례로 1951년에 교황 비오 12세는 과학자들이 모인 자리에서 빅뱅 이론이 이제 창조 교리를 확고히 지지하고 있다고 주장했다. 그러한 무비판적 승인―르메트르까지 당황시킨―은 천문학자 조지 가모프가 교황의 승인 도장은 이제 그 이론이 "의심의 여지 없는 진리"임을 입증해준다는 풍자적 언급을 들어도 어쩔 수 없다.[12]

우리의 전략은 창조 신학을 과학적 우주론과 명쾌하게 구분해서 둘이 충돌하지 못하게 하는 것이다. 항상 그렇듯이 우리의 의도는 과학과 신학의 잠재적인 갈등을 미연에 방지하는 것이다. 우리는 두 전문 분야를 매우 존중하기 때문에 비록 빅뱅 이론이 오늘날 과학에서 승리한 것처럼 보인다 해도 그것들이 표면적인 동맹을 통해서 그들의 순수성을 타협하는 것을 원치 않는다. 우리는 모든 미래 세대의 신자들을 위해 창조에 대한 고전적인 가르침의 지속성을 보호하기를 희망한다. 따라서 우리는 존경스런 창조 교리의 개연성을 일시적인 현대 물리학의 개념처럼 일정하지 않은 것과 묶는 데에는 관심이 없다.

다시 말해서, 우리는 빅뱅 우주론이 언뜻 보기에 세계의 시작에 대한 성서적 설명과 가까워 보인다 해도 그것에 유혹당하지 않을 것이다. 신학과 우주 물리학은 전적으로 다른 두 벌의 진리에 관해 말하고 있어 창조 교리의 개연성은 결코 빅뱅 이론의 과학적 옹호에 의존하지 않는다. 내일 그 이론이 과학적으로 잘못되었다는 것을 알게 된다 할지라도, 우리는 조금도 요동하지 않을 것이다.

우리의 자제 이유를 이쯤해서 독자들에게 분명히 해야겠다. 궁극적 질문을 취급하는 것은 과학의 임무가 아니기 때문이다. 그러므로 빅뱅 물리학은 '창조'가 종교적 깊이에서 무엇을 의미하는지에 대해 아무 말도 해줄 수 없다. 동시에 우주의 물리적 기원에 대한 상세한 사항을 우리에게 말해주는 것은 창조에 대한 종교적 설명의 목적이 아니다. 창세기의 이야기는 우주적 시작에 대해 과학에게 가르칠 것이 아무것도 없다. 비록 빅뱅 물리학이 흥미롭고 물질적 우주의 기원을 묘사하는 데 과학적으로 생산적인 방법일 수 있다 할지라도 이것은 창조의 실제 의미에 대해 아무것도 우리에게 말해주는 것이 없다.

그렇다면 창조 교리는 무엇에 관한 것인가? 간단히 말해서 우리의 대답은 창조가 연대기적 시작에 관한 것이 아니라 신에 대한 세계의 존재론적 의존성에 관한 것이라는 점이다. 빅뱅 개념은 현재의 우주 탄생에 대한 도발적이고 과학적인 이론을 우리에게 제공하지만 창조의 교리는 훨씬 더 중대한 것에 대해서 말한다. 즉 왜 아무것도 없지 않고 무언가가 존재하는가? 우주론자들은 최초의 원인을 찾고 우리는 그것에 반대하지 않는다. 그러나 창조 신학은 시간적 시작에 관심이 있는 것이 아니라 그것이 어떻게 '시작되었느냐'(또는 심지어 시작되었는지 아닌지)에 관계없이 모든 것이 완전히 선물로 주어졌다는 것을 우리에게 일깨우는 것에 관심이 있다. 그것의 목적은 가장 근본적으로 종교적인 자세, 즉 우주의 존재에 대해 감사하는 마음을 갖도록 우리를 이끄는 것이다.

그러므로 우주 물리학이 초기 우주에 대해서 우리에게 말해줄 수 있는 것 중 어떤 것도 확고한 종교적 믿음에서 대단하게 여기는 것만큼 우주의 존재를 대단하게 만들 수는 없을 것이다. 우주의 시작에 대해서 말하는 것은 우리를 신에게 더 가까이 가게 만들지 않는다. 왜냐하면 결정적으로 중요한 것은 연대기적 기원이 아니라 우주의 존재 자체이기 때문이다. 과학이 우리에게 우주의 시작에 대해서 알아야 할 모든 것을 가르쳤다 할지라도 우리는 여전히 우주의 존재를 둘러싸고 있는 신비에 대한 '해답'을 얻지 못할 것이다.

더욱이 우주가 심지어 시간적 시작을 가지고 있다는 것은 신학적으로 본질적이지 않다. 왜냐하면 종교적으로 말해서 우주가 시간적으로 시작되었든지 그렇지 않든지, 그것의 존재를 유지하기 위해서 그것은 여전히 초월적 토대를 요구할 것이기 때문이다. 호킹은 우주가 명쾌한 시작을 갖지 않았을지 모르므로 그것은 창조주를 필요로 하지 않았다는 자신만만한 주장에서 이 점을 놓쳤다. 토마스 아퀴나스 같은 대단한 권위자가 넌지시 언급한 것처럼 창조 신학은 반드시 우주에는 시간적 시작이 있어야 한다는 가정에 의존하지 않는다. 영원한 우주조차 우리가 신이라고 부르는 원초적 사랑의 표현일 수 있다. 창조의 개념을 그렇게 긴밀하게 시간적 시작에 연결함으로써 호킹은 근본주의적 창조주의와 계몽시대의 물리 신학의 피상적 융합을 재현했다. 이것들은 둘 다 과학이 종교의 일을, 또 종교가 과학의 일을 하게 만들려는 시도다. 우리는 다시 말한다. 창조는 연대기적 시작이 아니라 세계가 신의 은혜에 지속적으로 기초한다는 것에 관해 말한다.

신학자 케이스 워드Keith Ward는 이 점에 관한 우리의 관점을 명쾌하게 요약한다.

신이 조금 떨어진 시점—말하자면 빅뱅이 일어났을 때—에 우주를 창조해서 이제는 우주가 자체의 힘으로 계속 존재한다는 생각은 전적으로 부적절하다. '창조'는 시공간 우주의 첫 순간이며, 우주는 그 자체의 힘으로 지속한다는 널리 퍼진 오해는 모든 고전적인 유신론 전통을 잘못 해석한다. 우주가 시작되었느냐 그렇지 않느냐는 무로부터의 창조 교리와 무관하다. 우주가 시작되었다는 것은 일반적으로 창세기 1장의 해석 때문에 받아들여졌다. 무로부터의 창조 교리는 단지 우주가 만들어진 것은 신에 의해서이며, 우주는 신과는 다르며, 존재하기 위해서 전적으로 신에게 의존한다는 것을 주장한다.[13]

그래서 우주의 자발적 기원에 대해 양자 이론에 의거하는 생각은 창조에 대한 종교적 개념에 아무런 함축을 갖지 않는다. 무한히 작은 초기 우주는 진공 모태의 '무'로부터 무작위적으로 튀어나왔을 수 있다는 래키의 제안은 전혀 창조의 논제와 관련되지 않는다. 정말로 흥미로운 질문은, "진공 모태(래키가 피상적으로 또 잘못되게 '무'와 동일시한)를 포함해서 도대체 왜 존재가 존재하는가?"이다.

회의론자들이 종종 사용하는 말장난은 원시적인 물리적 실재들인 반대 전하들이 원래부터 수학적으로 또 에너지상으로 서로를 상쇄시키는 가설적인 초기의 '완전한 대칭'을 순수한 '무'와 동일시하는 것이다. 그들은 이 전체 에너지 영(零)의 원시적 상태가 '무너질 때' 우주는 '무'로부터 생겨났기에 창조주를 필요로 하지 않는다고 한다. 그 모든 것은 어떤 원인도 없이 단지 자발적으로 일어났다.

그러나 우리의 관점에서는 양자 진공, 즉 수학적으로 '0'인 원초적 대칭을 창조 신학의 ex nihilo와 어떤 점에서 약간 닮은 '무'와 동일시하는 것은 논리적으로나 존재론적으로나 어떤 의미에서도 정당화될 수 없다. 초기 우주의 상태가 아무리 수학적으로 희박하거나 물리적으로 포착하기 어렵게 보였다 하더라도 형이상학적으로 말해서 그것들은 여전히 어떤 존재의 방식을 누리고 있다. 그리고 진정한 종교적 경이감을 불러일으키는 것은, 수학적 방정식이 그것들을 어떻게 나타내든 관계없이, 사물들이 진정으로 존재한다는 점이다.

요컨대 우주의 기원의 특수한 특성이 무엇이든 과학은 왜 무언가가 존재하는가 또는 우주의 궁극적 의미가 무엇인가라는 더 심오한 질문에 대해 아무것도 말할 준비가 되어 있지 않다. 이러한 근본적으로 종교적인 질문은 무엇 때문에 우주가 양자 진공, 즉 완전한 대칭으로부터 나타나게 되었는가를 묻는 것과 동일하지 않다. 우주가 '자발적으로,' 즉 확실히 지목할 수 있는 물리적 '원인' 없이 나타났다 할지라도, 적절한 질문은 세계의 '존재'라는 형이상학적 사실과 관계되지, 그것을 촉발시켰을지 또는 촉발시키지 않았을지도 모르는 흥미로운 일련의 물리적 사건들과 관계되는 것이 아니다. 최초의 작용인으로, 진공 모태로 또는 자발적으로 깨진 평형으로 거꾸로 추적하는 것은 과학적으로 흥미 있을지 모르지만 그것은 결코 세계가 존재하는 궁극적 토대를 묻는 것과 동일하지 않다.

여기에서 우리는 또한 빅뱅 이론을 '신학자'를 위한 승리로 간주하는 로버트 재스트로가 '창조는 존재론적 의존성보다는 시작에 더 많이 관계된다'는 미심쩍은 가정을 성서문자주의자들과 공유하고 있음을 지적해야 되겠다. 영원히 존재하는 우주조차도 신적 창조성의 샘에 기초를 두는 것과 양립 불능하지 않을 것이라고 주장하는 자들(토마스 아퀴나스를 포함)은 재스트로가 빅뱅이란 산의 다른 쪽에서 기다리고 있다고 생각하는 '일단의 신학자들'에 들지 않는다. 다른 많은 과학적 회의론자들처럼 재스트로는 단순히 모든 신학자들이 성서문자주의자일 것이며 '창조'는 근본적으로 연대기적 '시작'에 관한 것임을 당연시하고 있다. 우리가 몰아내기를 원하는 것은 이러한 혼동이다.

사실상, 재스트로는 가이슬러나 앤더슨 같은 보수적인 종교적 저술가들이 사용하는 것과 동일한(비록 상당히 미심쩍지만) 신학적 방법을 암묵적으로 승인하고 있다.[14] 그것은 요즈음 최선의 과학이라고 여겨지는 것의 기초 위에서 과학과 종교의 융합을 만들어내는 방법이다. 우리가 이미 여러 번 주목했듯이 이런 종류의 융합의 문제는 현재 널리 받아들 여지는 과학적 이론 자체가 결함이 있거나 개정의 필요가 입증되자마 자 산산이 조각날 것이란 점이다. 우리는 좋은 과학은 그 이론에 반증 가능성을 열어둔다는 것을 항상 기억해야 할 것이다. 그러므로 반증될 수 있는 과학적 합의를—그 합의가 현재에는 아무리 안전해 보여도— 직접 그 결론의 토대로 삼는 신학적 방법은 과학과 종교의 미래의 관계 를 별로 밝게 해주지 못한다. 비록 빅뱅 이론이 상상할 수 있는 모든 우 주론적 대안들을 내쫓은 것처럼 보이더라도 그것이 무한히 유지되리라 는 보장은 없다. 우주론과 신학을 연결시키는 영속적으로 건전한 방법 은 빅뱅 이론의 밑으로 더 깊이 파고들어 더 지속성 있는 토대를 위한 영속적인 진리에까지 도달하는 것이다.

우리는 현대의 '물리 신학'의 운명이 어찌되는지를 간략하게 살펴봄 으로써 본론으로 돌아갈 수 있다. 물리 신학이란 철저하게 물리학에 기 초한 신학의 형태에 임마누엘 칸트가 부여한 명칭이다. 예를 들면 근대 초기에 뉴턴의 세계 기계라는 개념은 그것을 만든 기능공으로서의 신 의 개념을 불러일으킴으로써 물리 신학을 만들어냈다. 유명한 신학자 들은 뉴턴을 따라 유신론은 마침내 물리학의 확실성에서 견고한 지적 기초를 만났다고 추론했다. '자연의 책'이 성서 자체보다 신에게로 인 도하는 더 확실한 길로 보였다.

그러나 조금 지나서 디드로 같은 유물론적 사상가들은 물리학은 자 체를 설명할 자연적 원리 외에 아무것도 요구하지 않음을 강력하게 주장했다. 그것은 자체의 근거를 제공할 수 있었다. 그러므로 더 이 상 할 일이 없어진 신학은 지적 고아가 되었다. 신학이 종교적 경험 보다 오히려 물리학을 그 기초로 삼은 것은 결국 세계를 지적 무신론으로 인도하고 현대의 대학에서 신학이 비교적 낮은 지위를 차지하게 하는 데 일익을 담당했다. 융합은 몇 번이고 신학적으로 재앙임이 입증되었다.[15]

오늘날 대부분의 대학 신학자들은 물리 신학을 채용하지 않지만, 역설적으로 몇몇 과학자들이 그것의 부활을 시도하고 있다. 한 예가 물리학자 폴 데이비스Paul Davies다. 그는 신에 대한 그의 생각을 물리학의 발견들로부터 직접 만들어낸다.[16] 데이비스는 신에 대한 종교적 개념을 별로 사용하지 않지만, 좋은 과학은 마땅히 창조하고 설계하는 신의 개념으로 우리를 인도한다고 생각한다. 더 최근의 훨씬 더 이상한 물리 신학의 예는 유명한 물리학자인 프랭크 티플러Frank Tipler에 의해 제시된다. 최근 『불멸성의 물리학Physics of Immortality』에서 그는 이제 신학은 물리학의 분과라고 진지하게 주장한다. 죽음 이후의 영원한 생존에 대한 종교의 약속은 이제 신학보다 물리학에 의해 훨씬 더 강력하게 지지될 수 있다고 그는 주장한다. 과학 자체는 이제 우리가 부활해 영원히 살 것에 대하여 수학적 확실성을 가지고 보장할 수 있다. 그뿐만이 아니다. 과학은 신의 존재에 대한 절대적 확실성으로 우리를 이끌 수 있다. 물리학의 측면에서는 계시와 믿음이 더 이상 필요하지 않다.[17]

그러나 많은 신학자들은 과학만으로 도달한 '신'은 모세나 예수나 마호메트의 신이 아니라 단지 추상 개념일 뿐이라는 것을 강조함으로써 그러한 노력에 답할 것이다. 물리학자의 이론으로부터 직접 종교의 신을 해석하는 것은 결국 과학과 종교 사이의 협력보다 오히려 갈등을 이끌어낼 것이다. 우리는 융합적 접근보다 더 오래 갈 수 있는 신학적 접근을 찾아야 한다.

3. 접촉

분리 접근법은 다시 한 번 갈등을 유발하는 종교 사상과 과학 사상의 불행한 혼합에 명쾌한 대안을 제공한다. 그것은 빅뱅을 신적 창조와 동일시하려는 강한 유혹에 적절하게 저항한다. 그러나 우주론과 창조에 대한 종교적 가르침의 구분은 생산적인 대화의 가능성을 불필요하게 봉쇄한다. 우리는 우주론이 보통 그렇듯이 항상 신학적 함축을 지니고 있다고 주장한다. 종교적 함축이 선명해지지 않는다 할지라도 우주론은 우리의 종교적 개념을 형성하는 데 암묵적으로 계속 영향을 미칠 것이다. 그러므로 그것을 빛 가운데 노출시키는 것이 더 정직할 것이다. 물론 종교가 자체 방식으로 변하듯이 과학도 계속 변하고 있으므로 그 일을 하는 데 매우 주의할 필요가 있다. 그러나 현재의 과학 이론은 결코 신학과 완전히 무관하지 않다. 그래서 우리는 적어도 빅뱅 우주론과 창조 신학 사이에 접촉점을 찾아야 한다.

우리는 신학이 과거에 그 기초를 물리학에 직접 놓음으로써 저지른 동일한 잘못을 범하고 싶지 않다. 물리 신학이 분명히 신학을 현대 지식 세계에서 어느 정도 오도가도 못 하게 만든다는 것에 우리는 동의한다. 그러나 과학에서 무슨 일이 생기고 있든지 신학을 이와 무관하게 만드는 것은 지적 충실성에 적잖이 치명적이다. 신학은 어떤 우주론에 의해서 신에 대해 생각하는 것을 피할 수 없다. 오늘날 신학자가 세계와 신의 관계에 대해 말할 때 빅뱅 이론은, 상대론과 양자 이론이 우리 세계에 대해 함축하는 모든 다른 것들과 함께, 고려되어야 한다. 비록 우리는 창조 신앙을 과학적 개념에 직접 기초하기를 희망하지 않지만, 빅뱅 우주론이 신학과 무관하기를 바라지도 않는다.

빅뱅 이론이 신학에 미친 즉각적인 영향 중 하나는 최소한 그것이 우리의 종교 사상에서 다시 한 번 우주를 고려하도록 만든다는 것이다. 우리가 이 자명한 점을 문제삼는 것이 이상할지도 모르지만 자연 세계가 현대 신학의 주된 관심 대상이 아니었다는 것은 슬픈 사실이다. 우리의 교리는 신이 '하늘과 땅의 창조주'라는 것을 강조하고 있지만, 우리의 종교적 삶과 실천은 이러한 가르침을 최근까지 무시해온 것으로 보인다.[18] 신학은 인간 존재에 대한 문제에 지나치게 몰두해서 종종 우리가 훨씬 더 큰 우주에 연결되어 있다는 사실을 방치해왔다.

이것은 별로 놀라운 일이 아니다. 왜냐하면 임마누엘 칸트 이래로 근대 사상에서 신학적·철학적 관심 대상으로서 우주는 이미 배경으로 숨어버렸기 때문이다. 칸트가 관심 가진 한도 내에서 우주는 인간의 마음이 구성해낸 것으로만 존재했다. 공식적 연구의 대상이 될 수 있었던 것은 서로 연결된 유한한 존재의 실제적이고 구체적인 집합이 아니라 배경 개념이었다. 그리하여 지난 2백 년간, 특히 칸트의 영향으로 우주는 철학과 신학에 있어서 잊혀진 개념이었고 두 분야는 편향되게 주관적이고 인간 중심적이 되었다. 신학에 대한 분리 접근법의 상당 부분이 태어나고 양육된 것은 특히 칸트 사상 안에서였음을 우리는 주목해야한다.

그러나 스탠리 재키Stanley Jaki가 날카롭게 지적하듯이, 아인슈타인과 함께 시작된 최근의 우주론은 "칸트가 부인했던 우주에 대한 지적 존경심을 회복했다."[19] 우리는 이제 우주를 특별한 탐구 영역의 배경이 아니라 더 직접적인 탐구의 대상으로 삼을 수 있다. 그러므로 새로운 우주론은 신학적으로 중요하다.

아인슈타인의 일반 상대론과 빅뱅 우주론으로 함축된 우주는 더 이상 과학적·신학적 탐구의 모호한 배경이 아니라—그것의 측량 못할 거대함에도 불구하고—경계가 있고 유한한 사물의 집합이다. 그것은

172

영원하지도 필연적이지도 않고 근본적으로 유한하다. 그러나 우주가 유한하다면, 우리가 관심 갖는 한도 내에서 그것은 우발적이라는 것을 의미할 수 있다. 그리고 그것이 우발적이라면, 이것은 적어도 우리가 그것이 도무지 왜 존재하는지 설명하기 위해 세계를 뛰어넘을 필요가 있을지 모른다는 생각도 가능함을 보여준다. 이 생각을 좀더 펼쳐보자.

무엇인가가 우발적이라고 말하는 것은 물질이 영원하거나 무한하다면 가졌을지도 모르는 것이지만, 그것이 존재할, 또는 현존하는 방식으로 존재할 필연성이 없다는 것을 의미한다. 이러한 특수한 우주는—과학도 그것을 함축하는 것 같지만— 여기에 존재할 필연성이 없다. 그러나 우주가 여기에 존재하므로, 그것이 존재할 필요가 없다면 왜 그것이 존재하느냐에 대한 질문의 제기는 합당하다. 우리가 이 질문을 제기했다면 우리는 이미 신학과 과학을 긴밀하게 접촉시킨 것이다.

우리는 분리 옹호자들처럼 빅뱅 우주론이 신학적으로 덜 중요하다고 더 이상 말할 수 없다. 왜냐하면 우주의 새로운 과학적 조망이 우리에게 가장 오래된 질문을 극적으로 새롭게 묻도록 만들기 때문이다. 즉 우주는 도대체 왜 존재하는가? 근대 지성사의 초기에 그랬던 것처럼 우주론자들이 '어떻게'라는 질문을 '왜'라는 질문에서 분리시키는 것은—그것은 분리 옹호자들이 좋아할 것이지만—더 이상 쉽지 않다. '왜'라는 질문이 제기되면 과학은 더 이상 신학을 친밀한 대화 상대에서 배제할 합당한 이유가 없다.

결국 창조 신학은 "왜 우주는 그것이 존재할 필연성이 없는데도 존재하는가?"라는 질문에 대한 가장 직접적이고 복잡하지 않은 대답을 유신론이 제공한다고 주장한다. 비록 세계가 왜 존재하는지에 대한 질문이 빅뱅 우주론과 일반 상대론에 독립해서 제기된다 할지라도 그 질문이 오늘날 과학적 우주론으로부터 그렇게 명시적으로 제기된다는 사실은 과학적 우주론과 신학의 긴밀한 만남이 전적으로 적절해 보이는 맥락 속에 과학적 우주론이 있음을 의미한다.

그러므로 우리는 빅뱅 우주론이 성서와 과학의 세계에 마침내 다리를 놓았을지도 모른다는 로버트 재스트로와 다른 과학자들의 과도한 주장을 받아들이려고 노력하지는 않을지라도 그들의 제의를 전혀 터무니없는 것으로 배격하지도 않는다. 왜냐하면 과학과 종교의 세계를 연결하려는 그들의 노력 밑에서 우리는 우주의 진정한 현실성, 즉 '따로 떨어져 존재함'에 대한 억누를 수 없는 두려움을 느낀다. 스티븐 호킹조차 때로는 물리학의 추상 수학에 '불을 불어넣어' 실제적이고 구체적인 우주로 만들 형이상학적 원리가 필요함을 암시하는 것처럼 보인다.[20] 그가 스스로 회의론자로 자처할 때조차도 그의 글 중 몇몇에서 신학적 관심을 읽어내는 것은 어렵지 않다.

현대 우주론은 우주가 존재한다는 경이적인 사실을 강력히 지원해왔다. 그리고 창조 신앙이 존재의 신비에 대한 동일한 경이감과 분리될 수 없기 때문에 신학자들은 새로운 과학의 발전에 무관심할 수 없다. 쉬운 연결을 계속 조심하면서도 우리는 과학 자체가 폴 틸리히의 '존재론적 충격,' 즉 도무지 존재해야 할 필요가 없는 것이 진짜로 존재하는 것에 대한 경외심의 새로운 물결을 일으키고 있음에 흥분할 수 있다.[21]

신학과 빅뱅 이론의 접촉이 일으키는 다른 흥미로운 결과들이 더 있다. 가령 새로운 우주론은 이전의 신학이 그렇게 선명하게 인식할 수 없었을 정도로 우리에게 여전히 만들어지고 있는 세계를 제시한다. 다시 말해서 우주의 창조는 끝나지 않은 것으로 보인다. 특히 진화 과학, 그리고 이제는 빅뱅 우주론을 만난 결과로 오늘날의 신학은 창조가 결코 완성품이 아니라는 것을 이전보다 훨씬 더 깊이 느끼게 만들었다. 우주는 훨씬 더 많은 새로움과 다양성을 생성하는 과정에 있다. 이제 우리 인간들은 이 계속되는 창조에 사로잡혀 있다(다만 불행하게도 우리 종은 진화에 있어 우리보다 앞서 존재해온 우주의 아름다움을 지워버리는 데 여념이 없는 것 같다).

진화의 생물학적 개념과 결합된 빅뱅 우주론은 창조물이 영속적으로 매일 새로움을 깨닫게 해준다. '창조'가 멀리 떨어진 과거에 고착된 시작의 순간이라는 생각은 그 용어의 완전한 종교적인 의미에서 벗어난다. 가령 예수회 고생물학자 샤르댕Teilhard de Chardin은 그러한 생각은 "지탱할 수 없다"고 거부한다.

> 창조가 끝나지 않았다는 것은 사실이다. 창조 행위는 총체적 시간을 넘어 연장된 거대하고 지속적인 손짓이다. 그것은 여전히 진행되고 있다. 비록 감지할 수 없다 할지라도 세계는 쉬지 않고 무로부터 조금씩 생겨나고 있다.[22]

이러한 소위 시적 선언은 빅뱅과 함께 시작하는 우주의 팽창과 진화의 개념을 진지하게 생각해온 점차 많아지는 종교 사상가들의 정서를 대표한다. 우주가 아마도 영원 전부터 존재하지는 않았으며 과거와 다른 무언가가 되는 과정에 있다라는 것은 신학자들에게 무관심한 문제일 수 없다. 심지어 과학자들도 빅뱅은 끝난 것이 아니라고 말한다. 그것은 여전히 진행되고 있다. 이것은 바로 창조의 현실을 현재로 훨씬 더 긴밀하게 가져오고, 우리 앞에 회복하는 방식으로 미래를 연다.

신적 창조의 사건은 우리 안에서, 우리 아래에서, 우리 뒤에서, 그리고 우리 위에서 진행되고 있다. 우리는 신의 창조성을 과거에만 국한하는 것이 이신론(理神論)을 초래하며 결국에는 무신론에까지 이르게 한다는 분리 옹호자들의 주장에 동의한다. 그러나 '접촉' 신학은 특이점에서 시작된 우주에 대해 여전히 흥분한다. 왜냐하면 그러한 기원은 정적이고 영원하며 필연적인 우주라는 개념을 배격하고 그것을 흥분되고 끝나지 않은 진행 중인 세계로 대치하도록 돕기 때문이다. 우주가 시작을 갖는다면 그것은 신학적으로 차이가 날 수밖에 없다. 왜냐하면 그러한 우주는 무한히 늙은 우주보다 새로운 창조에 훨씬 더 열려 있는 것으로 보이기 때문이다.

따라서 빅뱅 개념은 '동일성의 영원한 회귀'를 배제한다. 이것은 물질이 영원하고 시작이 없다면, 모든 것은 정확히 같은 방식으로 주기적으로 재조직되어야 하므로 완전히 열린 미래는 결코 있을 수 없다는 무시무시한 개념(프리드리히 니체가 정교화한 개념)이다. 그러나 우주가 시작을 가지고 있다면(적어도 유한한 과거에라도) 영원한 회귀의 가능성은 없다. 자연은 미결정의 미래에 계속되는 놀라운 발전에 열려 있다. 시간의 비가역성의 함축을 가진 빅뱅 우주론을 따르면, 모든 사건은 반복되지 않으며 반복될 수도 없기에 우리의 신앙이 '새 창조'라 하여 기대하는 것의 가능성은 항상 있게 된다. 새 창조의 약속에 대한 우리의 소망은 분명히 고대 철학자나 니체의 영원한 우주보다는 빅뱅 우주와 훨씬 더 쉽게 맞물린다. 과학이 결국 유한하고 끝나지 않는 우주의 개념을 버리도록 강요한다면, 우리 중 다수는 철저히 실망할 것임을 시인해야 한다. 그런 이유 때문에 우리는 빅뱅 우주론에 흥분하지 않을 수 없다.[23]

마침내 우리는 최근의 우주론에서 분명해진 시작에 대한 과학적 탐구가 인간 존재의 깊은 수준에서 기원을 찾으려는 거의 보편적인 종교적 탐구와 불가분의 관계에 있음을 알게 된다. 우리가 창조 신학과 빅뱅 이론에 대한 분리 옹호자의 구분을 긍정적으로 평가하는 만큼 시원(始原)에 대한 쇠하지 않는 종교적 관심은 우주의 기원에 대한 과학적인 탐구와 결별할 수가 없다. 하나를 다른 것에 포함시키지 않고 과학이 궁극적인 우주의 뿌리에 대한 탐구로 돌아가도록 동기를 부여하는 에너지의 상당 부분은 인간 의식의 뿌리깊은 신비적 지향에서 비롯된 다고 우리는 주장할 것이다.

우주의 기원에 대한 과학의 '경이감'은 이미 처음부터 종교적이고 우리는 그것을 받아들이는 데 솔직해야 한다. 비록 빅뱅 이론이 우리 존재의 근원에 대한 종교적 탐구와 논리적으로나 신학적으로 구분 가능하다 할지라도, 둘은 실존적으로는 분리될 수 없다. 그것들은 생각의 순서로는 갈라지지만 구체적으로는 뿌리를 찾으려는 인간의 공통 관심사에서 기원한다. 인간은 영원히 기원의 문제를 내려놓지 못할 것이다.

4. 지지

당신이 예상하듯이 우리는 여기에서 창조 신앙이 과학과 합치될 뿐 아니라 본유적으로 과학을 지지한다는 주장을 개진하겠다. 과학자들은 창조의 교리가 그들 자신의 전문 분야의 발전에서 역사적으로나 논리적으로 얼마나 의미 있는 도움을 주었는지 별로 의식하지 못했다. 그러나 비록 우리가 그것을 확신할 수 없다 하더라도 과학을 하는 진정한 경험적 방법은 세계가 신의 창조물이라는 개념에 매우 친숙한 문화적ㆍ역사적 맥락 밖에서는 등장할 수조차 없었을 것이다.

더 구체적으로 말하자면 세계가 창조되었다 ─ 그러므로 필연적이지도 영원하지도 않다 ─ 는 신학적 개념은 세계를 보는 다른 시각과 달리 경험 과학에 성장을 가져온다. 이 점을 이해하기 위해서 ─ 어떤 철학자들은 실제 그렇다고 믿어왔지만 ─ 우주가 영원히 필연적으로 존재한다고 상상해보자. 즉 자연 세계의 상태가 현재의 존재 방식대로 존재해야 하고 다른 방식으로 존재할 수 없었으리라고 가정해보자. 그러한 우주의 필연성은 우주 안의 특정한 것들이 필연적으로 그런 방식으로 존재하고 다른 방식으로 존재할 수 없다는 것을 함축한다. 그러나 우리가 살고 있는 우주가 이런 종류라면, 경험 과학은 본질적으로 부적절하다. 왜냐하면 우주의 모든 특징은 이론상 필연적인 제1원리로부터 연역될 수 있기 때문이다. 관찰은 단기적으로는 실제적 가치가 있을지 모르지만 인지적으로는 공허할 것이다. 왜냐하면 원리상 적어도 우리는 영원한 우주의 필연성의 기초 위에서 우주의 모든 측면들의 본성을 논리적으로 연역적으로 추론해낼 수 있을 것이기 때문이다. 우리는 이성만을 통해서 알 수 있게 된 것을 단지 기대하거나 확인하는 것 외에 경험적 방법이 필요하지 않을 것이다. 우리는 과학이 지금 하고 있듯이 세계의 특수태들을 귀납적으로 조사할 필요가 없을 것이다. 왜냐하면 우리는 자연을 구성한 총체적 필연성과 모든 것의 관계라는 토대 위에서 모든 것을 적절하게 이해할 것이기 때문이다. 다시 말하면, 실제로 세계가 어떠한가를 알기 위해서 세계를 들여다볼 필요가 없을 것이다. 과학은 결국 쓸모 없어질 것이다.

그러나 창조 신학은 실제 존재하는 우주가 필연적이지 않다는 것을 함축한다. 그것은 도무지 존재할 이유가 없었고 정확하게 현재의 모습으로 드러날 필요도 없다. 우주의 실재성과 본성은 창조자의 자유로운 결정에서 기원하기 때문에 우리는 그리스 철학이 허락하듯이 순수한 연역으로부터 그것을 알 수 없다. 그러므로 창조 신앙은 세계가 어떠한가를 관찰함으로써 알아내는 발견의 여행으로 우리를 암묵적으로 내몬다. 과학의 경험주의적 훈령, 즉 우리가 실제로 경험하는 것에 주의하라는 명령이 명시적으로 승인되는 것은 특히 인격신교의 창조 신학이 빚어낸 지적·문화적 배경 속에서다.[24]

■주

1) Peter W. Atkins, *Creation Revisited*(New York: W. H. Freeman, 1992).

2) 특정한 은하단 내에서는 서로 다가가는 국소적 천체 운동이 있을지도 모르지만 전반적으로 은하들은 우주가 팽창함에 따라 서로 멀어지고 있다.

3) 그럼에도 '표준' 빅뱅 이론은 해결되지 않은 몇몇 중요한 과학적 문제들을 남겨놓고 있다. 이것은 이른바 '급팽창inflationary' 우주론이라고 불리는 것으로 현재 상태를 규정하는 대부분의 물리적 조건은 빅뱅의 초기 상태에서 아직 존재하지 않았다가 빅뱅 직후(몇 10억 분의 1초) 가속되는 상태 전이(급팽창, inflation) 동안 고정되었다고 가정한다.

4) 한편, 그러한 사색은 물리학의 방정식을 해석하려는 순수하게 과학적인 시도의 결과일 수도 있다. 그런 대부분의 경우에 이데올로기적 영향이 없다고 가정할 수 있다.

5) 이것은 John Gribbin, *In the Beginning: After COBE and Before the Big Bang*(Boston: Little, Brown, 1993)의 관점이다.

6) Norman Geisler and J. Kerby Anderson, in Huchingson. ed., *Religion and the Natural Sciences*, p. 202.

7) Douglas Lackey, "The Big Bang and the Cosmological Argument," in Huchingson, ed., p. 194(강조는 추가됨).

8) Stephen Hawking, *A Brief History of Time*, pp. 140~1. 또한 Paul Davies, *The Mind of God: The Scientific Basis for a Rational World*(New York: Simon & Schuster, 1992), p. 66을 보라.

9) Robert Jastrow, *God and the Astronomers*(New York: W.W. Norton and Co.), p. 116.

10) Stanley L. Jaki, *Universe and Creed*(Milwaukee: Marquette University Press, 1992), p. 54.

11) 그러나 Smoot는 최근 그의 책, *Wrinkles in Time*에서 종교에 관한 한 자신은 "회의론자"라고 말한다.

12) Timothy Ferris, *Coming of Age in the Milky Way*(New York: Doubleday, 1988), p. 274.

13) Keith Ward, "God as a Principle of Cosmological Explanation," in Robert Russell, Nancey Murphy and C. J. Isham, editors(Notre Dame: Vatican Observatory and University of Notre Dame Press, 1993), pp. 248~9. 워드의 말을 인용한 것은 워드 자신이 분리 접근법을 승인한다는 것을 함축하려고 의도한 것이 아니다. 사실 그는 '접촉' 입장에 더 잘 들어맞는 것으로 보인다.

14) 위의 각주 6을 보라.

15) 이것은 Michael J. Buckley, *At the Origins of Atheism*(New Haven: Yale University Press, 1987)의 주장이다. 그러나 이것은 버클리 자신이 모든 점에서 분리 입장에 동의하는 것을 의미하지는 않는다. 물론 그는 때때로 분리 입장으로 기우는 것처럼 보인다.

16) Paul Davies, *God and the New Physics*(New York: Simon & Schuster, 1983); *The*

Mind of God: The Scientific Basis for a Rational World(New York: Simon & Schuster, 1992)

17) Frank J. Tipler, *The Physics of Immortality*(New York: Doubleday, 1994). 종교의 주된 목적은 항상 영생을 얻으려는 우리의 욕망을 충족시키는 것이므로, 우리가 부활하여 영원히 살 것을 물리학이 수학적 확실성에 근거해 제시해준다면, 왜 우리는 더 종교를 필요로 하는가라고 티플러는 묻는다. 일반 상대론, 양자 우주론, 인공 지능, 그리고 샤르댕의 언급을 사용해서 그는 자연이 지적 생명이 영원히 생존할 것을 요구한다고 확신 있게 말한다. 태양은 결국 지구와 그 생물권을 태워버릴 것이라고 말하는 이들에게 티플러는 인공 지능 형태의 '생명'은 필연적으로 우리 행성이 사라지기 오래 전에 우리 은하계를 넘어 멀리 나아갔을 것이라고 주장한다. 우리는 결국 우주의 더 안전한 지역으로 지적 '생명'을 퍼뜨릴 자가 복제하는 작은 정보 처리체를 발진시켰을 것이다. 결국 지적 생명(티플러는 일관되게 정보 능력으로 그것을 정의한다)은 전체 우주를 '제어하게' 될 것이다.

그러나 우리가 '닫힌' 우주, 즉 엄청나게 온도가 올라가면서 최종적인 중력적 함몰에 들어갈 운명에 처한 우주에서 살고 있다고 가정해보자. '빅크런치'는 결국 생명을 완전히 멸절시킬 것이 아닌가? 티플러는 "천만에!"라고 답한다. 이제 카오스 이론은 우주가 모든 곳에서 같은 속도로 함몰하지는 않을 것임을 인정한다. 그러므로 우주의 다른 구역 중에는 약간의 온도의 변이가 있을 것이며 이 작은 차이는 무한히 연장된 정보 처리를 위한 충분한 에너지 포텐셜을 제공할 것이다.

지금으로부터 수십억 년 후에는 대단한 계산 능력을 갖춘 '오메가 점'이 마침내 등장하여 우리 모두를 죽은 자로부터 돌아오게 할 수 있을 것이다. 그것은 지금 우리에게 정체성을 부여하는 패턴에 대한 일종의 모방, 즉 완벽한 컴퓨터 시뮬레이션을 통해 이 일을 수행할 것이다. 우리 각자는 궁극적으로 데이터의 비트bit로 환원 가능하므로 우리는 정보적으로 숙성한 오메가 점이 우리를 죽은 자로부터 돌이켜 영생하게 할 것을 현실적으로 기대할 수 있다.

어떻게 이것이 일어날 수 있는가? 티플러는 우리가 지금 미래의 우주로 무한히 연장될 '빛원뿔light cone' 위에 아주 희미하지만 우리 자신의 회복 가능한 일단의 정보를 새겨 넣고 있다고 답한다. 오메가 점은 이 자료를 읽을 수 있을 것이고 우리를 다시 육체로 인쇄해낼 것이다. 티플러가 샤르댕한테서 빌려온 개념인 오메가 점은 신학이 '신'이라고 부르는 것과 매우 비슷하다. 왜냐하면 그는 "필연적으로 존재하며," "우리를 사랑하여" 절대적인 멸망으로부터 우리를 구원하고자 할 것이기 때문이다.

티플러는 자신이 무신론자이며 유물론자이며 환원주의자라고 주장하면서 이 모든 것을 선언한다. 티플러는 오메가 신에 대한 그의 생각은 종교의 박약한 보고(報告)가 아니라 순수 물리학에서 나온다고 말한다. 그러므로 우리는 기도와 예배라는 쓸데없는 종교적 행위에 더 이상 참여할 필요가 없다. 우리가 물리학의 방정식을 따르는 것만으로도 충분히 명쾌하게 '신'의 존재와 영생의 확실성이 우리에게 큰 호소력이 있을 것이다[이 짧은 글은 *America*, Vol. 172, No. 1(January, 1995), pp. 24~5에 있는 티플러의 책에 대한 저자의 논평에서 따왔다].

18) Jaki, *Universe and Creed*, p. 27.

19) 같은 곳.

20) Hawking, *A Brief History of Time*, p. 174.

21) Paul Tillich, *Systematic Theology*, Vol. 1(Chicago: University of Chicago Press, 1951), p. 113.

22) Teilhard de Chardin, *The Prayer of the Universe*(New York: Harper & Row, 1968), pp. 120~1.

23) 그러나 C. J. Isham and J. C. Polkinghorne, "The Debate over the Block Universe," in Russell, et al. ed., *Quantum Cosmology and the Laws of Nature*, pp. 135~44의 논의를 보라.

24) 이 주장은 복잡성과 카오스의 새로운 과학의 논의와 함께 7장에서 상당히 확장될 것이다. Michael Foster, "The Christian Doctrine of Creation and the Rise of Modern Natural Science," *Mind*(1934), pp. 446~68을 보라.

6 우리는 우주에 속해 있는가?

인간은 진정으로 이 우주에 속해 있는가? 우리는 여기에 있도록 '작정'되었는가? 결국 우리는 생명뿐 아니라 고도의 '마음'을 부여받은 존재인가? 그리고 대부분 마음이 없는 것으로 보이는 우주 속에서 마음이라는 현실이 다소 우리를 우주로부터 낯설게 만들지는 않는가? 어떻게 의식과 자각을 지닌 존재가 과학이 우리에게 제시한 자연의 일반적인 묘사와 어울리는가? 또는 우리가 도대체 어울리기는 하는 것인가?

우리의 질문을 더 직접적으로 표현해보자. 마음은 진정으로 자연의 일부인가? 또는 그것이 물질적인 우주와 구분되는 특성인가?

물론 '마음'이라는 용어는 많은 것을 의미할 수 있다. 마음은 경험하거나, 생각하거나, 추론하거나, 반성하거나, 계산하거나, 계획하거나, 파악하거나, 이해하는 능력을 지칭할 수 있다. 이 모든 특징들은 관련되어 있지만 마음은 무엇보다도 이해하고 판단하고 결정하는 능력을 의미한다. 이러한 의미로 본 마음은 자연적인 형성물인가? 그것은 자연에 항상 존재해온 잠재성의 발현인가? 또는 그것은 어떤 전통적인 신화, 종교, 철학이 가르쳤듯이 초자연적 영역에서 물질적인 세계로 내려온 순수하게 영적인 실재인가? 인간의 의식은 우주의 영원한 침묵을 일시적으로 교란하는 황당한 사건인가? 또는 그것은 목적 없는 진화가 우리 종에게 적대적인 세계를 견뎌낼 수 있도록 우연히 만들어낸 적응적 특성일 뿐인가? 아니면 반대로 마음의 진화가 이 우주가 진정으로 지향한 바인가?

종교적 전통들은 일반적으로 우주가 초월적인 '마음Mind' 같은 것에 의해 형성된다는 것을 당연하게 받아들여왔다. 예언적 종교의 진영에서 우주는 영원한 '지혜Wisdom'의 표현물이거나 신적인 '비전Vision'의 성취다. 성서와 코란에서 창조는 신의 '말씀'으로 이루어졌지만 역시 서구 신학에 큰 영향을 미친 플라톤의 사상에서 우주는 영원한 '이데아'의 반영이다.

우주 자체가 신적 지성의 표현으로 간주되는 한 우리의 유한한 마음은 그러한 우주에 '속한'다고 말할 수 있다. 물론 전통적인 유신론은 우리의 진짜 고향이 다른 곳에 있다고 주장했지만 적어도 이 땅에서 나그네 길을 가는 동안은 우리가 이곳에 속해 있다는 것을 허용했다. 한편 인간의 마음에서 나온 놀라운 산물 중 하나인 근대 과학은 마음이 여기에서 나타난 것을 이상하게 여긴다. 물질은 마음의 흔적 없이 아주 쉽게 무한히, 심지어 영원히 존재해왔다. 생각하는 존재들은 인간 의식의 촛불이 우주의 어둠 속에서 불안하게 깜빡거리기 시작하기 전 수십억 년의 무심한 세월 동안 분명히 우주에는 존재하지 않았다. 훌륭한 여러 과학자들에 따르면 물리적 결정론과 맹목적 우연에 의한 목적 없는 놀이가 오랜 세월 동안 지속된 후에야 마침내 물질은 위태롭게 마음을 탄생시켰다.

적어도 최근까지 물질은 본유적으로 마음에 적대적이거나 또는 적어도 무관심한 것처럼 보였다. 과학의 가르침을 따르면 우주가 잠깐 동안 지적인 존재를 참아내는 것은 무의식이라는 결말을 향한 엔트로피의 흐름에서 벗어난 가장 기묘한 이탈에 의한 것이었다. 과학은 본질적으로 무심한 이 우주를 대신할 어떠한 대안도 제시하지 않았다. 그것은 인간의 사고를 단지 변칙, 즉 낯설고 황당한 침입자로만 묘사했다.

그러나 최근에 과학에서 괄목할 만한 새로운 사상이 이렇듯 널리 퍼진 무심한 우주에 대한 묘사를 교란하기 시작했다. 흥미롭게도 많은 과학자들이 마음은 단지 무의식적 진화의 우연적인 부산물이 아니라 자연의 근본적인 측면일 수 있다는 개념을 다시 받아들이고 있다. 오늘날 그들은 거의 무심코 마음을 우주에 대한 그들의 묘사의 핵심적인 부분으로 삼고 있다. 그리고 역설적이게도 이전에 그렇게 철저하게 세계에서 마음을 몰아냈던 과학인 물리학이 그 반대의 작업에 주도권을 쥐고 있다.

이러한 낯선 전환은 모두 특수 상대론과 양자 이론의 탄생과 함께 시작되었다. 아인슈타인은 각각의 독립적인 물리적 기준틀에서 빛의 속도는 항상 동등하지만 주어진 시간에 하나의 관성계에 있는 관찰자에 의해 인식된 사건은 다른 관성계의 관찰자에게 반드시 동시에 일어나지는 않는다는 것을 보여주었다. 어리둥절하게 하는 계산으로부터 아인슈타인은 우주에 절대적 동시성이란 존재하지 않는다는 결론에 도달했다. 물리적 사건을 묘사하는 데 있어서 관찰자의 상황은 실제로 매우 달라진다. 관찰자의 마음은 이전에 우리가 생각했던 것보다 훨씬 더 긴밀하게 물질, 공간, 시간과 얽혀 있다. 데카르트의 이원론이 마음을 물리적 세계에서 몰아낸 이후 우주 밖의 어느 곳에서 방황해왔던 마음은 한번 더 존경받는 자연 자체의 시민이 되었다.

아인슈타인의 과학의 영향을 받아 천문학자 아서 에딩턴은—좀 지나치게 보이지만—상대성 이론의 우주에 대한 새로운 묘사에는 신학적 함축이 있다는 것을 언급했다. 이는 우리의 주관성이 객관적 세계와 그렇게 얽혀 있다면 초월적 '마음'이 우주 속에 살며시 들어가는 것은 쉬울 것이기 때문이다.

에딩턴은 양자 역학의 함축에 대해서도 마찬가지로 흥분했다. 여기에서도 관찰자의 존재는 우주의 실재에 대한 과학적 묘사로부터 떼어낼 수 없는 것으로 보였다. 베르너 하이젠베르크Werner Heisenberg의 유명한 '불확정성의 원리'는 우리가 광자나 전자의 위치와 속도를 동시에 정확하게 측정할 수 없다는 것을 함축했다. 아원자 입자의 상태나 행동을 관찰하는 행위 자체가 항상 그것에 대한 우리의 인상을 헝클어지게 한다. 그리하여 다시 한 번 자연이 과학에 자신을 어떻게 드러내는가는 관찰자의 정신적 존재와 얽혀 있어 분리시킬 수 없다. 상대성 이론처럼 양자 물리학에서 과학자들은 이제 관찰하는 주체가 물리적으로 관찰되는 세계로부터 분리될 수 없지 않나 생각한다.[1] 마음은 자연에 대한 과학적 묘사의 핵심적인 측면이 되었다. 그것은 더 이상 낯선 침입자가 아니다.

그러나 오늘날 어떤 물리학자는 왜 마음이 우주에 본질적일 수 있는지에 대한 훨씬 더 놀라운 추측을 하고 있다. 마음이 이미 우주 역사의 초기 단계들과도 미묘하게 얽혀 있는 것이 아닌가 하는 의심이 커가고 있다. 전통적인 과학자들에게는 이 개념이 어렵겠지만 이제는 마음의 진화에 대한 예상이 빅뱅처럼 일찍부터 우주를 형성하는 요인이었을지도 모른다. 만약 이 사색이 옳다는 것이 밝혀진다면 실제로 그것은 과학사에서 가장 놀라운 전환이 될 것이다.

스티븐 와인버그가 가장 비인격적이라고 간주했던 물리학이 이제는 물질의 존재가 인격 속에 구체화된 마음의 실체로부터 분리해서는 의미가 없어진다는 것을 함축할 수 있겠는가? 몇몇 물리학자들이 이 가설을 시험삼아 연구하고 있다. 그들은 중력과 우주 팽창률 같은 자연의 근본적인 특성이 우리가 이전에 생각했던 것보다 마음의 존재에 훨씬 더 긴밀한 관계를 지니고 있을지 모른다고 말한다. 이제 이러한 도발적인 사상의 배경을 들여다보자.

뉴턴과 아인슈타인은 중력의 이론을 수립했지만 어느 누구도 왜 중력이 정확하게 그 정도의 세기를 갖는 짝힘coupling force인지 말할 수 없었다. 마찬가지로 에드윈 허블은 우주가 팽창하고 있으며 성운들이 그것들 사이의 거리에 비례하는 속도로 서로 멀어지고 있다는 것을 우리에게 보여주었다. 그러나 그는 왜 '허블 상수,' 즉 우주의 팽창률이 그와 같은 값을 갖는지 보여주지 않았다. 그러나 우리는 허블 상수와 만유인력 상수는 꼭 그 정도가 되어야만 우주가 너무 빨리 붕괴되거나 너무 빨리 팽창하지 않아 별이나 성운들을 형성시킬 수 있다는 것을 알고 있다. 그러나 왜 우주는 별이나 성운을 만들어내는 평형을 정확하게 유지하는가? 그렇게 오랫동안 단순히 어떻게 라는 질문에 스스로를 제한시켜온 과학자들은 더 이상 이 '왜'라는 질문들을 완전히 억누를 수 없다.

가능한 대답을 살펴보기 전에 약간의 다른 관련된 점들을 고려해보자. 예를 들면 천문학자들의 계산에 따르면 관찰할 수 있는 우주에는 대략 1,022개의 별이 있다. 그러나 그 자체만으로도 엄청난 수인 1,011개의 별로도 충분하지 않은가? 정확하게 왜 이 우주는 이토록 광대하고 오래되었는가? 물리학과 천문학의 관점에서 틀림없이 더 작고 더 짧은 수명의 우주도 완벽하게 가능할 것이다. 오늘날 과학자들은 앞으로 나타날 생명과 마음을 위해 우주가 너무 빨리 붕괴하거나 너무 빨리 팽창하지 않기 위해서는 정확하게 적절한 양의 물질을 필요로 한다고 말한다(즉 우주의 실제 밀도는 임계 밀도에 매우 근접해야 한다). 생명이나 사고하는 인격의 존재와 우주의 밀도 사이에 어떤 관련이 있는 것인가?[2]

그리고 많은 다른 수수께끼들이 있다. 예를 들어 우리가 입자 물리학을 들여다보면 원자핵 안에 있는 양성자의 질량은 전자의 질량의 대략 2천 배다. 왜 1천 배나 3천 배가 아닌가? 물리학의 관점에서 보면 우리는 왜 이러한 값들이 실제값들과 다를 수 없었는지를 이해할 수 없다. 왜 그 값들은 다른 값들이 아니고 꼭 실제의 값들이어야 하는가?

우리가 아는 것은 전자와 양성자의 질량비가 단지 조금만 달랐어도 수소 원자는 존재하지 못했을 것이라는 점이다. 그리고 수소 원자가 없었다면 탄소, 산소, 질소 같은 무거운 원소들은 수소와 헬륨으로 이루어진 별의 용광로 속에서 결코 만들어질 수 없다는 점이다. 무거운 원소들이 없었다면 생명이나 마음은 존재할 수 없었을 것이다. 왜냐하면 이들이 존재하기 위해서 무거운 원소들(특히 탄소)이 필요했기 때문이다. 그러나 우주의 초기 순간에 양성자와 전자의 질량비가 수소의 형성, 그리고 결국에는 생명과 마음의 형성에 알맞은 정확한 값이 되도록 누가 '결정했나?' 그 모두가 맹목적 우연이나 비인격적인 필연성에 의한 것인가?

혹시 이 모든 질문에 대한 명쾌하고 결정적인 답을 제공할 '원리'가 존재하는가? 정말로 단번에 그것에 답할 어떤 방법이 있는가? 우리가 알고 있듯이 과학자들은 되도록 직접적인 방식으로 이 난국을 풀어낼 수 있는 설명들을 찾고 있다. 과학자들은 매우 복잡한 문제로 출발한 것에 대하여 정말로 단순한 해답을 찾아내려는 열망이 있는 사람들이다. 그들은 다양한 문제들을 우아한 단 하나의 원리로서 동시에 풀어낼 명쾌한 방안을 찾고 있다. 그 설명의 원리가 단순할수록 그것은 더욱 호소력이 있을 것이다.

예를 들면 태양 중심의 행성계의 모형으로 코페르니쿠스는 지구 중심적 우주에 수세기 동안 집착함으로써 야기된 천문학의 엄청나게 복잡한 매듭들을 풀어냈다. 그리고 더 최근에는 진화론이 다윈 이전의 지질학, 고생물학, 그리고 생물학을 세계가 정적이며 별로 오래되지 않았다는 가정과 함께 분명하게 쓸어버렸다. 토마스 헉슬리는 다윈 이론의 우아한 설명력에 감동 받아서 "내가 그것을 생각하지 못했다니 얼마나 어리석었던가"라고 말했다고 한다. 그리고 오늘날 어떤 물리학자들은 티셔츠에 찍어 넣을 만큼 기본적인 모든 물리적 우주의 최종 설명인 '만물 이론'을 제안하기를 희망하고 있다.[3]

과학자들이 천문학의 거시 세계와 입자 물리학의 미시 세계의 특수한 특징들을 단번에 모두 설명할 수 있는 단순한 '원리'를 찾고 있을 것이란 점은 놀라운 게 아니다. 그것은 많은 질문들을 일시에 풀어버릴 단순한 답변을 찾는 건전한 과정처럼 보인다. 그러한 원리는 즉각적으로 검증할 수 있는 것은 아니라 할지라도 그것은 과학자들의 관심을 끌 것이다. 왜냐하면 그렇게 많은 어려운 과학적 수수께끼를 그렇게 직접적인 방식으로 풀 것을 약속하는 생각이라면 비록 당분간 반증이 용이하지 않다 하더라도 면밀한 조사를 해볼 가치가 있기 때문이다.[4]

그렇다면 왜 초기 조건과 근본 상수들은 그것들이 존재하는 방식으로 고정되어 있는가? 왜 그렇게 많은 별들이 있는가? 왜 우주는 그렇게 크고 오래되었는가? 왜 그것은 그런 속도로 팽창하는가? 왜 그것은 현재와 같은 밀도를 갖는가? 왜 중력은 우주의 한 끝에서 다른 끝까지 일률적으로 같은가? 간단히 말해서 왜 우주는 현 상태와 같은 모습을 띠는 것일까?

어떤 과학자들이 시험적으로 제시하는 대답은 마음이다. 그런 식으로 물질을 만들어내는 것은 마음의 존재다. 물질의 전체 본성과 역사에 대한 열쇠는 마음이다.

이런 종류의 '설명'이 오늘날 취하는 두드러진 형태는 인류 원리 anthropic principle이다.[5] '인류'를 의미하는 그리스어 단어인 'anthropos' 에서 유래한 인류 원리는 우주가 그 첫 순간부터 마음을 부여받은 인격의 궁극적인 존재를 허용하는 방식으로 구축되었다고 주장한다. 이것은 거의 분명해 보인다. 왜냐하면 실제로 우리가 여기에 있으므로 우주는 우리의 존재를 가능하게 만드는 방식으로 '구축'되어 있음에 틀림없기 때문이다. 그러나 왜 다른 방식으로 '구축'되지 않았는지에 대해 알려진 과학적 이유는 아직 없다. 초기 우주의 물리적 상태와 우주 진화 속에서 마음이 궁극적으로 출현한 것 사이에는 겉보기에 '두드러진' 일관성이 있다. 그렇다면 궁극적인 마음의 존재는 중력, 우주의 팽창률, 우주의 밀도, 원시적 입자와 힘에 부여된 상대적인 값들과 관련이 있는 것이 아닌가?

실로 이 '놀라운 가설'은 지금 많은 언론의 주목을 받고 있다. 어떤 과학자들은 그것이 터무니없이 비과학적이라고 생각하는가 하면 다른 이들은 그것이 호기심을 자극하고 심지어 사람을 끄는 매력이 있다고 생각한다. 그것이 극단적으로 논쟁을 유발하는 특성이 있다 할지라도 인류 원리에 대한 논의는 적어도 이제 과학이, 관찰하는 인간의 마음을 관찰되는 세계의 바깥에 놓는 것이 얼마나 어려운 것인가를 예시해준다. 비록 이전에는 이러한 배제를 과학이 용케 피할 수 있었다 할지라도 지금은 우리의 마음이 우리가 관찰하는 모든 것 위에, 심지어 초기 우주의 물리적 상태 위에 주관적 그림자를 던지지 않을 수 없다는 것을 과학 자체가 강력하게 암시하고 있다.

우리의 주관성은 우리가 순수하게 객관적인 조명 속에서 제시하고자 하는 모든 것과 뒤섞여 있는 것으로 보인다. 마음은 적어도 우주 진화의 초기 단계, 즉 우리가 어떤 식으로든 존재하기로 되어 있지 않았던 때에도 어렴풋이 존재했다. 인류 원리를 둘러싼 논의는 상대론과 양자론을 따라 물리적 우주의 근본적인 측면들이 관찰자의 존재와 완전히 분리 불가능할지 모른다는 것을 암시하는 것으로 보인다. 그리고 심지어 어떤 물리학자들은 인류 원리가 초월적이며 질서를 부여하는 섭리자의 존재를 요구한다고 주장한다. 다시 말하여 우리는 신의 존재에 대한 자연 신학의 오래된 설계 논증의 재판(再版)에 위험스럽게 접근하고 있다.

그러나 인류 원리에는 약한 주장과 강한 주장이 있다는 것을 지적하는 것이 중요하다. '약한' 원리에서는 분명한 것만을 제시한다. 즉 우리를 만들어낸 조건들이 보기를 허용하는 것들만을 우리가 우주에서 볼수 있다는 것이다. 약한 인류 원리(Weak Anthropic Principle, WAP)는 초기 우주가 물리학에 알려진 방식으로만 보인다고 주장한다. 그렇지 않다면 우리는 여기에 존재해서 그것을 관찰할 수 없을 것이기 때문이다. 우리는 우주를 이해할 수 있는 마음을 만들어낼 수 있는 우주만을 이해할 수 있다. 이 약한 버전에서 그 원리는 거의 설명의 가치가 없으므로 "원리"라는 이름을 받을 자격이 없고 신학적 관심 속에서도 별로 제시하는 것이 없어 보인다.

그러나 강한 인류 원리(Strong Anthropic Principle, SAP)는 훨씬 더 멀리 나아간다. 그것은 우주의 물리적 특성이 마음 때문에 현재의 방식을 보인다고 주장한다. 태초부터 우주의 근본적 특징을 형성해온 것은 마음을 가진 존재로 진화하게 하려는 자연 세계의 추진력이다. 떡갈나무로 자라려는 경향을 도토리가 갖는다는 것은 씨의 특성에 대한 가장 좋은 설명이다. 마찬가지로 의식을 가진 존재의 방향으로 성숙하려는 우주의 경향은 유아기의 우주가 과거에 왜 그러했는지에 대한 가장 좋은 설명이다.

SAP를 따르면 의식을 가진 존재의 궁극적 출현은 왜 우주가 그런 속도로 팽창하는지, 중력이 왜 그 정도의 힘인지, 왜 전자의 질량과 양성자의 질량의 비가 현재와 같은 값으로 고정되어 있는지에 대한 가장 간단하고 가장 우아한 설명이다. 마음을 가진 인격체를 양산하려는 경향은 우주가 왜 그렇게 많은 별을 가지고 있는지 왜 그렇게 방대하고 오래되었는지를 가장 잘 설명해준다. 더 젊거나 더 작은 우주는 결코 우리를 양산해내지 못했을 것이다.

비록 지구가 마음이 실제로 존재하는 유일한 장소라 할지라도 이런 일이 바로 이곳에서만 일어나기 위해서는 전체 우주는 여전히 오래되고 커야 할 것이다. 더욱이 임계 밀도와 1조 분의 1만큼만 다른 밀도의 우주는 아마도 우리를 만들지 못했을 것이다. 우주의 전체 질량이 너무 빨리 우주가 팽창하는 것을 막기에 적당한 양이 아니었다면 마음은 결코 출현하지 못했을 것이다. 그러므로 마음의 존재는 우주의 존재의 첫 1초 동안 확정된 초기 상태와 근본 상수에 '극도로 민감'하다.

마음을 향한 우주의 경향 또는 추진력은 가령 왜 중력이 우주 팽창률과 그렇게 미묘하게 균형을 이루고 있는지를 설명해준다. 만약 중력이 아주 조금만 더 강했더라면, 뇌의 진화로 들어갈 탄소와 다른 무거운 원소들을 요리할 충분한 시간—적어도 별의 화덕에서 수십억 년이 필요하다—이 경과하기 오래 전에 우주의 팽창에 제동을 걸었을 것이다. 또는 중력이 아주 조금만 더 약했더라면, 우주의 팽창은 너무 빨라 수소 기체의 구름 사이에 인력이 너무 약해서 생물체와 사고하는 존재를 만드는 데 필요한 더 무거운 화학물질들을 구워내기에 충분히 큰 별들이 형성될 수 없었을 것이다.

그러므로 마음과 같은 어떤 것이 존재하게 되려면 중력과 우주 팽창의 수치들이 믿을 수 없을 정도로 민감한 균형을 이룰 것이 바로 우주의 시작에서 요구되었다. 많은 가능한 값들이 이것들과 다른 초기 우주의 조건들과 근본적인 상수들에 할당될 수 있었을 것이므로 그것들의 '미세한 조율'을 설명할 가장 간단한 방법은 전체 우주가 마음을 향하여 방향지어져 있어야만 한다는 것이다. 다른 어떤 설명도 더 직접적이고 경제적일 수 없다. 코페르니쿠스, 다윈, 아인슈타인도 그렇게 많은 과학 퍼즐에 더 간단하고 더 만족스러운 해답을 제시하기는 거의 불가능했을 것이다.

우주는 항상 마음으로 진화하려는 경향을 지녔으므로 더 이상 그것은 생각하는 존재인 인간의 궁극적인 등장과 무관하다고 말할 수 없다. 우리는 실제로 이 우주에 속해 있다.

정말 그런가? 우리가 방금 살펴본 것은 강한 인류 원리(SAP)를 받아들이는 과학자들의 주장이다. 그러나 SAP는 정말로 유효한 과학적 설명인가? 아니면 과학과 신념 체계(이 경우에는 인간이 이 광대한 우주 안에서 중심적인 실재라는 믿음)의 융합의 또 하나의 예인가?

우리가 가능한 답변을 조사하기 전에 그 주창자들의 다수가 이제 '인류 원리'를 우리가 여기에서 이야기하고 있는 것에 대한 적절한 명칭으로 간주하지 않는다는 것에 동의한다는 것을 지적하는 것이 공정하겠다. 우주의 과정을 고려할 때 인간의 정신성에 그토록 큰 비중을 두는 것은 거만한 인간 중심주의의 기미가 보인다. 우주에 다른 지적 존재가 있으면 어떻게 할 것인가? 또는 우리 자신의 마음이 우주의 미래 진화에서 새롭고 더 위대한 방식으로 계속 자라갈 더 넓고 더 깊은 종류의 정신성(또는 정보 처리)의 초기 불꽃이면 어떻게 할 것인가? 좀

더 겸손하게 '마음을 가지는' 원리 또는 '생명과 마음을 가지는' 원리라고 말하는 것이 더 적절하지 않을까? 이것은 우주의 다른 부분들에서 생명과 지능의 출현을 허용할 것이며, 그 원리가 진지하게 받아들여지기에는 너무 지협적이고 인간 중심적이라는 비판을 일소할 것이다.

이러한 필요한 수정을 받아들이자. 그렇다면 마음이 자연의 본유적 부분이며, 단지 진화적 사건이 아니라는 강한 인류 원리의 배후의 중심 생각을 아직도 논의할 가치가 있는가? 지금 다수의 과학자들과 신학자들은 실제로 SAP가 적어도 더 세밀한 연구의 가치가 있다고 생각한다. 마음의 존재가 물질적인 우주의 주요한 물리적 특징들 모두를 설명할 수 없는가? 또는 완전히 자연 선택의 법칙을 맹목적으로 따르는 마음 없는 물질 진화의 개념이, 마음과 자연이 겉보기에 잘 어울리는 것에 대한 가장 좋은 설명을 여전히 제시할 것인가? 우리의 네 접근법이 과학과 종교에 있어서 하나의 논제인 SAP에 어떻게 반응하는지 이제 살펴보자.

1. 갈등

진정한 과학의 진가를 아는 사람들은 SAP와 관련하여 매우 미덥지 않은 무언가가 있음을 즉각적으로 감지할 것이다. 우리는 과학에서는 발붙일 자리가 없는 특성인 형이상학과 목적인(目的因)의 냄새를 맡을 것이다. SAP가 존경받는 과학자들에 의해 제시된 것이 아니라면 우리는 그것에 아무런 관심도 기울이지 않았을 것이다. 그것은 시간적으로 훨씬 뒤에, 실제적으로 수십억 년 후에야 비로소 등장하는 결과들(생명과 마음)에 의해 연대기적으로 초기 상황들(초기 우주의 조건과 기본 상수들)을 설명하려고 시도하기 때문에 분명히 과학적 방법의 기조와 대립한다. 어떻게 이것이 그 본래 용어의 뜻에 맞는 '설명'이라 할 수 있겠는가? 시간적으로 다른 사건에 선행하거나 그 사건으로 향해 가는 사건들만이 과학적인 설명이라고 불릴 수 있다. SAP는 단지 목적론적 사색의 또 하나의 비과학적 예이기에 자긍심을 가진 과학자들에게 더 이상 고려의 대상도 되지 못한다.

더욱이 SAP는 어떤 예측적 가치도 없으며 이러한 결점은 즉시 그것의 비과학적 위상을 입증한다. 하인츠 파겔스Heinz Pagels가 주장하듯이 인류 원리는 "보편적인 물리 법칙의 토대 위에서 우주의 정량적 특성을 이해하는 전통적인 물리 과학의 성공적인 프로그램을 이유 없이 포기하는" 것에 해당한다. 그는 덧붙인다.

> 물론 인류 원리에 대한 나의 부정적 견해를 공유하지 않는, 비록 이성적이지는 않지만, 뛰어난 과학자들이 있다. 우리는 오랫동안 그것의 장점과 단점에 대해 논쟁할 수 있을 것이다. 그러나 그러한 끝나지 않는 논쟁은 인류 원리가 무언가 틀렸다는 징조다. 물리학의 원리들과 달리 그것은 옳은지 그른지를 결정할 방법을 제공하지 않는다. 그것을 검증할 길이 없다. 전통적인 물리적 원리와는 달리 인류 원리는 실험적 반증에 종속되지 않는다. 그것은 인류 원리가 과학적 원리가 아니라는 확실한 표시이다. 그것의 사실성에 대한 경험적 결정은 전혀 가능하지 않으며 그것이 맞는지에 대한 논쟁은 영원히 지속될 것이다.[6]

우리 회의론자들이 이 책의 여러 곳에서 말하고 있듯이, 화학과 물리학은 생물과 생각하는 인간의 존재를 적절하게 설명할 수 있다. 물리적 필연성과 마음 없는 입자의 우연한 조합을 통해서 생명과 마음은 충분한 시간만 있으면 결국 나타날 수 있을 것이다. 그리고 많은 시간이 있었다. 100억 내지 150억 년의 우주 진화가 마음을 가진 인간이나 존재할지도 모르는 다른 종류의 '정신적' 실재를 양산하기 위해서 일어났다고 상상할 건전한 이유가 없다. SAP는 아무리 옷을 잘 입히려 해도 인간 중심적인 오만의 합리화 외에는 아무것도 아니다. 그것은 우주의 느껴지지 않는 광대함에 직면하여 우리의 존재를 특별하고 특권받은 존재로 보이게 만들려는 또 하나의 시도일 뿐이다.

물론 우주의 구조가 우리의 존재에 부합하는 것은 놀라운 일이 아니다. 분명히 물질적인 상황은 생겨날 생명과 마음에 꼭 맞아야 한다. 그래서 우리는 우리 마음이 진화하도록 허용한 물리적 상황만을 이해할 수 있다는 근거가 되는 약한 인류 원리를 쉽게 받아들인다. 그러나 이 약한 버전은 틀리지는 않았을지라도 어떤 설명적 가치도 없고 과학적으로 무용하다. 그것은 우리가 이미 알지 못한 것을 아무것도 설명하지 않는다. 우리를 존재하도록 허용한 물리적 매개 변수들만을 우리가 알 수 있다는 것은 별로 놀라운 것이 아니다.

한편 SAP는 완전히 우리의 비위에 맞지 않는다. 아마도 그것은 현재의 우주가 일찍이 존재했던 유일한 것이었다고 확신할 수 있다면, 더 매혹적이었을지도 모른다. 왜냐하면 이 우주의 물리적 상수와 초기 조건이 실제로 살아 있고 의식 있는 존재의 진화에 아주 정확하게 들어맞기 때문이다. 우리는 이러한 조건들이 달랐다면 우리가 여기에 있지 않을 것을 받아들여야 한다. 우리는 이것 모두를 받아들일 수 있다. 그러나 여기에서 문제가 되는 진정한 물음은 마음의 출현이 유신론적 설명을 끌어낼 만큼 '놀라운' 사건이냐는 것이다.

마음의 존재가 놀랄 만한 일이 아닌 이곳, 즉 마음을 포함하는 이 우주 외의 다른 우주가 물리적으로 가능하지 않다고 주장하는 이들은 우리 중에는 별로 없다. 우리가 알고 있는 모든 것은 우리가 아직 완전히 이해하지 못하는 비인격적 필연성 때문에 우주가 현재의 방식대로 존재해야 했다는 것이다. 아직도 빅뱅 우주론의 측면에서 우리 대부분은 이 우주의 물리적 특성들이 필연적이지 않으며 마음을 포함하는 종류 외에 다른 것이었을 수도 있다는 것을 이제 기꺼이 시인한다.[7] 우리가 아는 한, 대부분의 다른 벌set의 우주 조건과 상수들은 생명과 마음이 진화하도록 허락하지 않았을 것이다. 그러나 현대 물리학은 세계의 다수성, 심지어 무한수의 세계 존재를 허용한다. 그리고 대부분의 이 세계들은 아마도 생명이나 마음을 양산하지 못했을 것이다. 무한수의 우주가 있다면 그 대부분은 마음의 존재에 적당하지 않을 것이지만 적어도 그것들 중 하나가 아주 우연히 우리 같은 존재의 진화에 우호적일지도 모른다.

무한히 많은 수의 다른 우주들이 존재할 수도 있다. 그것들 중 몇몇은 빅뱅이 빅크런치로 이어지는 방식으로 차례대로 존재했을 수도 있고 어떤 어머니 우주에서 갈라져 나와 평행한 새끼 우주들, 즉 '거품들bubbles'로 존재할 수 있다. 우리의 요지는 이 모든 수학적 방대함 속에서 셀 수 없이 많은 세계 중 하나 또는 몇몇이 마음을 포함할 가능성은 우주의 수가 증가할수록 커진다는 것이다. 무한정으로 더 넓은 세계의 다발 속에서 생명과 마음의 진화는 별로 놀랍지 않을는지 모른다. 그러한 시나리오 속에서 설계하는 신성의 개념은 쓸데없다. 왜냐하면 마음은 우연과 자연 선택의 산물 이상의 아무것도 아닐지 모르기 때문이다.

사실상 존 그리빈John Gribbin은 최근 『태초에In the Beginning』에서 우주론자들은 자연 선택을 모든 물리적 현상의 첫 번째 설명으로 삼는 리처드 도킨스 같은 다윈주의자들의 인도를 따라야 한다고 주장한다.[8] 생물 종들이 항상 생물 진화에서 생존을 위해 투쟁해왔듯이 생존을 위해 경쟁하는 무한히 많은 수의 우주가 있을지 모른다. 그리빈의 진화적 관점에 따르면, 마음을 포함하는 우리 세계의 존재는 수많은 세계 속에서 무작위적 변이와 맹목적 자연 선택의 산물일 뿐 아무것도 아니다. 아마도 우리 자신의 세계처럼 마음을 포함하는 세계는 단지 마음 없는 세계보다 존재의 혹독함에 더 잘 적응해 있고 마음 없는 세계보다 생존할 능력이 더 많다.

요컨대 현재의 우주 뒤에 어떤 초자연적 영향이 있다는 가설을 끌어들일 필요가 없다는 것이다. 이 마음을 포함하는 우주에서의 우리 존재는 상상할 수도 없이 길고 광대한 그러나 여전히 본질적으로 마음이 없는 시행착오의 과정의 결과로서 가장 잘 설명될 수 있다. 그러한 우주는 비록 마음이 그것에 본질적이지 않다 할지라도 여전히 놀랍다.

2. 분리

우리도 SAP에 열광적이지 않다. 의도는 좋지만 불행하게도 신학적으로 소박한 과학자들과 신자들이 그것을 받아들여 신 존재의 '증명'으로 사용할 수도 있다. 그들은 자연 신학의 미심쩍은 설계 논증의 방식으로 단지 신적 창조주만이 세계를 그렇게 미묘하고 조화로운 방식으로 배열할 수 있어서 물질이 결국 마음에 이르게 될 수 있었다고 주장할 것이다. 그들은 SAP에서 그들의 종교적 신앙에 대한 과학적 지지를 찾을 것이지만 신앙이 그러한 합리적이거나 과학적인 지지대에 의존하기 시작하자마자 믿음의 세기와 깊이를 모두 잃게 될 것이다.

우리가 SAP라고 알려진 노골적으로 가장된 융합의 형태로부터 거리를 두는 것은 우선적으로 종교적 · 신학적 근거에서다. 우리는 신의 존재를 과학적으로 증명하려는 노력이 얼마나 '비종교적'인가를 이미 보여주었다. 비록 과학자들이 어떤 지적 존재가 초기 조건과 우주론 상수들을 만지작거려 그것들이 생명과 마음의 방향으로 향하도록 했다고 결론을 내린다 하더라도 이러한 '존재'는 여전히 추상개념이며 종교적인 살아 있는 신은 아니다. 그것은 공백을 매우는 공허한 존재일지언정 아브라함, 예수, 마호메트의 인격적인 신은 아니다. SAP는 신의 존재에 대한 오래된 논증들처럼 우리의 종교 생활을 승인해주거나 깊게 해줄 능력이 없다. 과학과 종교의 영역은 근본적으로 상이하다. 한번 더 종교와 과학의 충실성을 유지하는 관심 속에서 우리는 그럴싸한 이런 '과학적' 이론으로부터 신학적 결론이나 종교적 위로를 이끌어내기를 거절한다.

더욱이 우리는 우리의 종교적 개념을 과학적 추정이라는 항상 변모하는 모래 위에 기초하는 것이 신학적으로 심각한 자살 행위인 것을 과거의 경험으로부터 배웠다. 다음 세기, 심지어 내년의 물리학이 초기 물리적 조건들과 기본 상수들에 대해 순수하게 자연주의적인 설명으로 우리를 이끌면 어떻게 할 것인가? 우리가 알고 있기로는 실제로 앨런 구스 Alan Guth의 급팽창 가설이 이미 그런 일을 했다. 이 가설은 우주의 상수들을 고정시킨 것은 어떤 초기 조건들(신이 정한 조건들)이 아니라 우주 존재의 첫 몇 나노 초(10^{-9}초) 동안 우주의 빠른 팽창이었다고 주장한다. 그러므로 우리는 조지 스무트의 최근의 평가에 동의할 수 있다.

1974년에는 우주론자들이 생명과 인간의 존재를 허용하도록 기적적으로 정밀하게 조율되었다고 생각한 많은 것들이 이제는 급팽창에 의해서 깔끔하고 강력하게 설명된다. ……나는 더 충분한 관찰들이 왜 사물이 현존하는 방식으로 존재하는지를 우아하고 쉽게 설명할 모형과 이론을 이끌어낼 것이라고 생각한다. 이러한 미래의 발견이 무엇이 되든지 급팽창처럼 나는 그것들이 자연의 우아한 단순화와 단일화로 우리를 몹시

놀라게 하고 기쁘게 할 것이라고 확신한다.[9]

만약 저 회의론자들이 물리적으로 말해서 이것이 존재할 수 있는 유일한 종류의 우주라고 말하는 것이 옳다면 어찌할 것인가? 우리가 지금 SAP에 너무 긴밀하게 신학을 묶어둔다면 그때 우리 신학은 어떤 지위를 가질 것인가? 종교적 신앙이 그 자체만으로 우리를 신에게 인도하기에 충분할 때, 우리는 과학을 필요로 하지 않는다. 그리고 인류 원리가 과학의 일부로 권위를 인정받을 가능성도 희박하다.

그러므로 우리는 SAP의 훤히 들여다보이는 신학적 함축 때문에 SAP를 거부하는 과학자들에게 갈채를 보낼 수 있을 뿐이다. 그들이 종종 순수하게 자연주의적 과학주의의 발로에서 그것을 거부한다 할지라도 그들은 실제로 신학에 봉사하고 있는 것이다. 목적인이나 목적론으로 오염된 과학을 배제해버림으로써 그들은 암묵적으로 목적과 의미의 전체 업무를 종교와 신학에게 넘겨준다. 물리학은 우리가 여기에 존재하는 이유나 세계의 의미에 대하여 아무것도 말해줄 수 없다. 만약 당신이 우주의 가장 심오한 본질을 알기 원한다면 물리학의 정교한 공식들이 아니라 인간의 친절한 행동 속에서 더 완전하게 그것이 표현되는 것을 알게 될 것이다.[10]

마침내 마음은 우주와 썩 잘 어울리지는 않는다고 과학이 결론을 내린다 할지라도 그것은 우리에게 별로 나쁜 소식이 되지 않을 것이다. 우리 존재의 핵심에서 믿음은 우리에게 우리가 실제로는 이 세상에 속하지 않는다고 말해준다. 우리의 본향은 다른 곳에 있다. 모든 종교적인 텍스트들은 우리의 상황을 외국에 있는 순례자로 받아들이도록 가르치고 있음을 확인하라. 우리는 히브리서의 저자가 썼듯이(히브리서 11장 13절) '땅에서는 외국인과 나그네'일 뿐이다. 그러므로 우리는 마음과 인격을 너무 많이 '자연적' 질서의 일부로 만드는 우주론적 사고에 감동하지 않는다. 그러한 천박한 종합은 우리를 물질적 차원에 흡수시켜 우리의 영혼이 초월적 세계에 대하여 가진 영원한 연결을 약화시킴으로써 인간성을 하찮게 취급한다. 이러한 이유 때문에도 우리는 SAP에서 추구하는 어떠한 종교적 함축에도 관심이 없다.

그러나 동시에 우리는 SAP의 허구성을 상당히 과학적으로 밝히는 노력의 배후에 있는 암묵적인 유물론을 별로 탐탁하게 여기지 않는다. 그리빈이 하듯이 이것은 상상할 수 없이 많은 세계의 형태를 받아들이기에 현재의 마음을 포함하는 우주는 대부분이 마음이 없는 상태로 머물러 있는 무한수의 세계 중 하나일 뿐이다. 셀 수 없이 많은 우주가 있어 선택될 수 있다면 이 우주에 마음이 존재한다는 사실은 SAP의 옹호자들이 주장하는 만큼 '놀라운' 일은 아닐 것이다. 우주의 포커 게임에서 뒤섞어서 나누는 무한히 많은 '시도'가 있다면 돌려진 패 중 하나가 결국은 로열 플러시(royal flush, 포커에서 최고점 패. 동일한 슈트suit의 ace, king, queen, jack, 10으로 이루어진 것으로 나오기가 매우 어렵다.-옮긴이)가 되는 것은 놀라운 일이 아닐 것이다.

우리는 무수한 세계에 대한 그러한 과도한 사색으로 무엇을 하려고 하는가? 혹시 우리가 양자 물리학의 몇몇 방정식을 '다중 세계' 관점으로 해석할지라도 회의론자들을 그것으로 끌어들이는 것은 관찰이라기보다는 이데올로기다. 경험 과학의 관점에서 다수의 병행하는 세계 또는 연속적인 세계가 존재한다는 증거는 없고, 그 가설은 SAP만큼이나 검증 가능하지 않다. 인류 원리의 반증 불능성에 대한 파겔스의 관찰이 역시 여기에서도 적용될 수 있다.

우리가 주목할 것은 그리빈이 블랙홀의 물리적 특성이 이론적으로 빅뱅의 특이점과 유사하므로 그것은 또 다른 '우주'의 시작일 수 있다고 제안한 것이다.[11] 아마도 이 개념은 과학의 진척이 조금 더 이루어지면 실험적 검증이 가능할 것이다. 그것은 아직 말하기에는 이르다. 그러나 비록 많은 분리된 '세계'가 있다 할지라도, 그것들은 모두 여전히 단일한 우주를 구성할 것이다. 비록 물리적 법칙이 그것들 사이에 관찰의 장벽을 형성한다 하더라도 이 세계들은 서로 깊은 관계가 있을 것이므로 그것들 모두는 전체에게 영향을 미치는 일체를 구성할 것이다. 적어도 그것들 모두는 "존재"를 공유할 것이며, 철학적 관점에서 이것은 그것들에게 총체적인 통합성을 부여하기에 충분하다. 비록 많은 분리된 측면과 국면이 있다 하더라도 실제로 단 하나의 우주만 있을 수 있다.

더욱이 그리빈과 다른 이들이 상상하는 세계의 넉넉한 집합 속에서도 우주 자체의 마음과 같은 현실이 여전히 설명할 수 없는 신비일 것이다. 무한한 시간으로 펼쳐지는 무한한 우주에서도 여전히 마음이 존재하게 될 절대적인 필연성은 없을 것이다. 시간과 막대한 수만으로는 어떤 것의 형이상학적 원인이나 설명을 구성할 수 없다. 인간의 마음 같은 존재 안의 강렬함을 설명하는 데는 어떤 다른 원리가 요구될 것이다. 유물론자들이 시도하듯이 마음이 없는 물질, 자연 선택, 시간의 긴 연장을 마음의 완전한 설명으로 삼는 것은 인과성의 기초 원리를 위반하는 것이며 인과성의 원리 없이는 우리의 모든 사고가 정신착란으로 귀착된다. 왜냐하면 원인은 그 자체보다 더 큰 결과를 낼 수 없기 때문이다. 맹목적 물질의 과정이 얼마나 많은 시간을 임의로 사용하느냐에 관계없이 유물론자들의 설명방식은 모든 지각적·영적 성향을 가진 마음의 존재를 그 자체로는 결코 설명할 수 없을 것이다.

그러므로 우리는 다수의 또는 무한수의 '세계'에 대한 사색은 종종 과학과는 아무 관계도 없는 것이 아닌가 의심하지 않을 수 없다. 오히려 그것은 우주에 대한 비유물론적·종교적 해석의 개연성을 없애기 위해 과학과 연합하려는 유물론적 신념 체계의 필사적인 융합 시도이다. 다중 세계 가설 밑에는 현재 우리의 빅뱅 우주가 지금까지 존재한 유일한 세계 국면이라면, 유물론적·환원주의적 설명은 심각한 문제에 처할 것이라는 암묵적인, 그러나 매우 뚜렷한 고백이 숨겨져 있다. 이는 이 하나의 정밀하게 조율된 우주의 존재가 회의론이 요구하는 생명과 마음의 완전한 무작위적 기원을 허용할 만큼 통계적으로 충분히 넓은 토대를 제공하지 않기 때문이다. 그러한 믿기 어려운 선물에 합당한 감사의 마음으로 우리의 존재에 반응하는 의무를 피하기 위해, 회의론은 결국 우리의 존재에는 '놀랄 만한' 또는 의외의 것은 아무것도 없다는 것을 보일 방법을 찾으려 하는 것이다.

우주가 영원하고 필연적이라고 주장할 때, 그러한 믿음은 우주론과 꽤 잘 들어맞았을 것이다. 무한한 우주 시간을 가장하면 인간이란 독특한 종은 조만간 완전히 우연과 물리적 필연성에 의해 나타나게 되어 있기 때문이다. 그러나 현재 우리의 우주가 시간적으로 유한한 '겨우' 100억 내지 150억 년간 존재했다고 여기는 빅뱅 물리학의 시대에는 우리의 존재로부터 놀라움을 없애는 유일한 방법은 세계를 무한히 증식시키는 것이다. 이것이 남아 있는 유일한 선택이다. 세계의 무한한 다중성이나 세계의 연속 계열에서 그것 중 하나가 생명과 마음을 낳기에 적당하게 조율될 가능성은 전체 묶음에서 반드시 어디선가 생명이나 마음이 나타나기를 기대할 수 있는 수준까지 상승한다. 그러면 생명이나 마음의 적절한 설명을 위해 유물론적 틀 밖에 나아갈 필요는 전혀 없을 것이다.

요컨대 다중 세계 가설은 회의론자들에게 진정으로 우아하게 존재하는 우주에 대한 감사라는 종교적 반응을 이끌어낼 우주에 대한 해석을 피할 편리한 길을 제공한다. 얼마나 쉽게 이데올로기는 과학의 "객관적" 세계를 구름으로 가리고 그 자체가 마치 순수하고 잡티가 섞이지 않은 과학적 진실인 것처럼 내세우던가! 우리 우주에 대한 경이의 필요성을 몰아내려는 그러한 시도 자체가 경이로운 일이다.

마찬가지로 과학적으로 개연성이 있지만 여전히 고도로 사색적인 앨런 구스의 급팽창 우주에 호소함으로써 SAP를 극복하려고 노력하는 이들은 종종 과학보다는 이데올로기에 지배되는 것 같다. 그들의 노력은 필연적인 우주에 대한 철학자들의 숙원의 복원이다. 그들은 우주로부터 우발성을 제거하기를 원한다. 그리하여 그들은 급팽창 우주가 표준 빅뱅 모형의 진정한 과학적 문제에 답을 주기 때문만이 아니라(적어도 어떤 과학자들의 경우에는) 그것이 우발성의 주름들을 모두 펴버리고 우주는 현존하는 방식으로 존재해야 했다는 것을 함축하기 때문에 급팽창 우주론이 매력적이라고 생각한다. 우주가 신이 원하는 대로 창조한 것이었다는 믿음이 없으므로 회의론자들은 우주를 '설명'함에 있어서 우연성이나 필연성에 호소하지 않을 수 없다. 그들은 다중 세계 관점의 경우에는 우연에, 급팽창 가설의 경우에는 필연에 호소한다. 우리는 이 둘 중 어느 하나의 선택도 항상 순수하게 과학 자체에 의해서만 동기를 부여받지는 못한 것이 아닌가 의심한다.

3. 접촉

분리 입장은 부분적으로 유효하지만 항상 너무 안전하게 나아가려 한다. 그것은 과학적 우주론에서의 새로운 발전이 제공하는 흥미진진한 신학적 기회를 이용하지 못한다. 우리는 SAP를 둘러싼 논의가 신학에 상당히 흥미롭다고 생각한다. 물론 우리는 그 원리를 너무 대단하게 평가하기를 원치 않고, 적어도 과학이 무엇인가에 대한 일반적으로 받아들여진 느낌에 따라 그것의 과학적 위상을 옹호하려고 노력하지도 않는다. 그러나 그것을 무시하는 것은 분명히 비생산적이다. 우리가 해왔듯이, 우리는 그것을 적어도 시험적으로 조사하고 싶고, SAP를 둘러싼 우주론적 사색은 우주에 대한 우리의 신학적 관점에 기여할 수 있는 본질적인 방법이 아닌지 알고자 한다.

왜 갈등 접근법과 분리 접근법은 SAP를 거들떠보지도 않고 배격하는가? 그것은 순수하게 과학적인 이유에서인가, 순수하게 신학적인 이유에서인가? 각 경우에 그외의 이유들이 포함되지 않는지 의심스럽다. 과학적 회의론자들은 SAP가 목적론과 노닥거리는 것이 비과학적일 뿐 아니라 그것이 우주가 어떠해야 하는지에 대한 유물론적·환원주의적 개념과 들어맞지 않기 때문에 그것을 배격한다. 의식적 존재자를 존재하게 하기 위해 마음이 어떻게 해서든지 물질적 진화를 인과적으로 구성한다는 SAP의 명제에 진실성이 있다면, 이것은 마음의 발생이 물리적 실재의 더 낮고 더 초기 수준에 의해 완전하게 설명될 수 있다는 환원주의적 주장을 산산이 부술 것이다. 그렇다면 그 원리를 회의론이 배격하는 이유는 항상 과학의 충실성에 위배되기 때문만이 아니라(많은 훌륭한 과학자들에게는 그렇겠지만) 유물론적·환원주의적 이데올로기의 실효성에 걸림돌이 되기 때문이기도 하다. 이 범위까지 우리는 분리 옹호자들의 비판에 동조한다.

동시에 SAP를 분리 옹호자들이 즉각적으로 거부하는 이유는 많은 경우에 그들이 버리기를 달가워하지 않는 임의의 가정들 때문이다. 그들은 SAP가 과학과 신학을 혼동할 위험이 있기 때문이 아니라 그것을 받아들이는 것은 그들에게 전체 우주가 마음으로부터 어쨌든 분리 불가능하다는 것을 의미할 것이기 때문이다. 그러한 종합은 분리 신학의 특징인 이원론에 걸맞지 않는다. 당신은 이 책의 도처에서 분리 접근법이 일관되게 의식을 가진 인성과 인간의 자유로부터 물리적 자연을 구분했음을 알아차릴 것이다. 분리 옹호자들은 과학주의에서 맹종하는 의식과 우주 사이의 분리를 주장한다. 그들은 개인적 자유와 인성의 영역에(또한 인간의 역사에) 신의 영향이 미칠 수 있음을 허용하지만, 신이 자연 전체에 긴밀하게 연결되었거나 인간 자신이 우주에 복잡하게 연결되어 있을 가능성을 무시한다. 그들은 우리가 인간성을 너무 깊숙이 우주에 주입하여 우리가 자연을 초월해 존재한다는 것을 망각할지도 모른다고 염려한다.[12]

그리하여 SAP는 분명히 과학의 유물론적 해석뿐 아니라 전통적인 신학의 이원론적 성향에 위협이 된다. SAP는 인간 주체가 자연 세계로부터 분리 불능하다는 것을 암시하는 몇몇 최근의 우주론의 발전들 중 하나이며 이것은 분리 신학자들이 별로 좋아하지 않는 친밀성이다. 왜냐하면 만약 우주와 인간성이 SAP가 함축하듯이 서로 얽혀 있다면 논리적으로 명확하고 엄밀하며 비우주적임을 주장하는 분리 신학이 우주의 진정한 복잡성에 더 이상 적합하지 않음을 함축하기 때문이다. SAP는 명쾌하게 마음을 물리적 우주에 돌려놓으며 과학과 신학 둘 다 이러한 연결을 더 진지하게 고려할 필요가 있다고 생각한다.[13]

그러므로 우리의 관점에서 SAP는(또는 WAP까지) 오늘날의 과학과 종교의 논의에서 무시될 수 없다. 우리의 입장은 과학 저술가 유진 멀러브Eugene Mallove의 입장에 매우 가깝다.

이것은 단지 추측—최신 우주론의 발견들에 지지받은 믿음—일 수 있지만 이 신비로운 우주는 심오한 의미에서 자신에 대해서 그리고 우주의 생각할 줄 모르는 부분과 자신의 관계에 대해서 반성할 능력을 가진 조직체와 생명을 지지하도록 '예정된' 것으로 보인다. '목적'은 얼마나 많이 원소 차원의 물질의 구조 속에 프로그램되어 있는가? 나중에 얼마나 많이 그 '목적'은 더 복잡한 원시적인 생명이 나타나도록 그 프로그램을 변환시켰고 그후에는 그것을 상상할 수 없이 더 복잡한 뇌의 구조로 변환시켰는가? 그리고 나서 궁극적 '목적'은 신체적으로 정신적으로 우주에 대해 궁구하는 우주의 불을 점화시킬 예정이었나? 이것들은 신비로운 추측들이다. ……그러나 그것들은 현대 과학과 긴밀히 보조를 맞추는 가운데 현대 과학의 결론들에 수렴하는 것으로 보인다.[14]

인류 원리가 그밖의 아무것도 하지 않는다면, 그것은 적어도 지금 과학자들과 신학자들이 참여하는 토론에서 일고 있는 극적인 전환을 우리가 인식하도록 만들지 모른다. 여러 해 동안 과학과 종교의 중심 문제는 완전히 마음이 없어 보이는 물질로부터 생명과 마음이 생겨나는 것이 가능해 보이지 않는 것을 어떻게 설명하느냐였다. 과학자들은 (과학적 탐구보다 이데올로기의 기반 위에서) 물질이 본질적으로 마음에 적합하지 않다고 가정했다. 어떤 종류의 질서에도 적대적으로 보이는 엔트로피를 가정하면 생명과 마음이 우주 진화 속에서 등장할 수 있는 유일하게 가능한 방법은 대부분의 일어날 것 같지 않은 사건의 연속의 결과이거나 초자연적인 힘의 기적적 개입의 결과일 것으로 보였다.

어떤 경우에도 생명과 마음의 진화는 물리적 법칙의 내키지 않는, 일시적인, 열역학적으로 일어날 것 같지 않은 역전으로 이루어졌다. 그러면 생명과 마음의 진화를 설명하기 위해서 과학자들은, 유물론자들에게 매력적인 '우연' 가설의 주창자들과 종교적이거나 '신비적'으로 편향된 과학자들에게 가장 잘 통하는 '생기론적' 가설의 옹호자들로 나누어졌다. 과학과 종교에 대한 오늘날의 논의들이 대체로 이렇게 똑같이 상호 배타적인 대안들의 계열을 따라 갈라졌던 것이다.

비록 우연 가설과 생기론이 서로 양립 가능하지 않지만 그것들은 물질이 본질상 마음을 갖지 않는다는 공통의 가정에 서 있다. 그러나 인류 원리는 물질이 본유적으로 생명의 진화에 적합하게 되어 있고 전혀 적대적이지 않다는 신선한 가능성을 우리에게 보여준다. 그 약한 버전에서도 그 원리는 과학과 종교의 주된 문제가 더 이상 마음 없는 물질로부터 생명과 마음이 어떻게 발생할 수 있는가를 설명하는 것이 아님을 말한다. 오히려 정말로 흥미로운 문제는 물리적으로 사정이 달라질 수도 있었을 텐데, 생명과 마음의 진화에 대하여 물질이 놀라운 우호성을 보임을 어떻게 설명할 것인가이다.

놀라운 것은 단지 마지못해 짧은 기간 동안 마음이 번성하도록 허용하는 물질적인 세계에서 갑자기 마음이 나타난 것이 아니란 점이다. 우리는 지금 물질이 결코 그렇게 인색하지 않다는 것을 알았다. 오히려 오늘날 우리를 더 놀라게 하는 것은 우주의 물리적 조건이 마음을 발생시키는 쪽으로 우선적으로 넉넉하게 방향지어져 있다는 것이다. 큰 저항에도 불구하고 인류 원리는 그 약한 버전과 강한 버전에서 모두 과학과 종교에 관한 많은 논의의 초점을 진화 생물학에서 초기 우주의 물리학으로 이미 옮겨놓았다. 초기 조건과 기본 우주론 상수를 감안할 때, 진화가 결국 의식을 가진 생명을 존재하게 만드는 것은 더 이상 놀랍지 않다. 그러나 여전히 설명되지 않는 것은 우주의 주사위가 우선적으로 그렇게 조작되었을 것이란 점이다.

위에서 주목했듯이, 씁쓸한 다중 세계 가설에 자신들의 우주론을 물들게 함으로써 많은 과학자들은 우리의 존재가 그렇게 놀라울 가능성을 소멸시키기를 희망한다. 물론 우리는 신비적이라고 간주되는 것에 대하여 과학이 모든 가능한 자연적 설명을 찾아내야 한다는 데 동의한다. 방법론적 환원과 자연주의적 설명은 할 수 있는 한도까지 추구되어야 한다. 자연 선택은 생물학뿐 아니라 우주론에 대해서도 적절하다는 그리빈의 흥미로운 제안조차 배격될 수 없다. 우리가 역사에서 배웠듯이 우리가 이전에 공백의 신에게 돌렸던 자연의 사건들은 보통 순수한 과학적 제시에 의해 결국 설명될 수 있다. 이것이 급팽창 모형이 어떻게 SAP에 이의를 제기할지 우리가 고려해야 하는 이유다.

현재의 예에서 아직도 우리는 결국 자연주의적 설명에 굴복하게 될 또 하나의 공백보다 더 근본적인 무엇인가를 다루고 있는 것으로 보인다. SAP는 우리에게 우주에는 보편적으로 마음에 지향된 추진력이 작용하고 있을 가능성을 고려하라고 요청한다. 마음 없는 물질에 의해 마음을 해석할 환원주의적 필연성에 물들어 있는 과학적 추상화는 우주에 대한 묘사에서 그러한 가능성에 아무런 여지를 갖지 않는다.

우리는 SAP가 전통적으로 받아들여질 수 있는 과학이 아니며 과학자들은 그것의 목적론적 본성을 의심할 많은 근거를 가지고 있다는 것에 기꺼이 동의한다. 그러나 우리는 그것이 아무것도 제의하지 않는 것처럼 그것을 한쪽으로 젖혀둘 수 없다. 우리는 적어도 더 적은 것(물질)에 의해 더 많은 것(마음)을 설명하는 체하는 환원주의에 대한 저항으로 그것을 간주한다. 비록 SAP가 순수하게 과학적이지 않을지 모르지만, 그럼에도 그것은 설명력이 있을지 모른다. 물론 현상을 설명할 비과학적 방법의 가능성을 받아들이기 위해서는 지식에 도달하는 다른 모든 방법들을 몰아내는 과학적 신념 체계를 포기해야만 할 것이다.

우주의 전범위에 미치는 의미가 있다면 그것은 너무 파악하기 어려워서 과학이 자체적으로는 그 모든 것을 이해할 수 없을 것이다. 그러므로 비록 인류 원리가 받아들여진 과학적 개념이라 할지라도 그것은 여전히 우리를 신과 접촉하게 만들기에는 충분할 수 없다. 이 범위까지 우리는 분리 접근법에 동의할 수 있다. 그러나 모든 것에서 약속을 발견하도록 우리를 가르치는 믿음의 눈으로 우주를 바라본다면, 그것은 놀라운 일이 아니며 현대 과학이 정교하게 조율된 초기 우주에 이미 잠재되어 있던 생명과 마음의 가능성을 식별하게 되는 것은 전혀 놀라운 일이 아니다.

우리의 믿음을 직접 과학에 기초하지 않고 우리는 우주가 결코 마음의 적이 아니며 시작부터 마음의 창조를 위한 무수한 조건을 확실히 일으키게 되어 있었다는 생물학과 우주론에서 새롭게 일고 있는 개념에 격려를 받는다. 우리는 신학이 우주 물리학의 새로운 발전들과 접촉하고 있는 것에 감사한다. 왜냐하면 이것들은 우주가 미래의 경이에 대한 약속의 구체화이고 항상 그래왔다는 우리의 확신과 잘 맞기 때문이다.

4. 지지

지지 접근법은 종교가 과학 사상과 일치할 방법을 찾을 뿐 아니라 종교가 어떻게 과학적 모험을 지지할 수 있는가를 찾는다. 우리는 앞장들에서 종교와 신학이 과학적 지식을 금지하기보다는 많은 측면에서 키워준다고 주장해왔다.

이리하여 우리는 점점 많은 물리학자들이 선호하고 있는 '다중 세계' 가설을 몇몇 동료 신학자들이 거부하는 갑작스런 방식에 대해서 다소 불안해한다. 비록 우리가 지금까지 그것을 지지할 과학적 증거가 없다는 것에 동의할지라도 우리는 여기에서 그것이 신학적 견지에서 전적으로 받아들여질 만하다는 것을 제안할 것이다. 추가적으로 전체 신학은 SAP가 너무 인간 중심적이라는 널리 퍼진 과학적 의심을 지지한다고 우리는 제안할 것이다.

무엇보다도 신학적 관점에서 다수의 '세계'가 있을 수 있다는 생각은 신의 개념과 양립 가능하다. 종교가 창조주에게 부여하는 넘치는 은혜로움을 감안할 때 아마도 신은 많은 세계를 만들 수 있을 것이다. 예언 종교의 신은 결코 인색하지 않으며 우리는 창조주의 작품이 우리 인간이 상상할 수 있는 어떠한 우주의 광대함을 훨씬 초월할 것을 기대하도록 신앙 교육을 받는다. 따라서 세계의 다수성에 대한 현대 과학자들의 풍성한 사색은 무한한 사랑이 넘치는 풍부함을 믿는 건전한 종교적 개방성과 모순되지 않는다. 결국 종교는 아낌없이 주는 신에 대한 우리의 상상을 생생하게 유지하도록 초청하지, 결코 우주가 우리에게 한정되어 있도록 제한하지 않는다. 과학적으로나 신학적으로나 단 하나의 세계만 가지고 생각하는 것은 더 단순할지 모른다. 반면에 불필요하게 우리의 우주론을 좁히는 것을 못마땅하게 여기는 것도 종교적 견지에서 틀림없이 적절하다.

그러므로 과학자들이 다수의 세계 또는 다수의 세계 기원world-epoch의 가능성에 대한 그들의 개념을 표현할 때, 그러한 거대 규모―때때로 무한대에 이르는―에 대한 사색이 종교적 감성에 위배되지 않는다. 비록 다중 세계 가설이 때때로 생명과 마음의 기원을 순수하게 자연적이고 '무계획적' 사건인 것으로 만들기를 열망하는 유물론자의 산물이라 할지라도, 우주의 넘치는 창조성은 철저하게 종교적인 모티프다. 그것은 무제한의 지평에 대한 오랜 종교적 추구에 그 뿌리를 가지고 있다. 비록 물리적 우주가 유한하다 할지라도 그것의 상상할 수 없는 규모―그리고 있을지도 모를 다수의 우주들과 다수의 기원들―는 여전히 신의 무한성에 대한 살아 있는 종교적 은유로 남아 있다. 어떤 종류의 신학도 우리의 마음을 무한을 향해 열어주는 것이 그것의 목적이라면, 신학이 세계의 막대한 확장 가능성을 까닭 없이 배제하는 것은 어떤 경우라도 말이 안 된다.

둘째로 신 중심의 관점은 역시 인류 원리가 너무 좁게 인간의 존재에 집중되었다는 많은 과학자들의 의혹을 지지해줄 수 있다. 우리는 '인류' 원리, 즉 인간 의식의 의미에서 단지 '마음'에 초점을 맞추는 원리에 대한 논의들은 충분한 우주적 폭을 결여하고 있다는 것에 동의할 것이다. 그렇게 제한된 의미로 받아들여진다면 인류 원리는 너무 인간 중심적이다.

한편 우리의 신 중심의 관점은 인류 원리를 넓혀서 그것에 더 넓은 우주적 범위를 부여할 것을 요구한다. 그러므로 우리는 탁월한 물리학자인 프리먼 다이슨Freeman Dyson의 제안을 흥미롭게 생각한다.[15] 인류 원리에 대한 다소 동정적인 논의에서 다이슨은 우리가 '최대 다양성의 원리'에 대하여 더 관대하게 말해도 좋다고 주장한다. 초기 우주의 물리학은 의식의 진화를 향해 편향되어 있었을 수도 또는 그렇지 않았을 수도 있다. 그러나 분명해 보이는 것은 (그리고 과학적으로 논쟁의 여지가 없는 것은) 우주가 항상 되도록 많은 형태에 대한 실험들을 통해 다양성을 추구하는 경향이 있었고 그 실험 중 하나가(우리에게는 운 좋게도) 인간의 의식이 되었다는 것이다. 이 장의 제목이 된 질문에 답하자면 우리는 정말로 여기에 속해 있지만 매우 흥미로운 다른 많은 것들도 그러하다.

이것을 다른 식으로 표현하면, 아무리 많은 세계 또는 우주의 기원을 이 우주가 포함한다 해도 우주는 '심미적' 우주론 원리라고 불릴 만한 것에 영향을 받는 것으로 보인다고 말하는 것이다. 우리는 생명과 마음을 향한 우주적 추구에 대해 좁게 생각할 필요가 없다. 우주가 그 본유의 아름다움을 확장하고 강화하는 경향이 있다는 것은 충분히 놀랍다. 우리는 생명과 마음의 진화를 훨씬 더 큰 폭의 아름다움을 향한 더 포괄적인 우주적 모험 안에 포함시킬 것이다.

우리 종교의 신은 사실상 우주적 미를 극대화하려고 하는 존재로 이해하는 것이 가장 적절하다.[16] 과학자와 신학자가 광대한 우주를 이해하려고 계속 노력하는 동안(아직 그것 중 아주 작은 부분만이 우리에게 열렸다) 그들은 결국 모험, 미, 다양성을 의도하는 신이 인류에게만 관심이 있는 존재보다 사물의 본성과 더 합치된다는 것에 동의할 수 있을 것이다. 욥기가 우리에게 상기시키듯이 우리 인간들이 중요할지 모르지만 우주는 우리의 유한한 마음이 생각해내거나 이해할 수 있는 것보다 엄청나게 더 광대하다.

■주

1) 어떤 물리학자들은 좀 거친 생각이기는 하지만 심지어 우주가 관찰자와 교차할 때만 결정된다고 추측하기도 한다.

2) Rolston의 논의를 보라. pp. 67~70.

3) 이 아이디어는 물리학자 레온 레더먼Leon Lederman이 제안했다고 한다.

4) 예를 들면 표준 빅뱅 이론의 많은 문제들을 해결해주는 것으로 보이는 앨런 구스의 급팽창 우주론 가설은 상대성 이론과 달리 그것을 시험할 방법이 없지만 널리 받아들여진다. Alan Guth, "Inflationary Universe," *Encyclopedia of Cosmology*, edited by Norriss S. Hetherington(New York : Garland Publishing, Inc., 1993), pp. 301~22를 보라.

5) 특히 John D. Barrow and Frank J. Tipler, *The Anthropic Cosmological Principle*(New York : Oxford University Press, 1986)을 보라.

6) Heinz Pagels, *Perfect Symmetry*(New York : Bantam Books, 1986), pp. 377~8.

7) 그러나 아마도 1980년대 초에 나온 급팽창 가설은 초기 우주 조건에 꼭 짜넣을 필요성을 제거할 것이다. SAP가 초기 조건으로 돌리는 놀라운 일치성 중 많은 것이 빅뱅 이후 1초의 극히 작은 부분 동안인 '급팽창inflationary epoch' 동안만 물리적 필연성에 의해 발생했을 수 있다. 예를 들면 George Smoot, *Wrinkles in Time*(New York : William Morrow & Co., Inc., 1993), pp. 190~1을 보라.

8) John Gribbin, *In the Beginning : After COBE and Before the Big Bang*(Boston : Little, Brown, 1993)

9) Smoot, *Wrinkles in Time*, p. 191.

10) 비슷한 논점을 Nicholas Lash, "Observation, Revelation, and the Posterity of Noah," in *Physics, Philosophy and Theology*, edited by Robert J. Russell, et al(Notre Dame : University of Notre Dame Press, 1988), p. 211에서 발견할 수 있다.

11) Gribbin, *In the Beginning*, pp. 249~53.

12) 이 접근법은 특히 루돌프 불트만과 그의 추종자들과 연결된 "실존" 철학의 형태들과

관계가 많다.

13) 거기에 추가해서 우리는 이 책의 마지막 장에서 SAP가 우리의 존재를 그렇게 긴밀하게 물리적인 우주에 연결시키는 것이 생태적 문제에도 약간의 의미가 있음을 지적할 것이다.

14) *The Quickening Universe*(New York : St. Martin's Press, 1987), p. xvii.

15) Freeman Dyson, *Infinite in All Directions*(New York : Harper & Row, 1988), p. 298을 보라.

16) 이러한 화이트헤드의 명제를 전개하기 위해서는 나의 초기 저술인 *The Cosmic Adventure*(New York : Paulist Press, 1984)를 보라.

7 왜 자연에는 복잡성이 존재하는가?

과학은 우주에 대한 우리의 묘사를 계속 바꾸고 있다. 과학이 자연세계를 탐색하는 새로운 방법을 들고 나올 때마다 우주의 모습 자체는 변하는 것 같다. 예를 들면 근대 초기 과학자들은 기계를 자연을 이해하는 모형으로 사용하기 시작했고, 당연한 일이겠지만, 이것은 세계를 기계처럼 보이게 만들었다. 오늘날의 새로운 과학적 기계는 컴퓨터이며 그것은 자연에 낯선 새 얼굴을 제공하고 있다. 컴퓨터 영상화imaging는 과학자들에게 이전보다 '복잡성'과 '카오스chaos'라고 불리는 것에 더 많은 관심을 쏟도록 만들고 있다.

카오스와 복잡성의 과학은 아직도 매우 새로운 분야여서 과학과 종교의 문제에 대한 그것의 함의에 대해서는 거의 논의되지 않았다. 그러나 이 장에서 우리는 네 유형의 접근법이 그 새로운 과학과 어떻게 조우할 것인가에 대해 감히 추측해보겠다.

'카오스'와 '복잡성'은 친숙한 단어지만 과학자들에게 그 의미들은 다소 전문적이다.[1] 과학이 인간의 언어를 빌릴 때는 언제든지 거의 항상 보통의 단어에 새로운 의미를 부여하기 때문에 우리가 주의 깊게 그 용어가 어떻게 쓰이는지 알아보지 않는다면 많은 혼동을 일으킬 수 있다. 그렇다면 '카오스'와 '복잡성'이란 용어는 무엇을 의미하는가?

일상적인 담론에서 카오스는 '무질서'를 의미한다. 그러나 과학은 일차적으로 질서에 관심이 있다. 사실상 우주가 어떤 방식으로 조직되어 있다는 가정만이 과학자들에게 그것의 본유적 이해 가능성을 찾아내려는 동기를 제공한다. 그렇다면 어떤 의미에서 과학이 카오스에 관심이 있을 수 있는가? 많은 자연 과정이 단순한 종류의 질서에서 시작해 계산할 수 없는 난류(亂流)의 단계를 거쳐서 카오스 속에서 놀랍게 풍성한 형태의 예측할 수 없는 질서, 즉 컴퓨터 영상으로 가장 잘 그려질 수 있는 질서를 발현하는 것으로 끝이 난다. 그러나 컴퓨터가 없어도 우리는 카오스의 의미를 이해할 수 있다. 예를 들면 한 주전자의 수프가 스토브 위에 찬 상태로 올려져 있다고 하자. 그 분자들은 상대적인 평형의 상태에 놓여 있다. 만약 불을 켠다면 수프의 분자들은 모든 장소에서 활발하게 움직이기 시작하고 거친 동요가 잠시 동안 지배적이 된다. 그러나 그 후에 놀라운 일이 벌어진다. 그것이 뜨거워지면서 적절한 조건하에서 육각형 모양의 대류 세포가 액체 속에서 형성되기 시작한다. 에너지가 불안정한 계에 공급될 때 당황스러울 정도의 질서가 종종 그것에서 기대하지도 않았을 때 '등장'한다. 오늘날 이것은 많은 과학적 경이의 원인이다.

자연에 셀 수 없는 현상들이 열역학적 평형과는 거리가 먼 상태— '카오스의 언저리'—에서 '자발적으로' 생겨나는 질서라는 동일한 특징을 나타낸다. 그래서 과학자들은 오늘날 '카오스'에 대해서 말할 때

이 용어는 단지 무질서나 무작위성뿐 아니라 종종 난류로부터 신기하게 생겨나는 계산할 수 없는 복잡한 패턴들을 포함한다.

자연에는 이전의 과학이 알아차리지 못한 훨씬 더 많은 '카오스'가 있다. 과학자들은 시간상으로 불변인 자연의 법칙들에 분명히 기초한 물리적 실재가 엄격하게 인과적 경로를 따른다고 가정하곤 했다. 그들은 결정론적 개념에서 자연 과정의 이탈을 관찰한다면 그들의 측정에 뭔가 잘못이 있다고 확신했다. 자연 자체는 근본적으로 그들의 수학적 이상에서 추호라도 흔들릴 수 없었다. 그러나 이제 카오스 이론은 완전히 예상 가능한 결과를 내는 인과적으로 결정된 과정들은 자연에 좀처럼 생겨나지 않는다는 것을 함축한다. 그것들은 실제 세계가 아니라 과학자의 수학적 추상화에서만 전형적으로 존재한다.

과학이 주장하듯이 과학이 실제 세계에 관한 것이라면 과학은 왜 실제로 자연에서 무엇이 일어나는지를 알아보지 않는가? 수학적 계산이란 거친 근사 이상 아무것도 아니라는 것을 왜 받아들이지 않는가? 카오스와 복잡성으로 새로이 전환하는 것은 사실상 많은 과학자들이 자신들의 전문 분야를 다시 생각하게 만들고 있다. 카오스와 복잡성은 근대 과학의 과도한 추상적 특성을 은연중에 배격한다. 그것들은 그 이상으로 과학이 무엇에 관한 것인가에 대한 우리의 이해 전체를 극적으로 전환시킬지도 모른다.

예를 들면 그것들은 과학의 경험적 요구에 따라 선험적으로 수학적 구도에 들어맞는 것들만이 아니라 더 진지하게 모든 자료를 면밀하게 관찰하도록 우리를 압박하고 있다. 새로운 과학은 경이에 더 열려 있고 정확한 예측에 덜 사로잡혀 있다. 컴퓨터 영상화를 사용해서 카오스와 복잡성의 연구자들은 더 근사적으로 자연 과정이 실제로 자연 속에서 어떻게 전개되는지를 재현하기를 희망한다. 종교적 근본주의자들이 텍스트 이면의 풍부한 의미의 층위들을 보기 위해 소박한 성서문자주의를 포기해야 했듯이 이제 과학자들도 그들의 우주적 '문자주의'를 포기하고 실제적 우주를 더 통찰력 있게 바라보기를 요구받는다.

그들은 무엇을 볼 것인가? 그들은 자연이 주로 자발적으로 자기를 조직하는 복잡한 패턴으로 이루어져 있다고 볼 것이다. 이러한 많은 패턴들은 '복잡성'이라고 알려진 특성을 드러낸다. 과학자들이 '복잡성'에 대해서 말할 때, 오늘날 그들은 정교하고, 창발적이며, 적응적이며, 자체 조직적인 체계를 의미한다. '복잡성'의 예는 세포, 유기체, 뇌, 생태계, 경제체제, 그리고 심지어 종교도 있다.

물론 과학은 항상 자연 속에서 질서를 보아왔다. 그러나 그것이 전통적으로 '발견한' 질서의 종류는 단지 무진장하게 풍부한 만휘군상(萬彙群象)을 감추는 빈약한 수학적 겉모습뿐이다. 예를 들면 최근까지 물리과학은 그래프상에서 직선으로 나타낼 수 있는 선형 항으로 계산될 수 있는 종류의 질서만을 조명하는 데 거의 몰두해왔다. '선형성'은 인과적으로 연관된 단계의 연속을 따라 이상적으로 추적될 수 있는 과정을 지칭하는 것이므로 우리가 단지 시작 조건만을 알면 그 최종 결과를 정확하게 예측할 수 있다. 예를 들면 한 물체가 탑의 꼭대기에서 땅 아래로 떨어져야 할 거리를 미리 측정하면 우리는 중력의 법칙에 대한 우리의 지식에 기초하여 그것이 지면에 도달하는 데 얼마나 걸릴지를 계산할 수 있다. 그리고 우리는 돌이 낙하할 동안 특정한 시점에 정확하게 어디에 있을지를 알려줄 그래프상의 일련의 점들을 찾아낼 수 있다. 이것이 우리 중 많은 수가 고등학교와 대학 물리 수업 시간에 배운 선형 과학이다.

선형 과학에 대한 열쇠는 약간의 정확성을 갖춘 초기 조건에 대한 지식(즉 땅으로부터의 거리, 중력 가속도, 공기의 저항 등)이다. 우리가 이러한 초기 조건을 알고 있다면 단지 우리의 그래프 위에 선을 연장함으로써 미래를 예측하기는 비교적 쉬울 것이다. 이러한 종류의 예측 가능성은 대부분의 공학과 기술을 가능하게 만드는 것이다. 우리가 인공위성을 발사하고 그것과 랑데부하고 우주인을 달에 보내는 것을 가능하게 해주는 것이 이러한 선형 사고인 것이다.

카오스와 복잡성을 연구하는 과학자들은 선형 과학을 무효화하고 포기하기를 희망하지 않는다. 그것이 없다면 우리는 우리의 기술 사업에 별로 통제력을 갖지 못할 것이기 때문이다. 하지만 그들은 오늘날 선형 과학이 자연에 가장 단순한 사건들을 제외한 어떤 것을 재현할 능력에 있어서 얼마나 제한적인가를 깨닫고 있다. 왜냐하면 많은 자연 과정의 초기 조건이 완전히 정확하게 예측할 수 있는 정도의 정확성을 가지고 낱낱이 파악될 수 없기 때문이다. 많은 과정들이 최초 몇 단계를 지나지 못해 그것을 정확히 그려내는 것이 거의 불가능해진다. 예를 들면 뇌우(雷雨)가 형성되는 정확한 방식은 여전히 계산이 불가능하다. 식물, 배, 면역 체계, 생물종, 경제 체제가 어떻게 진화하는지에 대해서도 마찬가지다. 행성의 회전이나 벽돌의 낙하조차도 우리가 예상했던 것만큼 정확하게 결정할 수 없다. 대부분의 자연 현상들이 어떻게 발생하는지 정확하게 미리 결정하기 위해 우리가 통달할 필요가 있는 모든 초기 조건들을 일일이 파악하기 위해서는 거의 전지자(全知者)가 되어야 할 것이다. 미래 산물의 정확한 예측은 대부분의 경우에 거의 불가능하다.

이것은 뉴턴과 라플라스, 심지어 아인슈타인과 다른 과거의 과학자들로부터 기대했던 것이 아니다. 3백 년 동안 우리는 과학의 임무가 모든 자연 현상의 미래 상태를 정확하게 예측하는 것이라고 생각했다. 분명히 과학은 몇몇 표준적인 물리적 과정의 경우를 제외하고는 이것을 실제로 수행하는 데 성공하지 못했다. 그러나 이러한 영역에서 이루어진 제한된 성공은 과학자들에게 언젠가는 예측적 설명이 다른 영역, 심지어 생명, 의식, 인간 문화의 영역에까지 미칠 수 있다는 확신을 가져다주었다. 그러나 이제 과학은 정체성 위기를 통과하고 있다. 대기 중의 난류로부터 새로운 종의 진화에 이르기까지 과학은 자연의 가장 놀라운 현상들에서 일어날 것을 정확하게 예측할 능력이 없음을 시인하기 시작했다.

그러나 과학이 그렇게 많은 자연 과정의 결과들을 정확하게 예측할 능력에서 극히 제한적이라면, 과학은 무슨 소용이 있는가? 과학의 목적은 무엇인가? 우리는 그것이 단지 기술하는 것이 아니라 설명하고 예측하는 것이라고 생각했다. 우리는 물리적 현상들이 어떻게 밝혀질지 알기 위해 과학이 단지 주변에서 기다리는 것이 아니라 미래를 예측할 수 있어야 한다고 생각했다. 그러나 카오스와 복잡성을 연구하는 과학자들은 과학이 기술하기보다는 설명해야 한다는 주장에 덜 경도되어 있다. 그들은 여전히 자연에서 보이는 많은 질서를 만족스럽게 설명할 수 없다. 그들은 복잡한 질서가 카오스에서 '자발적으로' 발생할 수 있다는 것이나 겉보기에 단순하고 계산할 수 있는 과정이 갑자기 난류를 일으킬 수 있다는 사실에 놀란다. 그들은 예측하지 못할 정도로 복잡하고 종종 아름다운 질서의 형태로 '이상한 끌개strange attractor'라는 패턴이 카오스적 과정을 끌어당기는 경향이 있음에 놀란다. 그러나 지금까지 이 분야에서는 설명 비슷한 것이 매우 적게 제시되었다.

과학에서의 설명은 전통적으로 생명체 같은 복잡한 현상을 화학이나 물리학에서 연구된 더 간단한 현상들로 환원하는 것을 의미했다. 그러나 카오스와 복잡성은 환원적 설명이 통하지 않는 것으로 보인다. 그것들은 더 근본적인 무언가로 환원 불가능한 일종의 형식적인 조직 관계로 이루어져 있다. 그리고 그것들은 초기 조건에 극도로 민감해 아래쪽에서 위쪽으로 설명이 가능하지 않다. 그러므로 그것들은 우리가 과학을 수행해온 전체 방식에 이의를 제기한다.

물론 컴퓨터 영상화 없이 우리는 단순히, 그리고 결정론적으로 시작해서 난류적이거나 혼돈적이 되고 결국에는 놀랍게 복잡한 상태로 직행하는 많은 과정을 거의 알아차릴 수도 없었다. 컴퓨터 기술은 마침내 '카오스의 언저리'에 있어 계산할 수 없는 양식화의 현실을 과학자들이 알아보게 만들어주었다. 컴퓨터 화면 위에 위상 공간 '끌개'(그것은 마치 동역학적 계가 중력에 의해 끌려가는 기하학적 웅덩이와 같은 기능을 한다)를 맵핑mapping함으로써 복잡성과 카오스 과학은 과학사에서 전적으로 새로운 시대로 돌입하고 있다. 최초로 과학은 자연 세계의 복잡한 적응계를 체계적으로 가까이서 들여다보고 있다. 고전 과학은 그렇게 분석적이고 원자론적이었기 때문에 그것은 우주에 적응하려고 노력하는 자체 조직적 계의 형태로 우주가 펼쳐진다는 놀라운 사실을 명쾌하게 알아차리지 못했다. 복잡성과 카오스 과학은 우리가 이러한 계들과 그들의 이상하고 예측 못할 패턴을 더 이상 무시할 수 없다고 우리에게 말하고 있다.

그런 계산할 수 없는 자연의 패턴의 대표적인 예는 날씨 형성이다. 일기 예보는 다음 몇 시간이나 며칠에 걸친 기상 조건을 대략적으로 정확하게 예측할 수 있지만, 긴 시간에 걸쳐서는 정확히 예측하지 못한다. 먼 미래에 기상 패턴을 예측하기 위해 우리는 정확하게 알아야 하는 모든 조건들을 생각처럼 쉽게 고정시키지 못한다. 현재 조건의 가장 작은 변이도 하나의 요인으로 고려되어야 할 것이다. 물론 모든 관련된 상세 항목에 낱낱이 주목하기는 불가능하다.

카오스 이론은 서로에게 매우 가깝게 시작하는 두 계열의 사건들이 엄청나게 달라지는 결과를 내놓을 수 있음을 보여준다. 정확하지는 않지만 쉬운 예는 급류의 꼭대기에 두 컵을 매우 가깝게 놓는 것이다. 그들의 초기 조건은 거의 동일하지만, 처음의 그들 사이의 미세한 차이는 물살의 난류를 따라 컵이 흘러가면서 극적으로 확장된다. 그것들은 아래로 흘러갈수록 점차 더 큰 거리로 벌어지게 될 수 있다. 그러므로 그들의 나중 위치는 '초기 물리 상태에 극도로 민감'하다고 말할 수 있다.

우리는 그동안 선형 방식으로 자연의 모든 것을 그래프로 표현하고 완전히 이해할 수 있다고 생각해왔다. 이것은 우리에게 미래에 대한 과학적인 통제력을 제공할 것이라고 기대했다. 그러나 이제 과학자들은 대부분의 자연의 결과들이 그들의 초기 조건에 얼마나 극도로 민감한지 인식하기 시작하고 있다. 즉 허리케인의 발전이나 배(胚)의 성장처럼 어떤 과정의 시초에는 극히 미세하여 측정할 수도 없는 교란이 그 과정이 전개되어가면서 나중 단계에는 엄청난 차이를 야기한다.

전설에서는 미세한 유전적 변이가 헬레네에게 트로이를 멸망시킬 아름다움을 주었고 역사에서는 클레오파트라의 코처럼 작은 것이 로마제국의 변동에 영향을 미쳤다. 이제 자연 세계에서도 허리케인의 모양이나 형태는 그 발달의 시초에는 나비 날개의 펄럭임같이 무의미한 것에 의해 상당 부분이 결정될 수 있음이 알려졌다. 놀랍게도 움직이는 당구공의 1분 후의 위치를 예견하기 위해서 우리는 우리 은하의 바깥쪽 변두리에 있는 전자의 만유인력을 고려하는 것이 필요할 것이다.[2]

이것은 오늘날 어떤 과학자들이 예측 가능성에 대해 별로 말하지 않고 '나비 효과'에 대해 많이 말하는 이유이다. 자연의 많은 것들은 초기 조건에 '극도로 민감하다'고 한다. 우리 우주가 생명체와 생각하는 존재를 내놓을 가능성조차도 우주 기원의 초기 물리 조건이 매우 정확하고 민감하게 배열되어 있기를 요구할 것이다. 생명과 마음의 진화적 출현은 우주의 초기 조건과 기본 물리상수의 가장 극미한 변동에 의존한

222

다. 만약 팽창률, 중력, 양성자와 전자의 질량비가 단지 미세하게 달랐다면, 생명에 필수적인 셀 수 없는 물리적 조건이 적어도 현재의 우주에서 존재하지 않을 것이다. 나비 효과는 우주의 전역사에 적용되는 것으로 보인다.

초기 조건에 대한 민감성, 이상한 끌개, 복잡한 패턴에 관한 새로운 과학적 논의에 신학적 함축이 존재하는가? 예를 들면 왜 우리는 셀 수 없는 질서의 형태로 다양화되도록 의도된 우주에 살고 있는가? 과학만이 다양성, 예측 불능성, 그리고 복잡성을 향하는 세계의 경향을 설명할 수 있는가? 그리고 왜 복잡성뿐 아니라 적어도 오랜 시간에 걸쳐 카오스의 언저리를 따라 증가하는, 즉 창발하는 복잡성을 향한 끊임없는 경향이 존재하는가? 왜 우주는 이러한가? 이것들은 신학자뿐 아니라 과학자들 스스로가 묻고 있는 질문이다.[3]

1세기 남짓 동안 열역학 제2법칙은 물리학과 지적 문화 양쪽을 모두 지배해 결국에는 우주적 비관론을 끌어냈다. 우주는 심연으로 향하는 엔트로피의 경사를 내리닫고 있는 것으로 보였다. 그러나 엔트로피의 개념에는 왜 우주가 그 시초부터 점차 다양하고 더 복잡한 질서의 형태로 움직여왔는지 이해하도록 도와주는 것이 아무것도 없다. 과학은 '완성되지 않은' 우주의 흥미로운 특징 중 하나, 즉 우주는 끝없이 흥미롭고 새로운 패턴으로 갈라져 나가기 위해 '카오스의 언저리'를 찾아내려는 불가항력적인 경향이 있다는 사실을 단지 얼버무려왔다. 물리학과 진화론의 자연 선택의 원리도 우주가 왜 '놀라운 대칭'을 유지하고 더 풍요로운 새로운 질서의 양식을 향해 나아가도록 배치되어 있는지를 정확하게 설명하지 못한다. 왜 그것은 진정한 물리적 평형이라는 더 그럴듯한 상태에 고착되어 유지되지 않았는가? 또는 그 전체 에너지 수준이 내려감에 따라 왜 그것은 그렇게 많은 아름다움이라는 겉보기에는 쓸데없는 우회로를 거쳐가는가?

열역학 제2법칙을 어떤 식으로든 위배하지 않고 우주는 열역학적 평형과는 먼 상태들에서 예측불허로 '창발하는' 복잡한 계의 끝없는 배열을 환영해왔다. 우주가 창발하는 질서의 신비한 잠재력을 드러내는 것은 특히 분명히 '카오스'에서 생겨나 이루 헤아릴 수 없는 '복잡성'의 계로 고착되는 생명체에서다. 그래서 자연의 많은 계들은 세포로부터 유기체, 마음, 문명에 이르기까지 물리적 평형과는 먼 상태에서 다양한 시기 동안 나타나고 안정화된다. 그리고 가장 흥미로운 일이 일어나는 곳은 바로 거기—카오스의 언저리에서—다.

왜 과학이 그렇게 오랫동안 이 사실을 무시했는지는 그 자체가 흥미로운 연구 주제가 될 것이다. 그러나 이유가 무엇이든, 몇몇 과학자들은 마침내 선형 수학에 대한 도전으로 자연의 복잡한 적응적 양식화를 인식하고 있다. 그들도 이제 왜 자연이 점점 복잡해지는 경향을 갖는지 묻고 있다. 이 새로운 '왜'라는 질문이 과학을 신학의 가장자리로 데려오지 않는가? 여기에 대한 몇 가지 가능한 대답이 있다.

1. 갈등

옛 자연 신학의 설계 논증 옹호자들이 지금 자연의 복잡한 패턴의 연구에 쏠리는 모든 새로운 과학적 관심을 목격했다면 기뻐했을 것이다. 자연 신학자들은 과학이 표면상 혼돈스럽게 보이는 과정에서 밝혀내고 있는 놀라운 질서와 이상한 끝개의 배후에서 틀림없이 신의 손길을 보았을 것이다. 그러나 과학적 회의론에 지적으로 안주하는 우리들은 우리를 종교로 이끌어갈 카오스와 복잡성에 대한 새로운 과학의 강조에서 아무것도 찾아내지 못한다. 사실상, 새로운 과학에서 주로 강조하는 물질의 자체 조직화의 철저한 자발성은 질서를 부여하는 신성의 개념을 어느 때보다 더 쓸데없게 만드는 것으로 보일 것이다. 밝혀진 대로 물질 자체는 본유적으로 자체 조직적이다. 그리하여 거기에는 카오스에 질서의 도장을 찍을 이질적인 초자연적 설계자가 필요 없다. 카오스는 자발적으로 질서를 낳고 자연은 맹목적으로 가장 적합한 체계를 선택한다. 자체 조직화는 물질의 환원할 수 없는 특성이어서 정돈된 복잡성이라는 현상은 그 자체를 뛰어넘어 아무런 설명도 요구하지 않는다.

분명히 자연이 복잡한 적응계로 구성되어 있다면, 비록 과거의 거친 역학적 모형들이 계속 공학에서 응용 가능하더라도 우리는 더 이상 우리 과학을 이것들에 기초할 수 없다. 우리는 물리적 우주가 과학적 회의론자들이 생각했던 것보다 훨씬 더 미묘하다는 것을 받아들인다. 그러나 그 모든 것 때문에 우리는 여전히 쉽게 유물론자로 머물 수 있다. 사실, 물질이 우리가 일찍이 의심했던 것보다 더 놀랍고 우리는 이전의 과학자들이 열망했던 동일한 방식으로 생명과 의식을 환원하고 분석할 수 없을지 모른다. 그러나 모든 복잡성 속에서 생명은 순수하게 물질적인 과정으로서 생겨나고 의식조차 소화만큼 신비롭지도 마술 같지도 않다. 만약 우리가 모든 복잡한 현상에 대해 순수하게 자연적인 설명을 위해 투쟁하기를 멈춘다면, 그것은 과학으로부터의 비겁한 탈출이며 신비주의에게 유아적인 조건부 항복을 하는 셈이다.[4]

더욱이 복잡성의 과학은 모든 현상들이 물질적으로 일어나고 결정됨을 부인하지 않는다. 단순히 그것은 우리가 전지하지 않기에 모든 자연의 사건들을 이해하기 위해 알아야 할 모든 조건들을 미리 일일이 열거할 수 없다고 말한다. 원리상 우리는 우주를 컴퓨터로 모형화할 수 있다. 다만 계산이 너무 복잡해서 그것은 완전하게 수행될 수 없을 뿐이다. 어떠한 자연적 과정이든 그 자체의 계산 결과이지만 우리가 아는 한 그것은 여전히 고전 물리학이 주장하듯이 결정론적일 수 있다. 간단히 말해서 카오스와 복잡성은 우주의 종교적 해석에 아무런 새로운 보장을 제공하지 않는다.

2. 분리

물질이 자체 조직적이라는 사실 또는 질서가 카오스로부터 자발적으로 생겨난다는 사실은 결코 우리의 신학적 관점을 교란시키지 않는다. 만약 물질이 본래 자기 조직적이라면, 이것은 우리에게 물리 신학을 추종하는 자연 신학자들이 항상 무지의 공백에 끼워 넣으려는 피상적인 신을 배격할 더 많은 이유를 제공한다.

자연 신학은 자연의 복잡한 질서를 '설명'할 신적 설계자를 발명해낸다. 예를 들면 윌리엄 페일리는 복잡한 질서가 자발적으로 생겨났을 리 없다고 주장했고 자연의 질서를 설명하기 위해 그 공백을 메울 그의 유약한 신적 시계공을 만들어냈다. 그러나 우리는 항상 자연 신학에 대해서 의구심을 품어왔다. 인간이 하잘것없는 과학과 이성의 장치를 통해 도달하려고 하는 신은 계시의 신과는 별로 관계가 없다.

그러므로 무작위성에 질서를 부여하기 위해 개입하는 초자연적 설계자를 배제함으로써 회의론자들은 실제로 우리가 옹호하는 신학에 큰 기여를 해왔다. 그들은 신이 진정으로 중요한 곳, 즉 과학적 호기심을 충족시키는 방식이 아니라 인간의 자유와 의미의 추구와 연관된 사안에서 우리가 신에 대해서 말할 수 있게 허락했다. 그래서 우리는 카오스와 복잡성의 새 과학이 아무런 신학적 함축이 없다는 것에 동의한다. 계시의 '언어'를 통해서만 우리에게 말하는 신은 적절한 자격을 얻기 위해서 과학의 발전을 기다릴 필요가 없다. 우리가 인류 원리에 대하여 앞장에서 말한 유보가 여기에서도 마찬가지로 적용될 수 있다.

3. 접촉

신학과 우주론 사이의 접촉을 거부함으로써 분리 접근자들은 두 전문 분야에 모두 해를 끼친다. 우리가 자연주의적 설명이 결국에는 조명할지도 모르는 인간의 무지의 어두운 영역에 '공백의 신'을 삽입할 여지를 두지 않으려고 그들이 걱정하는 것은 정당하다. 그러나 카오스와 복잡성에 대한 새로운 강조는 근대적인 회의론을 일으킨 과학에 의해 무시당한 자연의 측면을 우리의 관심 분야로 불러낸다. 이 새로운 과학은(우리가 그것을 그렇게 부를 수 있다면) 양식화라는 널리 퍼진 현상에 신선한 방식으로 우리의 관심을 집중시킨다. 그렇게 하면서 그것은 신선한 과학적 발견에 의해 채워질 수 있는 또 하나의 공백이 아니라 자체적으로 존재하는 근본적인 것을 다룬다.

결국 우리는 사물의 '존재'에 대한 심오한 질문과 그것의 양식화의 현실을 실제로 구분할 수 있는가? 도대체 어떤 것이 존재하기 위해 어느 정도의 조직화된 구조를 가질 필요가 없을 것인가? 적어도 그것을 구성하는 성분의 내적 정돈 없이 어떤 것이 실재성을 가질 수 있는가? 화이트헤드가 말했듯이 우리의 입장은 사물은 일정한 방식으로 질서를 갖지 않고는 존재할 수 없다는 것이다.[5] 미결정성이란 비존재와 동일한 것이다. 질서 없음은 '사물 없음'을 의미한다(그것은 일반적으로 '무'라고 불린다). 왜 우주에는 복잡성이 있는가에 대해 오늘날 과학자들이 묻고 있는 질문은 왜 무언가가 존재하는가에 대한 신학적 질문과 백지 한 장 차이다. 결국, 그 새로운 과학은 고전 물리학의 원자론적 · 기계론적 추상화가 할 수 있었던 것처럼 깔끔하게 종교적 질문들로부터 분리될 수 없다.

우선 과학 연구의 가능성이란 과학의 탐구 분야로서 양식화라는 현실을 전제한다. 과학은 우리에게 우주 질서의 특수성에 대해 흥미로운 새 것을 가르쳐주며 카오스와 복잡성을 다루는 새 과학이 바로 그 일을 하고 있다. 그러나 과학은 혼자 힘으로 양식화의 벌거벗은 현실을 설명할 수 없다. 실제로 과학은 그것이 전에 전혀 알아차리지 못한 복잡한 설계를 발견하고 있다. 컴퓨터를 써서 과학은 카오스의 경계에서 나타나는 이상한 형태의 질서를 이전보다 더 가깝게 모형화할 수 있다. 그러나 과학자들은 "왜 양식화가 존재하는가?"라는 아주 심오한 질문을 제기하면서 그것에 의해 그들이 형이상학에 위험하게 접근해가고 있지 않은 것처럼 가장할 수 있는가? 그들이 왜 복잡한 양식화가 다양성, 창발성, 적응 가능성, 상호작용성의 특징을 갖는지를 궁금해할 때, 그들은 신학과의 접촉 없이 끝까지 그러한 연구를 계속해나갈 수 있는가? 우리의 접근법은 과학과 융합하는 것을 피하기를 원하지만 최근에 복잡성과 카오스에 대한 논의가 활발하게 전개되는 것이 시사하는 몇 가지를 무시할 수 없다.

　　우선 더 많은 무질서를 기대할 수 있는 곳에서조차도 질서가 생겨나도록 허용하는 놀랍게 너그러운 우주의 묘사를 새로운 과학이 확장시키는 것은 신학적으로 중요하다. 우주 주위의 무언가가 그 경계 안에서 무작위성을 우아하게 지배하고 있다는 것은(과학 자체가 구체적으로 밝히지는 않은 우주의 특성이지만) 주목할 만하다. 새로운 에너지가 흘러들 때 안정한 계들은 난류적이 되지만 항상 더 심한 카오스로 급격하게 쇄도하지는 않는다. 놀랍게도 그것들은 평형과는 거리가 먼 상태에서 훨씬 더 풍성한 양식화와 안정성을 얻는다. 왜 우주는 카오스를 복잡성과 질서로 바꾸는 이렇게 놀랍고도 너그러운 습성을 가지고 있는가? 왜 진화가 시간적으로 진행됨에 따라 복잡성에 있어서 전반적인 증가 또는 강화가 있는가? 마치 '자발적'과 '자체 조직적'이라는 표현이 이해에 도달하려는 우리의 열망을 잠재울 수 있는 것처럼 과학자들은 이 형용사들을 너무 거만하게 씀으로써 엄청나게 많은 신비로운 현상들을 신속하게 덮어버린다.

우리는 열역학 제2법칙을 따라 이전 세대 과학자들이 제기한 질문을 억누를 수 없다. 무슨 권리로 우리는 우주가 단순히 단조롭고 균일한 존재의 양상에 머무르지 않고 새로운 양식화로 그렇게 엄청나게 펼쳐질 것을 기대해야 하는가? 지금까지 이른바 복잡성의 '과학'은 진정한 설명을 제시하지 않았다. 우리는 물론 복잡성의 과학이 양식화와 창발성이라는 무시된 사실을 새롭게 강조한 것에 감사한다. 그러나 과학자들이 스스로 시인하듯이 복잡성의 과학은 설명적이라기보다는 기술적이었다.

한편 이 새로운 과학들이 조직화를 강조하는 것이 우리를 유혹할지라도 우리는 자연 신학으로 갑작스럽게 돌아갈 마음이 전혀 없다. 오히려 우리는 카오스와 복잡성에서 새로운 '자연의 신학theology of nature'을 건설하라는 초청을 발견한다. 그것은 결코 자연 신학과 같지 않다. 자연의 신학은 과학으로부터 신의 존재를 증명하려고 노력하지 않는다. 대신에 복잡하고, 카오스적이며, 적응적이고, 진화적인 계로 이루어진 우주라는 새로운 묘사를 창조적이며 약속하는 신에 대한 우리의 믿음과 통합할 방법을 찾는다.

물론 그러한 신의 개념이 과거의 선형 과학과 잘 들어맞지 않는다는 것은 비밀이 아니다. 과학주의, 유물론, 환원주의에 안연히 거하는 과학적 유물론자들은 모든 신의 개념을 틀린 것으로 배격했다. 그러나 복잡성과 카오스의 과학은 오늘날 과학적 회의론의 지적 개연성에 대해 우리에게 무언가를 가르칠 수 있다. 왜냐하면 과학의 새로운 지향은 신의 개념에 대한 과학적 회의론의 판단이 생겨난 토대였던 근본적인 믿음들에 이의를 제기하거나 심지어 그런 믿음들을 무너뜨리고 있기 때문이다.

가령 요즈음, 과학은 근대의 유물론적 무신론의 지적 핵을 구성했던 선형 추상화에 과학이 사로잡혀 있었던 것에 의문을 제기한다. 비선형계가 자연에 널리 퍼져 있다는 인식은 자연 과정의 절대적인 선형 속성의 소박한 확신에 기초했던 유물론과 환원주의의 과학적 신빙성을 의심하게 만든다. 과학 자체가 근대 과학의 회의론의 토대를 흔들고 있다. 이 놀라운 변화는 신학자들에게 흥미롭지 않을 수 없다.

그러나 훨씬 더 극적으로 카오스 이론은 유물론과 환원주의의 토대가 되는 과학적·인식론적 이데올로기에 치명적인 타격을 가한다. 카오스 이론가들은 모두 대부분의 자연 과정에서 초기 조건들을 완전히 열거하여 그것들과 그것들의 미래 상태에 대한 완전한 과학적 제어를 제공할 가능성을 강하게 부인한다. 따라서 카오스 이론은 와인버그와 호킹 같은 이들에 의해 예시된 대로 물리학의 어떤 '최종 이론'이 우리에게 자연의 '근본적' 수준에 대한 결론을 파악하게 함으로써, 과학을 완전하게 하는 개가를 올릴 것이라는 무서운 기대를 흔들어놓는다. 더욱이 비결정적인 양자 효과가 동역학적 계에 너무 민감하게 영향을 준다는 초기 조건에 포함될 수 있다면 과학은 물리적 실재를 완전히 이해하는 것에 대해 더욱더 실망할 것임에 틀림없다.[6]

그러므로 이 측면에서 그 새로운 과학들은 우리를 신비와 다시 한 번 직면하게 만들고 있다. 과학은 환원주의자들이 주장대로 세계를 탈신비화하기는 고사하고 거의 무한히 미결정적인 우주의 지평을 열고 있다. 과학이 세계의 완전한 이해를 향해 우리를 더 나아가게 한다고 말할 때에는 위험이 없다. 과학 자체에 의해 논박된 과학주의는 어느 때보다 덜 믿음직하다. 과학이 모든 것을 총괄하는 완전성의 꿈을 결코 실현시키지 못할 것이며 우리가 탐구하고 설명할 흥미로운 새로운 것이 떨어지지 않을 것을 감안해볼 때 우주는 초기부터 충분히 친절했다.

둘째로, 처음에는 철저하게 무작위적으로 보이는 동역학적 계에서 패턴이 나타난다는 사실에는 신학적 함축이 있다. 과학적 예측의 역사에 따르면 가장 복잡한 형태의 질서가 비선형적이고 카오스적인 과정으로부터 생겨난다는 것은 엄청나게 놀랍다. 기존의 과학이 선형성과 질서 사이에서 연결을 찾는 것과 오래된 신학이 기계적인 질서와 종교적으로 무관한 신적 시계공 사이에 긴밀한 연관을 주장하는 것은 어렵지 않았다. 그러나 지금 이해할 수 없고 흥분이 되는 것은 자연 질서의 가장 풍요로운 유형이 카오스로부터 출현하는 것으로 보인다는 점이다. 이전에 물리 신학은 신을 우선적으로 선형 질서의 현실에 연결시켰다. 그러나 선형성이 분명한 무질서로부터 '자발적으로' 생겨나는 일종의 질서에 양보하는 지금, 우주의 설계자는 어찌되었는가? 이 다른 세계는 새로운 우주론과 새로운 자연의 신학을 요구하지 않는가? 그것은 우리가 이 세계와 연결시키기를 바라는 창조주에 대하여 신선한 방식으로 생각하는 것을 요구하지 않는가?

카오스와 복잡성은 신을 우주 질서의 근원뿐 아니라 경이의 근원으로 묘사하는 종교적 경험과 매우 잘 일치하기 때문에 신학에 자극이 되고 있다. 결국 우리 전통 속에서 신은 우선적으로 카오스나 난류를 일으키는 새로움의 궁극적 근원이다. 아브라함에서 기원하는 종교들은 아브라함의 믿음이 미결정의 약속에 대한 개방성으로 이루어져 있듯이 신을 질서의 유지자뿐 아니라 항상 새로운 미래를 가져오는 존재로 생각한다. 이것은 항상 우리가 경이에 열려 있는 미래를 기대함을 의미하며, 이는 곧 우리의 미래가 놀랍고 새로운 발전이 야기할 수 있는 카오스에 열려 있음을 의미한다.

우리의 형이상학적 관점에서 카오스는 아직 미완성인 방식으로 창조된 우주의 근본적인 특징이다. 여전히 만들어지고 있는 우주는 정의상 우주 질서의 현 상태를 중단시킬 수 있는 신선함과 새로움에 열려 있다. 새로움이 어떤 질서잡힌 상황으로 들어가면 그것은 반드시 사물을 요동시키게 마련이다. 카오스가 뒤이어 일어나지만 새로움이 가져오는 카오스는 단지 무질서의 종말이 아니다. 오히려 그것은 새로운 창조를 위한 기회다. 창조성은 '카오스의 언저리'에서 생겨난다. 왜냐하면 새로움이 조용히 세계로 들어올 수 있는 것은 정체된 평형의 경직된 상태보다는 오히려 이러한 모험적인 국면에서이기 때문이다.

그래서 우리가 '모든 것을 새롭게 만드는 이'로서 신을 이러한 새로움의 궁극적인 근원으로 생각한다면, 신은 옛 자연 신학이 허용했던 것보다 카오스에 더 가까움에 틀림없다. 만약 우리가 신을 배타적으로 질서의 근원으로만(새로움의 근원은 아닌) 생각한다면 무작위성과 카오스의 현실은 신의 존재에 대한 회의론을 일으킬지도 모른다. 그러나 우리 종교의 신은 질서와 생명의 창조자일 뿐 아니라 새로운 질서와 새로운 생명의 창조자이기도 하다. 그리하여 우리의 신학(창조의 성서적 설명에서 친숙해진 대로)은 신의 창조성이 카오스에 매우 가깝게 머물고 있음을 발견한다.

이것은 이전에 비관적 우주론의 동료였던 엔트로피에 새로운 의미를 부여한다. 뭔가 새로운 것이 이미 정돈된 배열로 들어갈 때는 언제든지 현재의 질서 상태는 무너져 카오스로 들어가려 한다. 새로움에 수용적이기 위해 경직된 정돈 상태는 무너져야 한다. 자연이 더 넓고 더 복잡한 양식화를 찾으려고 할 때 자연은 엔트로피를 고려할 때 '카오스의 언저리'를 향해 움직여가는 것이 자연의 본성이다. 세계의 원자적·분

232

자적·유기적 구조는 그것이 더 복잡한 배열로 나아가려면 먼저 헐거워져야 한다. 만약 자연의 질서가 절대적으로 비유동적이라면 양식화의 새로움, 성장, 생명, 적응 과정 등은 있을 수 없다. 엔트로피는 진정으로 새 창조를 향한 우주의 열림을 가져오는 것이 아닌가?

과학적 회의론이 항상 주장해왔듯이 카오스, 비선형성, 그리고 무작위성은 세계가 신의 보살핌 없이 존재한다는 표시가 아니다.[7] 오히려 우리에게는 그것들이 세계가 이미 존재하는 것 이상의 무언가가 되도록 보살피는 신과 조화를 이룬다. 우리는 카오스를 현 상태에 대한 신의 불만족의 결과, 즉 여전히 창조하며 세계를 새롭게 만드는 데 우리의 참여를 요구하는 창조자의 표시로 간주한다. 카오스와 복잡성은 완성되지 않은 세계, 즉 새로움의 주입에 항상 열린 세계의 표시이다. 자연은(그리고 사람들은 인간 정신을 추가할지도 모른다) 카오스의 언저리를 찾는다. 이는 그곳이 새로운 성장과 새로운 창조가 생겨나는 곳이기 때문이다. 신학적으로 말해서 카오스와 복잡성은 세계가 더 풍요롭고 더 다양하며 더 아름다워지기를 바라는 신에게로부터 나온다.[8]

그러나 우리는 우리의 신학이 결코 더 미묘한 종류의 물리 신학을 통해 신의 존재를 증명하려는 또 하나의 시도가 아니라는 것을 다시 한 번 명확하게 하기를 원한다. 우리는 단지 놀라움으로 가득 찬 창조적인 신에 대한 종교의 관념과 우주에서의 카오스와 복잡성에 대한 새로운 과학적 묘사 사이에서 우리가 인식하는 일치점을 보이려고 노력하고 있다. 우리는 우리의 신학을 끊임없이 변하는 새로운 과학 위에 기초하기를 희망하지 않는다. 그러나 카오스와 복잡성의 과학은 신학자들의 관심을 사로잡지 않을 수 없다. 왜냐하면 그들의 종교적 전통은 약속과 새로운 삶의 표시를 찾기 위해 모든 것을 들여다보도록 그들을 교육하고 있기 때문이다.

아브라함이라는 인물과 신과의 언약에 대한 그의 신뢰에 감화받은 우리는 '믿음'을 가장 보잘것없는 시작에서조차 약속의 표지를 찾으라는 초청으로 이해한다. 카오스와 복잡성의 과학은 믿음과 약속의 주제에 정확히 들어맞는 우주를 드러낸다. 자연 세계의 많은 과정이 놀라운 미약함과 단순함으로 시작한다. 그리고 난류나 카오스로 전개된다. 그 다음에는 결국 폭발해서 가장 부요하고 가장 아름다운 패턴으로 변한다. 그러한 우주는 종교적 신앙의 기초적인 윤곽과 놀랍도록 일치한다.

비록 난류가 때때로는 지배적인 것 같지만 놀라운 결과의 가능성이 남아 있어서 보통 우리는 그것을 인내심을 가지고 기다려야 한다. 우리는 실제 출현에 앞서 나타나는 자연의 아름다움의 특정한 성격을 계산할 수 없지만 놀라운 방식으로 그것이 나타나기를 기대할 근거를 가지고 있다. 마침내 우리가 배운 이 우주는 고전 과학의 렌즈를 통해서 우리가 보았던 것과는 상당히 다르며 그것은 설계자 신이라는 옛 개념과도 어울리지 않아 보인다. 그러나 약속으로 가득 찬 세계는 예언 종교의 측량할 수 없이 놀라운 신에 대한 우리의 믿음과 매우 잘 들어맞는다.

셋째로, 카오스와 복잡성의 과학은 '초기 조건에 대한 민감성'에 대한 강조 때문에 신학적으로(그리고 생태적으로도) 중요하다. 이러한 사실은 그것이 아무리 부수적으로 보이더라도 세계 속의 모든 것에 의미 또는 가치를 유발한다. 이는 진화하는 계에서 초기 조건의 가장 작은 변화조차도 우리가 그것의 전개 과정을 따라가 보면 가장 심오한 차이를 유발하기 때문이다. 초기의 가장 작은 변형이 미래의 사태에 상당히 중요하다. 이러한 사실은 우리 자신과 우리의 생명과 행동을 포함해서 모든 존재하는 것들의 독특하고 특별한 성격을 해석하기 위한 함축을 가지고 있음에 틀림없다. 모든 구체적인 것과 모든 사람이 우주의 전체 성격을 형성하는 데 차이를 만들기 때문에 의미를 갖는 것은 단지 추상적인 보편 법칙만이 아니다. 우리의 세계는 그것의 가장 작은 부분이라도 존재하지 않는다면 같은 세계가 아닐 것이다.

넷째, 복잡성과 카오스의 우주는 강제적이기보다는 부드럽고 설득적인 신의 능력에 대한 개념을 제시한다. 전체 세계는 진화한 초기 조건에 대하여 매우 민감해서 야만적 힘보다는 부드러움에 의해 더 많이 인도되는 것으로 보인다. 우주 과정의 초기 조건에 대한 극도의 민감성은 신의 섭리 개념을 해석하기 위해 새로운 은유를 신학에 제시한다. 신은 마술의 순간적인 사용으로 세계를 최종적인 형태로 만들어내지 않는다. 신은 세계를 우주의 통치자의 방식으로 결정론적으로 인도하는 선형 수학자도 아니다. 오히려 우주는 시초부터 적응계의 창조적인 다양성으로 그것이 증식되도록 허용하는 부드럽고 강제적이지 않은 자체 질서잡기에 의해 영향받는 특성을 드러낸다. 우리가 이러한 장면과 연결시킬 수 있는 창조주는 고전적인 자연 신학이 좁게 상정한 신적 기계공과 같지 않다.

카오스적 우주 진화의 특정한 단계들은 초기 조건들에서 분명하게 예정되어 있지 않다. 역사의 전개에는 상당한 자유가 있다. 그러나 우리는 초기 조건들에 대한 부드러운 제한이 있어 적어도 우주가 더욱더 흥미롭게 되는 방향으로 기울어져 있음을 추측하지 않을 수 없다. 무한한 사랑과 완전히 양립 가능한 신의 자기 제한적 속성을 감안할 때 우리는 우주 또는 그것의 특수한 과정이 마치 미리 존재하는 계획에 들어맞도록 강요되듯이 엄격하게 결정적인 방식으로 전개되기를 기대하지 않는다. 대신에 거기에는 실험하고, 방황하고, 심지어 그것에 허락된 가능성으로부터 멀리 벗어날 여지도 있다. 우주는 카오스와 복잡성의 과학이 우리의 관심을 끄는 구조와 패턴의 종류를 양산할 것이므로 신학적 전제의 범위를 초월하지 않는다. 카오스와 복잡성이 신에 대해 경직되게 해석된 개념과 양립 가능하지 않을지 모르지만 그것들은 신의 전능성(즉 모든 것에 영향을 미칠 수 있는 능력)이 본질적으로 기계적 강제보다는 설득력 있는 사랑으로 이루어져 있다는 신의 개념과 잘 들어맞는 것으로 보인다.

이제는 낡아버린 과학적 유물론의 우주론에서는 맹목적 우연성과 비인격적·물리적 필연의 조합이 모든 것을 지배했다. 그러나 우연과 필연의 개념―과학적 유물론이 휘두르던 개념―은 너무 추상적이어서 그것들이 조잡하게 지시하는 구체적인 우주적 현실과 정확하게 일치하지 않는다. 카오스와 복잡성은 대부분의 과학적 회의론이 해왔듯이 경직된 결정론이나 맹목적 무작위성 사이에 선택할 필요가 없는 자연의 상을 우리에게 보여준다. 실제 세계는 추상적인 우연과 필연으로 이루어져 있지 않고 신뢰성과 경이에 대한 개방성의 균형잡힌 종합으로 이루어져 있기 때문이다.[9]

만약 우리가 자연의 신뢰성을 경이의 요소로부터 갈라놓으면, 우리는 우주가 비인격적인 필연성으로 이루어져 있다는 잘못된 인상에 도달하게 된다. 또는 우리가 경이의 요소를 자연의 본유적인 신뢰성에서 분리시킨다면, 우리는 모든 것을 맹목적 우연으로 환원하게 된다. 그러나 카오스와 복잡성의 개념은 신뢰성과 경이를, 그들 사이의 긴장이 있을 것임에도 불구하고, 함께 되돌려놓기를 우리에게 권한다. 그것들은 순수한 우연성과 절대적 필연성이 둘 다 자연의 구체적인 성격을 법칙적 일관성과 창조적 미래 개방성이 복잡하고 불안정하게 혼합된 것으로 파악하지 못하는 약하고 추상적 개념들임을 보게 해준다.

더욱이 카오스 이론은 극도로 복잡한 양식화가 자연의 가장 간단한 법칙들로부터 생길 수 있으며 아무 목적 없이 방황하고 겉보기에 무작위적인 과정에서조차 질서가 잠재되어 있음을 보여준다. 우주가 카오스의 언저리에서 요동할 때 그것은 과거에 의해 영향을 받지만 흥미로운 미래에 역시 열려 있다. 신뢰성과 개방성을 특징으로 하는 우주에 대한 새로운 과학의 묘사는 예언 종교에서 우리에게 주어진 신에 대한 이해와 조화를 이룬다. 자연의 신뢰성은 우리에게 신의 성실성을 바라보게 한다. 새로움에 대한 자연의 개방성은 약속의 신에 대한 우리의 신뢰로부터 우리가 기대하는 경이를 예고한다. 우리의 종교적 경험 속의 신은 약속에 신실하지만 그것을 이루어감에 있어서 항상 놀랍고 예측불허다. 현재의 자연 세계는 이러한 신의 상과 놀랍게 합치되는 것으로 보인다.

카오스 이론과 '복잡성'의 새 과학이 신학자들의 관심을 끌 다섯 번째 방식이 있다. 그것은 진화에서 창조성의 해석과 관계가 있다. 생명의 독창성과 창조성의 원인은 무엇인가? 스티븐 제이 굴드는 『다윈 이후-Ever Since Darwin』와 다른 곳에서 맹목적인 자연 선택이 진화의 창조성의 유일하고도 충분한 원인이라는 통상적인 다윈주의 노선을 따른 답변을 제시한다. 이런 가정 위에서 리처드 도킨스는 『눈먼 시계공』에서의 논의를 전개한다. 다른 많은 진화론자들처럼 굴드와 도킨스는 둘다 긴 시간에 걸친 수많은 작은 변이 중에서 이루어지는 자연적 선택이 우리를 포함해서 진화 중에 나타나는 모든 새로운 것들을 설명하기에 충분하다고 주장한다. 굴드는 변이가 이미 '올바른 방향으로 미리 설정된' 상태로 나타난다면 진화적 선택은 창조적 역할을 하지 못할 것임을 받아들인다.[10]

그러나 최근에 복잡성 과학은 유기체들이 '미리 설정된' 형태에 실제로 나타남을 주장해왔다. 가령 스튜어트 카우프만Stuart Kauffman은 자연이 생존과 재생산을 위해 몇몇 종을 선택할 기회를 갖기 전에 생명 체계는 이미 자발적으로 조직화되었음을 매우 자세히 논증했다. 진화의 창조성은 선택 이전에 일어나는 자체 조직화에서 우선적으로 생겨난다. 그러므로 자연 선택만으로는 진화의 창조성을 모두 설명할 수 없다.[11]

카우프만의 진화 이론은 신학에 아무런 직접적인 함축이 없다. 예를 들면 그것에는 그의 회의론을 방해할 아무것도 없다. 그러나 그것은 회의론자들이 종교에 대한 강력한 논박으로 자연 선택 개념을 사용하는 것에 대하여 의문을 제기한다. 진화에 대한 종교의 해석을 강제로 몰아내기 위해 회의론자들은 선택의 목적 없는 과정이 인간종을 포함하여 생명 전체를 설명하기에 충분하다고 지속적으로 가정해왔다. 그러나 우리가 카우프만의 해석을 신뢰한다면 이제 자연은 진화에 대한 전통적인 유물론적 해석보다 훨씬 더 본유적으로 창조적임이 판명된다. 자연은 사실상 '미리 설정된' 형태로 선택을 위한 거리를 제공하는 데 매우 열정적이다. 자체 조직화라는 널리 퍼진 현상은 우리의 우주가 생명체와 생각하는 존재가 나타나기를 마지못해 허용하지 않는다는 암시를 더 많이 제시한다. 오히려 자연은 그러한 중요한 사건들이 가능하게 만들기 위해 그 길을 벗어난다. 우연과 자연 선택은 진화에서 수행할 역할을 여전히 담당할지 모르지만 그것들은 더 이상 과학이 이전에 가정한 만큼 몹시 중요해 보이지는 않는다.

요컨대 카오스와 복잡성에 대한 새로운 과학적 주목이 신학에 암시하는 것은 무질서에 걸쳐서 널리 퍼져 있는 질서에 대한 종교적 직관이 사리에 맞는다는 점이다. 낯설지만 풍성한 질서의 패턴을 카오스는 놀랍게도 숨기고 있다. 적어도 유물론이 허용하는 것보다 더 상냥한 우주에 대한 암시가 있지 않은가? 그 복잡한 패턴은 우리가 가장 적게 기대하는 곳에서도 놀라운 방식으로 자발적으로 나타나는 것이라는 점은 과학적 회의론의 기초가 된 물리적 실재에 대한 냉혹한 시각에 대항한다. 회의론이 지적 세계에서 미래를 가지려면, 그것은 근대에 지적 문화로부터 신학을 몰아낸 것과는 다른 종류이어야 할 것이다. 왜냐하면 물리학이 열역학적 무질서의 최대치를 향한 우주적 경향으로 간주하는 것 아래에 숨어 있는 마지막 양식화의 놀라움이란 대단해서 그 아름다움을 우리는 측량할 수 없지만 우리는 그것을 희망할 모든 이유를 가지고 있기 때문이다.

4. 지지

카오스와 복잡성의 과학에 대하여 우리가 가장 흥미 있게 생각하는 것은 자연의 자체 조직화의 능력이다. 우주가 스스로를 창조하고 있는 것으로 보이는 점은 우리에게 큰 신학적 관심거리다. 이전의 자연 신학은 아마도 자연의 자체 조직화의 능력에 대한 새로운 과학적 논의로 교란되었을 것이다. 결국 자체 조직화하는 우주는 창조적 설계자로서의 신을 위한 여지를 거의 남겨두지 않을 것이다. 세계는 더 이상 신에게 의존하지 않는가? 세계는 스스로 적극적으로 조직화할 수 있을 정도로 자율적인가?

복잡성의 과학은 모든 수준에서 자연이 적극적으로 자체 창조적이라고 생각한다. 살아 있는 세포, 개미 언덕, 면역 체계, 생태계, 그리고 심지어 경제 체제는 단지 일일이 열거할 수 없는 내부 조직화의 추진력의 결과로 발생하는 것으로 보인다. 외부의 설계자에 대한 증거는 전혀 없다. 그것 모두는 처음부터 자연에 만들어진 실험적 · 적응적 · 창조적 동인의 결과로 일어난 것으로 보인다. 모든 복잡성에 있어서 생명과 마음의 출현조차 단지 항상 물질에 내재하는 잠재력의 전개로 과학에 나타난다. 기적적 개입은 필요하지 않다. 어떻게 우리는 복잡하고, 적응적이며, 자체 조직화하는 패턴으로 구성된 우주에 의해 신과 신의 보살

핌에 대해 계속해서 말할 수 있는가?

오랫동안 종교에 존재해왔지만 너무 오랫동안 변두리에 있었던 신에 대한 사고 방식을 자체 조직화하는 우주의 현실이 중심으로 데려오도록 허락한다는 것이 우리의 응답이다. 그리고 어떤 점에서 이러한 신의 개념은 자체 조직화하는 우주라는 과학적 개념을 예견하고 '승인' 한다. 우리가 여기에서 말하는 신은 적어도 첫눈에는 우주가 신을 필요로 하지 않는 것처럼 보이게 만드는 자체 일관성과 자기 창조력을 모든 차원에서 처음부터 끝까지 우주에 부여한다. 그러나 만약 우리가 신학의 더 깊고 근본적인 반성을 통해 신에 대해 생각한다면 복잡성 과학의 자율적이고 자체 조직적인 우주는 바로 우리가 기대하는 것이다.

우리가 지지하는 이 신학은 신을 무한한 자기 희생적 사랑으로 생각한다. 그러한 신의 속성을 지칭해 영어로 'kenotic' 이라고 부른다. 그리스어로 'kenosis' 란 '비우는 것' 을 뜻한다. 그러므로 'kenotic God' 이라고 하면 '자기를 비우는 신' 을 의미한다. 이러한 신학적 관점에서 자체 조직화하는 우주가 존재할 수 있는 것은 오직 신이 자기를 비우는 사랑 때문이다.

놀랍게 보일지 모르지만 신이 신적 자아와는 진정으로 구분되는 세계를 창조하려고 한다면 그러한 세계는 내적 '자체 일관성' 또는 자율성을 가져야 할 것이다. 단지 신이 아니라 '세계' 가 존재하기 위하여 창조물은 창조주와는 달라야 한다. 이것은 신적 창조성이 세계가 그 자체로 존재하기를 허용함을 함축한다. 그러므로 우리는 신의 '창조' 를 '내버려둠letting be' 으로 이해할 수 있다. 따라서 창조된 세계는 강제적이고 직접적인 신적 설계물이 아니다. 만약 그렇지 않다면 우주는 진정으로 신과는 구분되지 않을 것이며 신은 세계를 초월할 수도 없을 것이다. 만약 우주가 분명하게 신이 아니라면, 또는 모든 형태의 유신론이 요구하듯이 우주가 신과는 다른 무엇이라면, 카오스와 복잡성의 과학이 강조하는 자체 조직화 같은 경향을 갖는 것은 그리 놀랍지 않을 것이다.

이것을 다른 방식으로 제시하자면 독특한 우주를 창조하기 위하여 신은 신적 능력과 편재(遍在)의 행사를 자의로 '후퇴시킨다.' 창조는 신의 능력의 표현이 아니라 신의 겸손의 표시다. 신은 신적 실재와는 '다른' 무엇이 존재할 수 있도록 자의로 자기를 비운다(kenosis). 말하자면 신적 생명의 중심에는 의도적인 자기 수축, 신의 무한성을 '무'로 줄이는 것, 즉 무한한 임재와 능력의 케노시스적 후퇴가 있다. 신의 '타자他者'인 우주가 나타나도록 허락하는 것은 이러한 케노시스다. 우주가 잉태될 때부터 자체 조직화의 본유적 능력을 부여받은 것은 신의 겸손에서 나온 이러한 '타자'의 보존에 대한 사랑의 관심 때문이다. 신이 창조한 우주가 자체 조직화한다는 것에 우리가 놀라는 이유는 우리가 신의 사랑을 자기를 비우는 것으로 확장시켜 생각하지 않았기 때문이다.[12]

그러나 인간 관계에서도 우리는 느슨하게 풀어주고 간섭하지 않는 형태의 사랑을 보이는 사람에게 더 잘 반응한다. 우리가 우리 자신이기를 허락하는 이와 함께 있을 때 우리는 매우 자유롭고 자발적이 된다. 반면에 강요하는 이들에게는 답답함을 느낀다. 자신의 능력을 제한함으로써 우리 자신의 보조에 맞추어 우리의 삶을 펼치도록 허락하는 이에게 우리는 충심 어린 헌신을 한다. 반면에 우리를 강제하려는 충동을 억제하지 못하고 우리의 삶을 계속 이끌어가는 이에게는 분노한다. 불행하게도 우리는 종종 신을 스스로를 제한하면서 강력한 사랑을 베풀기보다는 이렇게 거칠게 힘을 행사하는 이로 생각한다.

자체 조직적인 우주가 존재할 수 있는 것은 신이 무한한 사랑일 뿐만 아니라 무한한 겸손이기 때문이다. 신학자들은 신적 겸손을 무시했고 '신'을 매우 거칠고 때로는 폭군적인 힘을 행사하는 이로 제시해왔다.

너무 자주 우리는 신의 개념을 신학적 모순들을 유발하는 '전능자'로 이해해왔고 그러한 모순들은 과학적 회의론자들에 의해 제대로 지적되어왔다. 그러나 우리의 견해는 신의 '능력'(그것은 '영향을 미칠 수 있는 능력'을 뜻한다)은 마술사와 같은 직접적인 능력의 과시보다는 자체 조직화하는 우주에서 보이는 겸손한 '내버려둠'에서 더 효과적으로 나타난다고 본다. 자체 조직의 능력을 갖춘 세계는 진정으로 더 온전하다. 그것은 단지 창조주의 처분에 따르는 수동적인 세계보다 더 확실한 존재를 확보한 세계다.

그러나 카오스와 복잡성의 개념을 사용해서 우리는 여전히 우주가 자기를 비우는 창조주의 임재에 전적으로 의존적이며 민감하다고 주장할 수도 있다. 계속되는 세계 창조는 간섭하지 않는 사랑으로 가능해진 역동적인 자체 조직화를 포함하는 협동적 작업이다. 우리는 세계가 존재하도록 초청하고, 계속해서 불확정과 무에서 벗어나 더 높이 자신을 끌어올리도록 도전하는 것은 다름 아닌 자신을 퍼부어주는 신적 사랑이라고 제안한다.

■주

1) '카오스 이론'에 대한 가장 좋은 소개서 둘은 James Gleick, *Chaos: The Making of a New Science*(New York: Viking, 1987)와 Stephen H. Kellert, *In the Wake of Chaos*(Chicago: University of Chicago Press, 1993)가 있다. '복잡성'의 새 과학은 Roger Lewin, *Complexity: Life at the Edge of Chaos*(New York: Macmillan, 1992)와 M. Mitchell Waldrop, *Complexity: The Emerging Science at the Edge of Order and Chaos*(New York: Simon & Schuster, 1992)에 요약되어 있다.

2) James P. Crutchfield, J. Doyne Farmer, Norman H. Packard and Robert S. Shaw, "Chaos," *Scientific American*(December, 1986), pp. 38~49가 Arthur Peacocke, *Theology for a Scientific Age*(Cambridge: Basil Blackwell, 1990), p. 42에 인용됨.

3) 이러한 흥미로운 방식으로 질문을 제기하고 있는 과학자들과 한 수많은 인터뷰를 담은 Waldrop과 Lewin의 책들을 보라.

4) 이러한 사고 방식의 예로 Lewin, pp. 167~8을 보라.

5) Alfred North Whitehead, *Science and the Modern World*(New York: The Free

Press, 1967), p. 94.

6) John T. Houghton, "A Note on Chaotic Dynamics," *Science and Christian Belief*, Vol. 1, p. 50을 보라. 그러나 John Polkinhorne은 거시 세계에서 그러한 양자 효과의 유효성에 대하여 약간의 의심을 표현했다(*Reason and Reality*(SPCK/Trinity Press International, 1991), pp. 89~92).

7) 그러한 회의론의 고전적인 예는 앞에서 인용된 Jacques Monod, *Chance and Necessity* 이다.

8) 이러한 개념들은 다시 한 번 과정 신학에서 가장 충분하고 명시적으로 상술되었지만 그것들은 종교적 숙고의 다른 형태들과 상당히 잘 부합한다.

9) John Polkinghorne, *The Faith of a Physicist*(Princeton : Princeton University Press, 1994), pp. 25~6, 75~87.

10) Stephen Jay Gould, *Ever Since Darwin*(New York : W. W. Norton & Company, 1977), p. 12. 최근에 굴드는 물리적 대격변같이 선택과는 다른 자연적 요인이 진화의 요인임을 시인해왔다. 그러나 그렇다 할지라도 순수하게 물질적인 원리가 진화의 창조성을 설명하기에 충분하다는 그의 입장은 군건하다. 가령 "The Evolution of Life on the Earth," *Scientific American*, Vol. 271(October, 1994), p. 91을 보라.

11) Stuart Kauffman, *The Origins of Order*(New York : Oxford University Press, 1993), pp. 15~26.

12) Moltmann, *God in Creation*, pp. 86~93을 보라.

8 우주는 목적을 가지고 있는가?

60여 년 전 유명한 영국인 물리학자 제임스 진스James Jeans는 근대
과학이 우리에게 생명과 의식에 적대적인 비참한 우주의 상, 즉 엔트로
피의 법칙에 의해 죽음이 예정된 우주의 상을 제시했다고 썼다. 그는
계속해서 이러한 망령은 우리 자신의 지위에 관하여 피할 수 없는 어려
운 의문을 제기한다고 말했다.

그렇다면 생명이란 이것이 전부가 아닌가? 우리는 분명히 생명을 위해
설계되지도 않았고 겉보기에는 자신에게 완전히 무관심하거나 확실히
적대적인 우주에 거의 우연적으로 들어와 우리가 뻣뻣해져서 떨어질 때
까지 계속해서 모래알의 파편에 매달려 있으면서, 우리의 열망이 종국
에는 좌절하고 말 운명에 처해 있고 우리의 성취란 우리 종족과 함께 사
라져서 우리는 전에 없었던 것처럼 우주를 떠나리라는 것을 알고도, 작

은 무대 위에서 거들먹거리며 걷고 있는 것이 전부 아닌가?[1]

진스는 여기에서 중요한 점을 지적하고 있지 않은가? 과학이 실제로 우리가 목적 있는 우주에 살고 있다는 오랜 믿음을 무효화하고 있는 것이 사실이 아닌가? 물론 이것은 앞의 각 장들의 토대를 이루는 실제적인 문제이며 이제 우리는 그것을 좀더 적나라하게 공개적으로 다루어야 한다. 과학과 종교에서 어떤 질문도 우주의 목적, 즉 '목적론'의 문제보다 더 핵심적이고 직접적으로 인간 관심사의 핵심을 찌르는 것도 없다.

그리고 만약 우주가 전반적으로 목적을 가지고 있지 않다면, 이것은 우리가 누구인가에 대해서 또 어떤 종류의 운명이 각자를 기다리고 있는지에 대해서 무엇을 말해주는가? 아인슈타인 자신도 각자가 물어야 할 가장 중요한 질문은 우리가 우호적인 우주에 살고 있는가, 아니면 비우호적인 우주에 살고 있는가라고 말한 적이 있다. 우리는 이 말을 이렇게 풀어쓸 수 있다. 각자가 물어야 할 가장 중요한 질문은 우리가 살고 있는 우주가 목적을 가지는가이다. 우주에는 '의미'가 있는가? 과학이 최근에 우리에게 말해주는 우주에 대한 설명에는 무슨 있음직한 중요성이나 의미가 있을 것인가? 즉 그것 모두에 의미가 없는 것 아닌가?

이 책의 첫 장에서 우리는 과학의 시대에서 종교적 신앙의 유효성에 대한 질문을 숙고하면서 이미 암묵적으로, 과학 교육을 받은 사람이 오늘날 여전히 본질적인 의미에서 우주가 초월적인 의미의 구현이라는 고래의 종교적 직관을 받아들여야 하는지를 묻고 있었다. 그리고 신의 인격성, 진화의 함의, 생명과 마음이 물질로 환원되는가, 세계는 창조되었는가, 인간은 진정으로 우주에 속하는가, 자연의 창발적 복잡성을 어떻게 해석할 수 있는가 등과 같은 문제에 대한 계속된 논의에서 우리는 우주가 어떤 목적을 가지고 있는지에 관한 포괄적인 질문을 동시에 하고 있었다.

그러나 이것은 지루할 정도로 학구적인 탐구가 아닌가? 그것은 나 자신의 인격적 존재와 무슨 관계가 있는가? 왜 우리는 우주의 목적에 대하여 걱정해야 하는가? 우주가 우호적이냐 비우호적이냐는 우리가 우리 자신의 운명을 개척하고 만족스러운 직업을 얻고 나 자신의 삶에서 의미 있는 무언가를 성취하는 한 무슨 차이가 있겠는가? 세계의 일반적인 성향에 대한 질문은 왜 나에게 중요한 것이어야 하는가?

우리 개인의 삶의 의미에 대한 질문과 근대 과학의 겉보기에 무관심한 우주를 인과적으로 분리시킬 수 있었던 때가 있었다. 그럼에도 개인이 어떤 개인적인 의미를 발견할 수 있는 한, 회의론자나 종교인 모두 우주 자체를 본유적으로 목적이 있는 것으로 보는 것은 가능했다. 객관적 세계의 의미 부재는 창조적 인간 주체가 우리 자신의 의미를 새겨넣을 수 있는 빈 돌판을 제공했다. 철학자들은 심지어 본유적으로 텅 빈 우주가 실제로 인간의 삶과 창조성을 더욱더 빛나게 만든다고 주장할 수도 있을 것이다.

아마도 이러한 믿음의 강력한 표현은 미국의 철학자 클렘키E. D. Klemke의 말에 가장 잘 표현되어 있을지 모른다.

현재 밝혀진 증거의 관점에서 의미나 목적 같은 평가적 성분은 우주의 객관적 측면으로서 우주 안에서 발견될 수 없다. ……오히려 우리는 그러한 가치를 우주에 "부여"한다. ……객관적 의미 — 즉 우주 안에 본유적으로 존재하거나 외부의 대행자에 의존하는 것 — 는 솔직히 우리를 냉정하게 만든다. 그것은 나의 것이 아니다. ……개인으로서 나는 우주가 의미를 갖지 않는다는 것을 환영한다. 왜냐하면 그것에 의해 인간은 더욱 명예롭기 때문이다. 나는 외부의 의미가 존재하지 않는다는 사실

을 기꺼이 받아들인다. 왜냐하면 이것은 내가 나 자신의 의미를 만들어 내는 것을 허용하기 때문이다.[2]

이러한 관점은 여전히 많은 사람들에게 호소력을 갖는다. 예를 들면 스티븐 제이 굴드는 최근에 목적이 없는 우주는 우리를 '신나게 하고' '의기 양양하게 한다'며 우리가 자연에서 어떠한 목적도 발견할 수 없다는 사실은 "우리가 그것을 스스로 정의해야 한다"는 의미이기에 우주적 목적론의 부재는 불행이 아니라 기회라고 주장했다.[3]

그러나 근대 진화 과학과 현대 물리학은 진스 자신이 1930년대에 이미 알았듯이 더 이상 우주의 존재를 우주의 나머지로부터 그렇게 깔끔하게 분리시키는 것을 허용하지 않는다. 우리의 인격적 삶과 마음은 모든 물리적 실재와 전개에 관한 이야기와 매우 긴밀하게 얽혀 있어서 우주의 전체로서의 위상은 우리 자신의 정체성에 결정적이다. 최근의 우주론은 우리가 '주관성'이라는 비우주적인 피신처로 달아나도록 허용하지 않으며 의미에 대한 개인적인 생각이나 마음이 우주의 나머지와 아무런 연관을 갖지 않는 것처럼 가장한다. 그러한 이원론은 데카르트의 세계에서 그럴듯했을지 모르지만 20세기 물리학 또는—다음 장에서 볼 것처럼—생태학의 세계에서는 안주할 수 없다. 오늘날 과학의 추진 방향은 나와 세계가 나눌 수 없는 단일체를 이루기 때문에 우주가 전체로서 목적이 없다 할지라도 틀림없이 이것은 내가 누구인가에 대하여 무언가를 말해준다. 한편 만약 우주에 결국 목적론적 차원이 있다면 그것도 나 자신의 존재의 정의로 들어갈 것이다.

물론 나는 우주가 "아무런 의미도 없는 음향과 분노"(셰익스피어의 『맥베스』 제5막 제5장에서 인용—옮긴이)라 할지라도 나의 개인적인 생명이 의미를 가질 수 있다고 계속해서 주장할 수도 있다. 그러나 내가 내

의식의 모든 수준에서 우주 자체가 철저하게 목적이 없어서 마음과 자연의 절대적 이원론(과학적으로 볼 때 오늘날 상당히 문제가 있는 입장)으로 되돌아가기에는 미달이라고 충분히 확신한다면, 그러한 확신은 필히 우리 자신의 존재의 의미를 문제삼을 것이다. 내가 누구인가라는 질문을 우주의 목적이라는 더 큰 문제로부터 분리할 수 있다는 것은 인위적이며 철저하게 현대 우주론을 무시하는 것이다.

그러나 '목적'은 무엇을 의미하는가? 가장 좁게는 '목표나 가치를 지향하는 것'을 뜻한다. 어떤 과정이 맹목적으로 방황하기보다는 뭔가 좋은 것을 실현하려는 경향이 있다면 그것은 목적이 있다거나 '목적론적'이라고 부른다. 목적론적 과정은 강제적으로 압박받을 필요가 없고 미리 정해진 목표를 향한 직선적인 추진일 필요도 없다. 그러나 그것은 어찌되었든 완전한 무목적(無目的)을 초월해야 한다. 그것은 적어도 모호하게라도 방향성을 가져야 한다. 의미 있는 무언가가 '계속' 진행해야' 하고 우리는 그것이 무엇인지 알 수 있어야 한다. 진화하는 우주는 이러한 '느슨한' 목적론적 의미에서 목적이 있다고 할 수 있는가?

인격신교인 유대교, 기독교, 이슬람교는 우주가 목적을 갖는다고 주장하며 그들의 믿음은 이 주장 위에 서 있거나 이 주장에 해당한다. 비록 유신론적 종교들은 다양한 형식을 가지고 있지만 그것들은 우주에 대한 목적론적 이해를 일관성 있게 고수한다. 그것들은 우주와 그 안의 모든 존재들이 어떤 이유 때문에 여기에 있다고 확신한다. 그러한 종교의 신봉자들은 이 이유가 무엇인지 매우 명쾌하게 진술할 수 없을지 모른다. 측량할 수 없는 신의 뜻에 대한 존경심은 그러한 중요한 문제에 대한 절대적인 투명성을 기대하지 말기를 경고한다. 그러나 종교적 상징, 이야기, 교리 및 의식은 신자들에게 종종 그들의 생명과 전우주가 아름다움이나 사랑, 평화, 새 생명, 그리고 영원한 선과의 친교를 추구하는 신비한 운동에 파묻혀 있다는 깊은—비록 모호하기는 할지라도—인상을 준다. 그러나 이 책의 주된 관심은 과학이 우리에게 지금 말하고 있는 것에 입각해서 우리가 종교적으로 우주에 대한 목적론적인 이해를 정직하게 받아들일 수 있는가를 묻는 것이었다.

근대 과학의 방법이 목적에 대한 관심에 등을 돌린 것으로 보이기 때문에 의심들이 크게 일어난다. 실제로 목적론적 설명의 배격은 근대 과학을 고대의 앎의 방식과 극적으로 다르게 만드는 것이다. 17세기 이전의 유럽의 지적 문화에서 우주의 충분한 이해는 아리스토텔레스가 '목적인'이라고 부른 것에 대한 지식을 요구한다. 무언가의 '목적인'이란 그것의 목적이나 그것이 의도된 목표이다. 뭔가를 충분히 이해하기 위해 당신은 왜 그것이 존재하는지 알아야 했고, 이는 전체 우주에 적용되었다. 그러나 목적론에 대한 과학의 혐오는 우리의 사고 과정과 대학에 침투했고 고대부터 지속된 우주에 목적을 부여하는 일은 더더욱 지적으로 의심받게 되었다.

아리스토텔레스는 어떤 것의 만족스러운 이해가 '4원인'을 확실히 파악하는 것으로 이루어진다고 가르쳤다. 먼저 당신은 사물의 '작용인,' 즉 그것이 존재하게 하는 동인을 알아야 한다. 둘째로 당신은 '질료인,' 즉 사물을 구성하는 물질을 알 필요가 있다. 셋째로 '형상인'은 주형 또는 본질로 동인에 의해 질료인을 사용해 형성되는 그 무엇이다. 그러나 가장 중요한 것으로, 지식은 사물의 '목적인,' 즉 사물이 존재하는 이유나 사물이 지향하는 목적이나 목표에 대한 인식을 뜻한다. 아리스토텔레스의 과학에서 목적인을 알지 못하면 포괄적인 이해는 있을 수 없다. 근대 과학혁명 이전에 서구의 '과학'은 주로 네 원인 모두, 특히 목적인에 대한 탐구로 이루어졌다. 우주론 자체는 우주의 네 원인에 대한 탐구였고, 철학과 신학은 모두 단순하게 전체 우주가 목적인을 갖는 것으로 가정했다. 신은 모든 것의 토대이자 목적이었다. 철학과 종교가 만들어낸 전(前)과학적 인식은 우리가 목적 있는 우주에 살고 있으며 궁극적 행복을 얻으려 한다면 우리 개인이 신의 설계에 순종하는 삶을 살 필요가 있다는 생각 속에 아늑하게 깃들어 있었다. 유신론이 그것의 고전적 표현을 받아들인 것은 목적론적 우주론의 틀 안에서였다.

그러나 근대 과학은 목적론적 또는 목적인적 설명을 과학에 합당치 않은 것으로 배격하며 이 모든 것에 이의를 제기했다. 『신논리학*Novum Organum*』(1620)에서 프랜시스 베이컨Francis Bacon은 목적인에 대한 '생산성 없는' 사색이 아니라 작용인과 질료인에 대한 실험적 관찰이 진정한 지식으로 인도하는 길이라고 주장했다. 실제로 17세기에 근대 과학이 공식적으로 등장한 이후, 근대 과학은 작용인과 질료인만을 거의 배타적으로 다루었다. 즉 '어떻게' 사물이 작동하는가와 그것은 무엇으로 만들어져 있는가라는 질문이 주로 다루어졌다. 근대 과학은 목적인, 즉 '왜' 사물은 그런 식으로 존재하는가라는 질문과 관계 있는 것은 아무것도 원치 않았다.

앞장에서 우리가 주목했듯이 현대 과학은 다시금 형상인과 목적인을 조금씩 건드리고 있다. 그것은 패턴과 왜 세계가 그런 방식으로 배열되어 있는가라는 질문에 새로운 관심을 보이고 있다. 그러나 대부분의 과학적 사고는 여전히 사물의 목적에 대한 질문이 진실하고 유익한 지식으로 우리를 이끌 수 있다는 제안을 회피한다.

이것은 우리를 이 장의 주제로 인도한다. 근대 및 현대 과학을 받아들이기 위해 우리는 우주의 목적 개념을 먼저 거부할 필요는 없지 않은가? 그것과 더불어 항상 우리에게 우주는 신적 의미의 중요한 운반자라고 가르쳐온 인격신교도 거부할 필요는 없지 않은가? 뒤에서는 우리가 취급하는 네 가지 입장이 각각 목적론적 설명에 대한 과학의 혐오감을 해석하는 방식을 요약해서 제시할 것이다.

1. 갈등

물리학이 마침내 질식시키는 종교와의 융합을 벗어버린 것은 과학자들이 '왜' 물체가 떨어지는가에 대한 아리스토텔레스와 중세의 신학적 관심을 던져버리고 '어떻게' 물체가 떨어지는가를 결정하기 위한 법칙을 탐구하기 시작하면서였다. 목적에 대한 종교적 열중에서 해방됨으로써 물리학은 마침내 진정으로 '사실을 밝혀주는' 과학이 될 수 있었다. 그리고 생물학이 이전의 신비적 습성을 벗어버리고 생명의 화학으로 관심을 돌린 후인 20세기에야 그것은 진정으로 과학으로 태어났다. 생기론이 지배하던 시절에 신비스럽거나 초자연적인 '생명력'을 헛되이 찾던 생물학은 진보가 없었다. 생명은 어떤 목적을 지향하는 경향이 있다는 환상에 의해 지배되는 한 진정한 과학적 생물학은 없었다. 생명과학이 기계적 설명과 화학 같은 엄밀 과학에 기초하기 시작했을 때, 연구자들은 엄밀하게 과학적이 되었다.

그러므로 우리가 관계하는 한, 진정한 과학의 주된 기준이란 목적론적 설명으로부터의 거리이다. 이것은 생물학이나 물리학 같은 특정한 과학 분야뿐 아니라 우주 전체에 대한 탐구인 우주론에도 마찬가지로 적용된다. 오늘날 우주론자들이 아리스토텔레스주의자나 신학자들과는 달리 우주를 형성하는 데 어떤 목적이 영향을 미칠지 모른다는 암시만 있더라도 당황하는 것은 당연하다. 목적에 관한 질문을 우리가 유보하는 이유를 이해해주기 바란다. 우리가 남의 흥을 깨뜨리는 사람이 되기를 원하지 않지만 만약 목적론이 다시 과학의 문전에 발을 들여놓도록 허용한다면 우리의 우주론은 필히 너무 혼미해져서 유용하거나 사실을 밝혀주지도 못할 것이다.

　하버드 대학교의 생물학자 언스트 메이어Emst Mayr가 언급하듯이 과학은 생명체에서조차도 '목적론적 메커니즘'을 찾아내지 못했고 우주의 목적에 대한 우리의 사고에는 증거가 될 만한 것이 아무것도 없다.[4] 더욱이 목적론적 목표가 진정으로 한 요인일지라도 그것은 먼 미래에 실현될 것이므로 우리는 현재 여기서 그것들에 대해서 어떠한 것도 실제로 알 수 없을 것이다. 어떻게 미래의 결말이 현재의 실재에 영향을 미칠 수 있겠는가? 과학은 자연이 작동하는 방식에 대해 이미 관찰된 것의 기초 위에서만 미래에 대해 예측할 수 있다. 과거로부터의 효과적이고 물질적인 인과관계의 사슬을 추적하면서 우리는 아리스토텔레스의 불확실한 목적인의 교의보다 자연이 작동하는 방식에 대하여 더 많은 것을 설명할 수 있었다.

　당신은 우리가 목적론이라는 지저분한 주제로는 들어가기도 싫어하는 것을 알 수 있을 것이다. 우리는 궁극적으로 목적을 갖는 우주의 운명을 예측할 수 있는 근거가 되는 우주의 경향을 관찰하지 못했다. 그래서 우리는 사실에만 집중하고 전체 우주의 의미에 대한 성급한 추측을 피해야 한다. 우리에게 과학은 믿을 만한 유일한 진리의 인도자이며 그것이 우주의 목적에 대한 증거를 찾아내는 데 접근하지 않았으므로 우리는 어떠한 목적이 우주에 있을 가능성은 희박하다고 결론지어야 한다.

　앞장에서 우리가 함축했듯이 사용 가능한 자료에 대한 침착한 검토는 정직하고 지식 있는 사람을 우주적 비관론으로 이끌 것이다. 우주적 비관론이란 우주 전체가 어떠한 목적도 없다는 냉정한 확신이다. 우리는 이것이 종교의 비경험적 상상보다 우주론에 대한 훨씬 더 합리적인 해석이라고 생각한다. 우리는 인간이 의미를 찾는 존재임을 거리낌없이 받아들이지만 근대 과학의 우주는 이러한 탐구와는 확실히 무관하다. 물리학과 진화 생물학이 밝혀낸 비인격적 우주를 다시 한 번 바라보라. 또는 하늘의 냉혹한 광대함과 그 텅 빈 우주의 광활함 속에 있는 우리 자신의 미미함을 생각해보라. 가장 가까운 별과 은하조차도 우리에게 아랑곳하지 않는다.

우리는 고통을 없애기 위해서 싸우거나 이 행성 위에서의 삶을 개선하거나 과학의 목적을 이루기 위해서 다른 이들과 협력함으로써 우리 개인의 삶에 지엽적이고 일시적인 의미를 줄 수 있을지 모른다. 그러나 과학은 우리에게 전체 우주가 우리의 윤리적 · 지적 · 심미적 노력에 최종 승인 도장을 찍어준다고 생각할 이유를 제시하지 않는다. 우리에게 사용가능한 모든 자료들은 인간의 노력에 세계가 무관심함을 지지해준다. 물리학, 우주 생물학, 천문학은 실제로 우주가 의미 있는 어떤 예정된 운명을 지향함을 믿지 않을 확실한 이유들을 제시하고 있다. 그러므로 종교와 과학의 갈등은 근본적으로 종교가 무비판적으로 우주론적 목적론의 어떤 형태를 받아들이지만 과학은 그것을 배격한다는 사실에 기초한다.

물리학자 스티븐 와인버그는 『처음 3분간*The First Three Minutes*』의 말미에서 우주가 과학으로 더욱더 이해 가능해지면서 역설적으로 그것은 점점 더 의미를 잃어가는 것으로 보인다고 말한다.[5] 우리 중 다수가 이견해에 동조한다. 가령 천문학자 샌드라 페이버Sandra Faber는 우주에어떤 의미가 있는가에 대한 평소 생각을 묻자 이렇게 답했다.

나는 우주가 어떤 자연적 과정에서 탄생했으며 우리가 그 안에서 출현한 것은 우주의 특정한 부분, 즉 우리가 우리 우주라고 부르는 것에서 물리적 법칙을 따라 일어난 완전히 자연적인 과정의 결과였다고 생각한다. 이 질문은 인간의 존재를 뛰어넘어 목적을 갖는 어떤 동기력이 존재한다는 것을 함축하고 있다고 생각되는데, 나는 그런 것을 믿지 않는다.

그러므로 나는 우주가 인간의 관점에서 완전히 의미가 없다는 와인버그의 의견에 동의한다.[6]

다시 같은 질문에 물리학자 마크 데이비스Marc Davis는 이렇게 답했다.

나는 스티븐 와인버그와 의견이 같고 그것은 오히려 나를 우울하게 만들기 때문에 그 문제에 대해서 별로 생각하려 하지 않는다. 나는 우리가 아무런 의미도 찾을 수 없다는 그의 태도에 반대할 철학적 근거를 알지 못한다. 대안적인 대답을 찾는 것은 신이라는 원리를 끌어들이는 것을 요구할 것이다. 이것이 내가 우주를 보는 방식이며 신이 주위에 있다는 증거는 없다. 그러나 그것은 당신이 삶을 즐길 수 없다는 것을 의미하지는 않는다.[7]

아마도 우리 과학적 회의론자들 중 다수는 우주에 의미가 있느냐는 질문에 대한 천문학자 마가렛 겔러Margaret Geller의 사려 깊은 답변에서 편안함을 느낄 것이다. 그녀는 우리가 우주적 비관론자이면서 여전히 인생이 살 가치가 있다고 느낄 수 있다고 말한다.

인생에 대한 나의 견해는 당신은 자신의 삶을 살며 그것은 짧다는 것이다. 되도록 풍부한 경험을 갖는 것이 중요하다. 그것이 내가 하려고 하는 것이다. 나는 창조적인 무엇인가를 하려고 하며 사람들을 교육하려고 노력한다. 나는 세계를 보기를 즐기고 되도록 많은 폭넓은 경험을 해본다. 나는 창조적일 수 있는 특권을 부여받았다고 느낀다. 그러나 그것은 의미를 갖는가? 모르겠다. 그것이 중요한지는 확실하지 않다. 그것은 내가 결코 말할 수 없는 종류의 것이다. 인간으로서 내가 생각하는 작은 방식으로 생각하는 것이 의미를 가져야 하는가? 도대체 무슨 의미를 말하는가? 그것은 단지 물리계일 뿐이다. 무슨 의미가 거기 있겠는가?[8]

우리는 프리먼 다이슨 같은 거물을 포함해서 어떤 물리학자들이 인류 원리에 기초해서 우주가 어떤 종류의 의미를 가지고 있음을 제안한다는 것을 알고 있다. 그러나 우리는 그러한 유사종교적 가설을 지지할 충분한 증거가 있다고 생각하지 않는다. 우주적 비관론은 때때로 마음을 상하게 해도 가장 실제적인 입장으로 보인다.

코넬 대학교의 자연사 교수인 윌리엄 프로바인은 최근에 우주의 목적을 묻는 질문에 대한 과학적 회의론의 입장을 명확하게 요약했다. 그의 말은 우리의 입장을 적절하게 대변해준다.

> '근대 진화 생물학'은 우리에게 자연에는 어떤 종류의 감지할 만한 목적을 갖는 힘은 없다고 말한다(나는 동일한 메시지가 물리학, 화학, 분자 생물학, 천체 물리학, 그리고 실제로 모든 근대 과학에서 나온다고 주장할 것이다). 모든 것은 순전히 유물론적·기계론적 인과관계의 과정에 의해 또는 순전히 확률론적 과정을 통해 진행된다. ……과학이 우리에게 드러내는 모든 것은 우연과 필연이다. ……현대 과학은 직접적으로 세계가 기계론적 원리를 따라 엄밀하게 조직되어 있음을 함축한다. 자연에는 목적을 가진 원리란 전혀 없다. 합리적으로 감지할 수 있는 신이나 설계하는 힘도 없다. 현대 생물학과 유대 기독교 전통의 가정이 충분히 양립될 수 있다는 자주 제기되는 주장은 거짓이다.[9]

2. 분리

우주가 '단지 물리계일 뿐'이라는 생각이나(마가렛 겔러) 그것은 '순전히 유물론적·기계론적 과정에 의해 진행한다'는 생각(프로바인)은 과학의 결론이 아니라 우리가 과학주의, 유물론, 환원주의라고 불러온 신념의 결론이다. 목적론과 갈등을 일으키는 것은 이것들이지 과학 자체가 아니다. 우주적 비관론은 현대 과학적 회의론의 포괄적인 관점으로 다른 세 성분의 회의론적 신념 체계(과학주의, 유물론, 환원주의)의 논리적 귀결이다. 우주론적 비관론의 가장 깊은 저변에는 고려할 만한 증거는 오직 과학적 증거뿐이라는 신념(과학주의)이 있다. 그 다음에는 물질이 실재할 수 있는 전부라는 자연주의적 신념(유물론)이 있고, 마지막으로 단지 물리적 분석만이 우리에게 물질에 대한 만족스러운 이해를 제시할 수 있다는 신념(환원주의)이 있다.

우리는 이것들이 신념 진술들이지, 과학적 경험에서 얻어진 지식이 아니라는 점을 한번 더 강조한다. 그것들은 반증 불가능하며 유사종교적 가정들이다. 우주적 비관론은 종교적 목적론만큼 믿음에 뿌리박고 있다. 그것은 과학과 과학 자체와 아무 관계도 없는 가정의 융합의 결과다. 만약 우리가 우주는 '단지 물리계'라고 믿는다면 분명히 우리는 우주에 의미나 목적이 없다고 믿어야 할 것이다. 그러나 이것들은 과학 밖에서 일어나는 과학의 몇몇 결과에 대한 믿음이지 과학적 관찰 자체의 필연적인 결과는 아니다.

그럼에도 '분리 옹호자들'은 과학적 방법 자체와 목적인의 연결을 명쾌하게 조정하는 것이 전적으로 적절하다고 생각한다. 대부분의 과학자들이 동의하는 것처럼, 과학은 단순히 목적에 대해 말할 일이 없다. 그것을 시인하거나 거부하는 것은 과학의 영역에 들지 않는다. 그러므로 우주적 비관론자들이 우주적 목적에 대한 그들의 회의론을 정당화하는 것이 과학적 지식이라고 주장할 때, 그들은 과학 자체를 뛰어넘어서 암묵적으로 과학이 본래 자격도 없는 질문에 답하도록 강제하고 있는 것이다. 우주적 비관론은 과학 밖에 있는 모든 종류의 기질적 · 문화적 · 윤리적 · 역사적 요인들에 깊고도 신비적인 근원을 갖고 있으나 과학의 권위에 호소함으로써 우주적 목적의 거부에 대한 지적 승인을 추구한다. 그러나 비관론의 토대로 과학을 지목하는 것은 그 자체가 비과학적이다. 동시에 과학은 우주가 목적론적임을 확립할 수도 없다. 과학 자체는 그러한 질문을 취급할 자격이 없다.

다시 반복하거니와 우주적 비관론은 본래 목적이나 목적 없음에 대한 어떠한 고려도 없는 과학에서 비롯되지 않으며 과학주의, 유물론, 환원주의로 이루어진 머리 세 개 가진 이데올로기의 괴물로부터 나오는 것이다. 과학을 이러한 피상적이고 비과학적인 신념과 융합시킴으로써 우주적 비관론은 특히 종교적 대중에게 지속적으로 과학적 방법이 반종교적 신념과 분리할 수 없는 것처럼 과학을 제시한다. 이것은 철저하게 임의적일 뿐 아니라 과학자 사회에도 해가 되는 대중과의 관계 맺기이다. 과학에 대한 대중적 혐오감이 그렇게 많다는 것이 놀라운 일인가? 만약 과학자들이 과학적 지식 추구의 가치를 드높이기를 원한다면, 궁극적인 의미와 목적에 대한 희망이 생활의 활력을 유지하기 위해 꼭 필요한 대부분의 사람들이 받아들일 수 없는 비관론적 개념과 과학의 뒤섞기를 피해야 할 것이다. 과학 자체의 생존과 번영을 위해서 우리는 종교적이건 세속적이건 모든 이데올로기로부터 과학을 완전히 분리시키기를 요청한다.

과학이 목적인을 벗어버리기를 우리가 전적으로 지지하는 이유가 이것이다. 우리는 이른바 과학과 종교의 '갈등' 밑에는 목적론에 의해 '오염된' 과학적 개념의 길고도 불행한 역사가 있음을 충분히 인식해야 한다. 사물에서 목적을 보려는 인간의 요구는 매우 커서 우리의 목적론적 동기는 계속해서 적절한 종교적인 경계를 뛰어넘어 과학의 세계로 침범한다. 이러한 경계 침범은 우리 인간들이 '왜?'라는 뜨거운 질문을 완전히 억누르기가 거의 불가능하기 때문에 용서할 만하다. 그리고 과학자들도 인간이기 때문에 그들이 때때로 그것을 인식하지 못한 채로 목적론적 사고 방식으로 자주 미끄러져 들어가는 것은 전적으로 예상하지 못한 것은 아니다(이것은 특히 그럴싸한 인류 원리의 경우에 해당된다). 그러나 과학이 본래 그렇듯이 목적인에 대한 고려를 배제해야 한다는 데 우리는 회의론자와 의견이 일치한다. 우리는 단지 그들이 우주적 비관론과 과학의 결합을 삼가기를 희망할 뿐이다.

그러나 과학은 우주의 목적에 대한 질문에 잠잠해야 한다고 말하는 것이 우리 인간들이 그것에 대해 아무 말도 할 수 없음을 주장하는 것은 아니다. 당신이 의심의 여지없이 짐작했을 것이지만 우리의 입장은 목적의 문제를 다루는 것이 종교의 임무이지 과학의 임무가 아니라는 것이다. 우리는 종교적 믿음의 특징인 모든 사물과의 교섭을 통해서만 이 우주의 궁극적 유의미성에 깨어 있게 된다. 어떤 상상할 수 있는 우주의 목적은 전우주에 퍼져 있고 전우주를 초월하여 모든 것에 미치는 보편적인 영향일 것이므로 우리는 물리적 특수태들의 과학적 탐구의 방법으로 그것의 존재를 파악하기를 기대하지 말아야 한다. 처음부터 과학은 신중하게―그리고 적절하게―목적에 대한 관심에서 벗어나고 사물의 더 간단한 측면에 대한 분석에 치중한다. 이해하기 위해 단순화해야 하기 때문에 과학은 우주의 목적처럼 복잡하고, 포괄적이며, 모호한 것을 취급할 수 없다.

그러므로 과학이 아직 자연에서 '목적론적 힘'을 발견하지 못했다는 프로바인의 불평은 핵심에서 벗어나 있다. 일반적으로 환원적이고 분석적인 방법을 쓰는 과학은 물리적 우주의 특정한 특성에만 관심을 집중할 수 있다. 그것은 정의상 전체의 의미에 대한 감각을 우리에게 줄 수 없다. 그러한 조망을 얻기 위해 우리는 사물을 바라보는 대안적인 방법에 의해 능력을 부여받을 필요가 있다. 우리는 우리의 의식을 우주에 대한 더 넓은 조망으로 조율하는 것을 계시와 종교적 믿음의 역할이라고 생각한다. 따라서 우주적 목적론에 대한 종교적 신뢰는 과학이 아니라 단지 우주적 비관론하고만 갈등한다.

3. 접촉

과학과 종교의 관계가 분리 옹호자들이 그것을 보듯이 산뜻하고 깨끗하면 아주 편할 것이다. 그러나 실제 세계에서 사정은 그렇게 단순하지가 않다. 그래서 여기서 다시 한 번 우리는 과학의 특정한 발견이 우주의 목적에 대한 질문에 관계가 있을 수밖에 없음을 지적하여야 한다. 진화 생물학과 빅뱅 물리학의 시대에 우리는 어떻게 이 특수한 우주가 의미를 가질 수 있다고 말할 수 있는지 묻지 않을 수 없다. 우리는 과학에서 오는 새로운 도전에 직면하는 것으로부터 우주의 목적에 대한 단순한 종교적 믿음을 보호할 수 없다. 그래서 분리 옹호자들과 달리 우리는 새로운 과학적 사상에서 일어나는 우주의 목적에 대한 질문을 회피할 생각이 없다.

우리는 우주적 비관론이 스토아적, 합리주의적, 그리고 다른 많은 종류의 신념들과 뒤섞인 몇몇 감질나는 과학적 계통들로 짜여진 직물임에 동의한다. 그러나 또한 우리는 과학이 가장 순수한 형식을 취해도 신학이 논해야 하는 우주의 목적에 관한 질문들을 여전히 제기한다고 생각한다. 과학이 그렇게 해오는 과정에서 신학은 도전을 받았을 뿐 아니라 운 좋게도 상당한 성장을 경험해왔다. 신학이 과학적 발견들이 장난칠 수 없는 분리된 구역에 그러한 질문들을 가두어두기보다는 오히려 과학적 발견과 열심히 대화하는 것이 신학에 더 많은 유익을 가져온다. 동시에 우주론자들이 우주에 대한 그들의 새로운 발견과 함께 제기되는 진지한 종교적 문제를 우리에게 제시하는 것은 전적으로 적절하다.

유물론적 신념과의 비논리적인 동맹을 하지 않더라도 어떤 과학적 개념들은 우주의 목적에 대한 우리의 종교적 믿음에 이의를 제기하는 것이 사실이 아닌가? 우리는 이미 이러한 경우를 무작위성과 자연 선택에 대한 다윈의 강조에서 보았다. 그리고 엔트로피의 개념은 적어도 잠깐 동안은 우주의 목적론에 대하여 심각한 질문을 제기하지 않았던 가? 더욱이 과학이 더 명쾌하게 보도록 도와준 생태적 위기는 생명 지원 체계의 붕괴에 의해 위협받은 세계 속에서 종교는 무슨 역할을 맡았는지를 다시 한 번 생각하기를 요구하지 않는가? 또는 언젠가 과학이 우주의 다른 곳에서 우리보다 더 지적이고 윤리적인 존재를 발견할 것이라고 가정하자(상당한 가능성이 있다). 우리의 종교는 지구에 기반을 두고 인간을 닮은 신의 형상을 가지고 전혀 요동도 없이 이전처럼 잘 유지될 수 있을까?

우리는 우주적 비관론이 종교에 내린 불행한 해석을 제외하고도 과학은 실제로 우주의 목적에 대한 종교적 신념에 도전하는 많은 방법을 만들어낼 수 있다. 동시에 우리는 신학이 이러한 도전에 응함으로써 풍부해진 많은 예들을 지적할 수 있다. 그런 이유 때문에 우리는 비록 종종 위험해 보인다 할지라도 과학과 종교 사이에 의사 소통의 통로를 열어두기를 원한다.

우주의 목적의 문제는 어떠한가? 신학이 물리학, 진화 생물학, 지질학, 천문학, 카오스 이론 등과의 대화로부터 일반적인 사물에 대한 관점에 어떤 유익한 변화를 이끌어낼 수 있는가? 최소한 우리는 과학이 이미 우리가 목적론적 조망을 넓히는 데 도움을 주었다고 답할 것이다.

우주에 대한 좁은 개념으로부터 우리를 멀어지게 하는 과정에서 과학은 부적절하게 속박된 신의 설계 개념을 버리도록 암묵적으로 강요해왔다. 그 과정에서 과학은 신에 대한 우리의 이해 방식을 의미심장하게 바꾸어놓았다. 예를 들면 신에 대한 코페르니쿠스 이전의 묘사는 오늘날 우리에게 확실히 너무 지엽적인 우주와 연관되었다. 과학의 세계 묘사가 확장되었듯이 신학은 자연의 목적에 대한 이전의 소박하고, 일반적으로 인간 중심적인 표현에서 벗어나도록 요구받았다.

다윈과 아인슈타인 같은 과학자들이 우주에 대해 우리에게 말해준 것에 직면하면서 우리는 순간적으로 방향을 잃었다. 우리 중 몇몇은 시험에 들어 우리가 물려받은 종교적 구도의 개연성마저 의심했다. 결국 우리가 물려받은 종교적 구도란 원래 전(前)과학적 우주론의 틀 안에서 주조된 것이다. 전통적인 교리는 현재의 우주론적 사고와 공통점이 거의 없는 우주의 모습들과 함께 우리의 삶에 자리잡았다. 그러나 우리가 점차 과학적 우주론의 발전을 위한 신학적 공간을 만들어오면서, 우리는 종종 놀랍게도 우주의 의미를 새롭게 생각할 신나는 새 지평이 우리 종교적 믿음에 열림을 발견했다. 우리 중 다수는 신에 대한 전과학적 개념들이 여전히 중요한 신학적 자원이며 거대한 능력과 지혜의 창고임을 시인한다 할지라도, 그것으로 돌아갈 생각이 없다. 진화, 상대성, 빅뱅, 카오스, 복잡성, 그리고 생태학은 우리에게 우주의 가능한 '의미'에 대하여 생각할 신선하고 생산적인 방법을 제공했다.

물론 근대 과학의 측면에서 우주에 대한 신의 목적이 무엇인지를 계속 숙고하는 것은 우리의 종교적 감수성에 대한 상당한 반성과 재조정을 요구한다. 그러한 시도는 많은 신앙인들에게 너무 힘든 것일지 모른다. 대다수의 신자들은 종교적 상상은 고사하고, 진화론이나 빅뱅 물리학이 그들의 의식에 깊이 영향을 주도록 허락하지 않았다. 많은 진정한 신앙인들에게 우리가 생각하는 종류의 수정은 단순히 불가능하고 우리는 여기에서 종종 넉넉하고 깊은 그들의 믿음을 얕보고 싶지 않다. 그러나 현대 과학의 특정한 측면을 승인하지 않고도 최근의 신학은 현대 과학의 우주론적 특색들이 과거의 우주론만큼 깊은 종교적 신뢰에 동화될 만하다는 것을 보여주었다.

고대로부터 종교적 확신의 표현은 거의 항상 이런저런 우주론적 틀을 가정했다. 우리는 현대의 과학적 우주론이 비록 잠정적이고 수정될 수도 있지만 인격신교가 처음으로 표현되는 토대가 되었고 이제는 낡아버린 우주론만큼 종교적 신뢰를 전달하기에 적절하다고 확신한다. 분리 옹호자들 중 어떤 이들과는 달리 우리는 신학이 철저하게 우주론과 분리되기보다는 주의 깊게 새로운 우주론에 따라 갱신되기를 더 선호한다.

그러면 우리는 현대 과학과 우주적 목적론에 대한 종교적 신뢰 사이에 가능한 일치를 어떻게 끌어낼 수 있는가? 우리는 과학 자체가 전개되는 이야기로서 우주의 상을 명쾌하게 제시하는 것을 당신이 보게 함으로써 이 질문에 대한 매우 간단한 대답을 시작하려고 한다. 그리고 종교가 항상 사물의 의미를 표현해온 것은 이야기의 형태이므로 '사실을 강요'하지 않고도 우리가 어떻게 해서든지 우리의 종교적 의식(意識)을 형성해온 서술 양식에 우주에 대한 과학적 이야기를 동화시킬 수 있으리라는 것은 상상 못할 추측은 아니다. 영원한 사랑에 대한 우리 종교의 신뢰 또는 최종적인 우주의 완성에 대한 전통적인 소망은 예언 종교의 3층 우주나 플라톤, 아리스토텔레스, 프톨레마이오스, 그리고 단테의 지구 중심적인 우주에서만큼 진화, 빅뱅 물리학, 카오스 이론의 틀 안에서도 확실하게 자리잡을 수 있다.

우리는 여기에서 우주론과 종교의 새로운 융합을 지지하지도 않으며 과학의 자료를 미리 존재하는 신학적 구도에 억지로 밀어넣지도 않는다. 그러나 우리는 진화 생물학, 입자 물리학, 상대성 물리학, 천문학, 카오스 이론의 결과들—새로운 우주론의 주된 성분들—은 아브라함의 종교 전통이 이미 세계를 바라보는 방식을 형성해온 약속과 소망의 이야기에 의해 의미 있게 맥락화될 수 있다는 것을 알게 된다.

과학은 최근까지 매우 추상적이며 법칙 지향적이었다. 그것은 법칙 저변의 이야기를 고려하지 않았다. 우주가 본질적으로 이야기가 없는 것처럼 보이는 한—시작이 없고 영원하고 필연적이어서—과학이 그것에 대해 어떤 의미를 갖는 것으로 생각하기는 어려웠다. 그러나 오늘날 우주는 눈에 띄게 서술적인 모습을 띠게 되었다. 자연의 법칙들은 자체가 저변의 영원한 필연성의 산물이 아니라 유한한 과거에 정해진 이야기의 우발적인 산물이다. 우리는 아직 우주의 기원에 대해 알 수 있는 모든 것을 알고 있지는 않다. 그러나 적어도 더 이상은 영원히 먼 과거의 안개 속에서 완전히 길을 잃지는 않았다고 말할 수 있다. 우리 우주의 시작은 여전히 다소 모호하지만 과학은 지금까지 세계의 과거가 적어도 유한한 것이라는 사실상의 합의에 도달했다. 우리가 절대적으로 배제할 수 없는 가능성으로 이 세계에 선행하여 '많은 세계'가 있었다 할지라도 적어도 이것이 현재의 빅뱅 우주는 특이점에서 시작되었기 때문에 '명쾌한' 시작 시점을 갖는다는 것은 우리 목적에 충분하다.

만약 우주가 유한한 과거를 가지고 있다면, 진화적 전개는 필히 서술적인 형태로 표현될 것이다. 우주가 근본적으로 이야기라면 우리는 스티븐 와인버그가 그것의 '의미'에 대해 제기하는 질문을 완전히 억누르기 어렵다. 이야기들은 필히 우리가 그러한 질문을 제기하게 만드는 방식을 가지고 있다.

그러나 우리는 그 질문에 대한 유일한 합리적 대답이 "그 이야기는 의미가 없다"라고 생각하지 않는다. 비록 최종 결론이라고 주장할 수는 없지만, 우리는 더 큰 구도에서 인간 자신의 목적의 일부는 우주 이야기의 더 큰 "의미"와 우리 자신의 존재의 의미를 찾아내는 것이라고 생각한다. 우리는 결정적으로 명쾌한 결론에서 우리의 탐구가 끝나리라고 기대하지는 않지만 우리는 인간의 활력이 그 질문에 대한 대답의 영속적 추구에 의존함을 확신한다. 더욱이 과학과 종교가 이 계속되는 발견의 모험에 기여하기를 허락한다면, 우리는 회의론이나 비관론을 받아들일 필요가 없다는 것을 발견할 것이다. 우리가 확신하는 이유는, 우리에게 희망을 가져다주는 약속에 실재는 의존한다는 종교적 개념과 우주의 이야기를 일치시키는 놀라운 방식들을 최근의 과학이 우리에게 알려주었기 때문이다. 이제 이러한 희망을 우주의 이야기에 연결하는 것이 가능하다.

물론 희망은 약속의 체험 없이는 가능하지 않다. 어떤 점에서 세계는 인간의 의식이 희망에 대하여 반응하도록 초청하는 약속의 구체화다. 그러나 실재가 약속을 잉태한다는 믿음을 우리에게 일깨우고 계속해서 우리 안에서 그 믿음을 키우는 것은 특히 종교다. 특히 인격신교는 미래가 새롭고 성취적이라고 믿는 희망과 신뢰를 특징으로 한다. 인격신교는 과거가 완전히 미래를 결정한다는 생각을 거부하며 기대하지 못한 성취에 현재가 항상 열려 있는 것으로 본다.

물론 이 종교들에서 희망에 대한 자극은 규칙적이고 불변하는 자연의 측면들보다는 우선적으로 역사의 우발적인(그러므로 예견할 수 없는) 사건에서 주어져왔다. 이스라엘이 이집트로부터 기대하지도 못했던 해방을 얻은 것, 초기 기독교인들이 기대하지도 못했던 예수의 긍휼(矜恤)을 체험한 것, 신의 절대적 유일성에 대한 예언자 마호메트의 독특한 체험 같은 역사적 사건들은 종교적 신뢰의 기초를 이룬다. 이러한 종교들의 확신은 그러한 놀라운 사건들이 역사적으로 과거에서 발생할 수 있었다면, 새로운 신기한 일들이 결정되지 않은 미래에 발생할 수도 있다는 가정에 기초한다. 그들의 희망을 가능하게 만든 것은 놀라운 미래에 대한 역사의 완전한 개방성에 대한 감각이었다. 그리고 자연의 아름다움이 때때로 그들의 종교적 영감의 근원일 수 있었지만 우주가 성취한 약속에 대한 종교적 확신을 일깨운 것은 본질적으로 자연의 반복성이라기보다는 오히려 역사적 과정의 미결정성이었다.

그러나 오늘날 과학이 역시 본질적으로 '역사적'인 해석으로 자연 세계를 개방하는 것은 우리에게 매우 흥미롭다. 새로운 우주의 이야기는 점점 자연을 큰 약속으로 읽게 만드는 우발적 특성을 역사와 공유한다. 진화 생물학, 지질학, 우주 물리학, 카오스 이론 같은 과학에서 발전의 결과로 자연 자체는 이전보다 훨씬 더 신중하게 종교적 약속과 희망의 주제에 자연을 동화시키도록 초청하는 역사적이고 서술적인 특성을 포함하게 되었다.

가령 우리의 공통 조상 아브라함의 이야기에 참여하면서 형성된 감성을 가지고 자연의 탄생과 진화를 돌아보면, 우리는 우주의 전체 전개를 하나의 긴 약속의 이야기로 바라보지 않을 수 없다. 예컨대 우주의 여명의 첫 순간부터 물질의 물리적 조직화는(알려진 물리적 필연성 없이) 이미 그것이 수소 원자, 성단, 초신성, 탄소, 생명, 그리고 결국에는 마음이 되도록 허용하는 거의 상상할 수도 없이 희박한 가능성을 가지고 있었다. 이제 과학 자체는 우주의 시초에 그러한 결과들을 결코 예측할 수 없었다고 고백한다. 그 점에서 물질이 모든 다양한 생명의 형태, 측량할 수 없는 생물 다양성과 복잡성, 그리고 결국은 의식으로 나아갈 것은 그 당시로서는 전혀 수학적으로 확실할 수 없었다. 이 놀라운 이야기에서 다양한 에피소드들은 모두 기대할 수 없었던(심지어 원리상으로도) 방식으로 일어났다.

　그러나 밝혀졌듯이, 자연은 항상 그러한 약속을 잉태하고 있었다. 그리고 아마도 앞에 있을 수십억 년의 진화 과정 동안 그것 안에서 어떤 새로운 것이 생겨날지는 아무도 모른다. 양자 물리학과 카오스 이론에서 나온 최근의 과학적 혁신들은 완전히 기대치 못한 방식으로 미결정의 결과에 대한 자연의 영속적 개방성에 대해 우리에게 알려주었다. 우리는 이제 우주적 비관론이 순수한 선형 과학의 비서술적이고 추상적인 과도한 단순화에 기초했기 때문에 믿을 만했다는 것을 깨닫는다. 자연 세계의 이야기를 풀어내는 것과는 전혀 무관한 근대 과학의 가장 간단한 형식은, 우주가 예측 불허의 새로운 양식화의 형태에 대해 철저히 닫혀 있는 과거의 죽은 필연성에 의해 절대적으로 결정되어 있는 것으로 보이게 만들었다. 열역학 제2법칙의 냉혹성과 우주의 최후의 운명에 관련된 모든 침울한 근대적 사상은 자연의 역사성의 우연에 대한 개방성을 무시한 쇠약한 수학적 추상화에 과학이 고정되었던 동안만 그럴듯했다.

　그러나 과학은 이제 그것의 과도한 선형 단순화가 본래부터 예측할 수 없고, 카오스적이고, 열린, 대부분의 자연 과정의 특성을 제대로 묘사하지 못해왔음을 인식하기 시작했다. 이전에 그렇게 많은 실망을 주었던 개념인 엔트로피조차 이제 새롭게 해석되고 있다. 우주의 열적 죽음만을 지시하는 대신에 엔트로피는 이제 긍정적으로 물질이 새로운 가능성을 실현시킬 본질적인 조건으로 이해된다. 해체 또는 파편화를 향한 엔트로피에 의한 우주의 경향이 없다면 가장 원시적인 질서 형태는 시대에서 시대로 경직된 동일성에 고착된 세계를 유지하면서 무한정으로 지배했을 것이다. 우주는 영속적으로 뻔한 것에 고정되었을 것이므로 창발적 복잡성의 여지는 없었을 것이다.

엔트로피가 없다면 정보도 있을 수 없고, 우주가 의미를 가질 가능성도 없다. 엔트로피는 우주가 식도록 해주고 시원적인 물리적 대칭이 깨어지게 하고 원자가 플라스마(원자를 구성하는 아원자 입자들, 즉 양성자, 중성자, 전자가 원자를 형성하지 않고 뒤섞여 있는 상태-옮긴이) 상태로부터 나타나게 하고, DNA의 염기가 뒤범벅되게 하는 것이다. 질서의 진부한 예들의 붕괴가 없다면 진보하는 복잡성의 새 형태로의 재배열이 있을 수 없을 것이다. 물질은 그 약속을 실현할 수 없을 것이다. 엔트로피는 우주의 이야기가 동일한 후렴구를 영원히 반복하기를 피하고 항상 열려 있고 종종 새로움을 얻기 위한 놀라운 실험을 하도록 보증해준다.

우주에 대한 새로운 과학적 설명이 항상 우리 앞에 넉넉하게 펼쳐져 있는 것은 미결정의 미래에 대한 개방성이다. 이러한 우주의 개방성과 접촉하는 신학은 측량 못할 정도로 풍요로울 것이다. 반면에 유물론적 환원주의는—최근의 과학적 발견의 내적 논리에 거의 역행하여—여전히 자연의 본유적 개방성의 분명한 현실을 억누르려고 노력한다. 생명체나 생각하는 존재 같은 창발적 새 현상을 단지 밑으로부터 위로 또는 이미 숙달된 화학과 물리학의 원리로 '설명'하기에 사로잡힌 환원주의는 세계 미래의 미결정성에 대해 가치를 제대로 인정하지 못한다. 이 완고한 환원주의에 기초한 우주적 비관론은 근본적으로 우주의 전개 과정에서 나타나는 분명한 새로움을 영원히 거기에 있었던 동일한 오래된 것들이 흥미롭게 뒤섞인 정도로 해석한다. 우주가 정말 새롭고 창조적인 미래로 열릴 수 없으므로 물질은 영원하거나 필연적이어야 한다. 이러한 비관론적 자세의 저변에는 과학이 있는 것이 아니라 놀라움의 가능성에 대한 근본적인 부정이 있다.

더욱이 앞장에서 우리가 보았듯이, 카오스와 복잡성의 새 과학은(현대 물리학의 다른 발전과 함께) 죽은 과거에 의해서만 결정되는 필연적이고 닫힌 우주의 개념에 종식을 고했다. 그것들은 우리 앞에 예측 불가능한 우주의 미래에 대한 지평을 열었다. 그러므로 더 이상 종교적 희망을 줄 수 있는 미래 우주의 산물들을 과학이 교조적이고 비관론적인 자세로 배제해야만 할 이유가 없다. 낡은 과학적 유물론에 기초한 좁은 터널 속으로 미래 세계를 밀어넣을 구체적 이유는 더 이상 없다.

사실상 더 이상 우주적 비관론은 과학이 선형 수학의 형태로 표현될 수 없는 모든 것을 무시했던 옛날에 그랬던 것처럼 '실재론적'이지 않다. 이제 우리는 과학적으로 정직하게 우리가 사물들이 어떻게 드러나는지를 지켜보고 기다림으로써만 자연 세계를 실제적이고 구체적으로 알 수 있음을 시인할 수 있다. 미래를 완전히 예측할 수 있다는 과학적 통제의 능력에 대한 현대적 허세는 사실상 빗나갔다. 오늘날 우주의 미래는 근대 과학의 출현 이래 어느 때보다 더 열려 있는 것으로 보인다. 그러므로 우리의 확신은 그러한 우주에는 (한번 더) 경이, 약속, 희망의 여지가 있다는 것이다. 결국 사물의 본성은 적어도 비극을 이루기보다는 희망의 선을 이룰 가능성이 더 크다.

이러한 열린 가능성은 다시 한 번 과학적 시대에 종교적 신앙을 위한 여지가 있음을 의미한다. 우리는 물론 특정한 과학적 가설 위에 믿음의 확실성을 기초할 수 있음을 주장하는 것이 아니다. 그러나 동시에 우리는 현대인에게 종교적 추구를 의심하게 만든 배타적으로 기계론적이고 결정론적인 교의가 과학 내에서 일반적으로 무효화되었음도 무시할 수 없다. 더 이상 과학이 과학주의와 기계론의 목소리로 미래는 우리의 희망과 상관없다고 확정적으로 주장할 수 없게 되었다는 것은 극적인 발전이다. 과학은 실제로 신학에 도움이 되도록 사물을 변화시켰다.

우리의 믿음 · 희망 관점에서 우주의 '의미'는 새로운 형태의 질서의 출현에 대한 우주의 개방성과 긴밀히 연결된다. 이것을 표현하는 또 다른 방법은 우주의 이야기가 지속적으로 더 다양한 아름다움의 형태로 표현되기를 추구한다고 말하는 것이다. 여기에서 아름다움이란 화이트 헤드와 다른 이들이 말하려고 했던 것, 즉 '새로움의 정돈ordering of novelty'을 가리킨다. 아름다움은 선이나 진리 같은 초월적 가치와 동일한 지위를 갖는 고등한 '가치'이므로 우리는 정돈된 새로움을 향한 경향, 즉 아름다움은 우주에 '방향을 갖는' 특성을 부여하는 것이라고 말할 수 있다. 비록 아름다움의 지향은 반드시 진보적 양상으로 실현되지는 않지만 우리의 우주에 대한 새로운 과학적·역사적 해석이 새로운 형태의 질서로 전개되려는 우주의 성향을 감지하기는 어렵지 않다.

아름다움을 지향함은 약속과 성실의 신이 정교한 우주 이야기의 토대이며 제작자라는 우리 교리의 관념과 잘 조화된다. 우리가 전에 주목했듯이, 진정으로 창조적인 신은 강제적이지 않고 설득적이다. 신이 창조적 사랑이라면, 세계를 미리 상정된 어떤 계획대로 짜 맞추려고 애쓰지 않을 것이다. 신은 세계를 원자, 세포, 뇌, 사회에서 발견되는 그러한 아름다움을 향해 부드럽게 이끌어갈 것이다. 그러나 그 과정은 경직된 의미에서 방향성이 필요 없다. 우리가 우주는 목적을 갖는다고 말할 때, 그것은 우주가 미리 확립된 특정한 목표를 향해 밀려간다는 것을 의미하지 않는다. 우주가 '의미'를 갖기 위해서는 그것이 미래에 예상치 못한 아름다운 형태를 취할 가능성을 갖고 있다는 것으로도 충분하다. 우리는 이제 과학이 우리 앞에 활짝 펼쳐놓을 우주가 이러한 목적론적 해석에 진정으로 열려 있다는 것을 확신한다.

4. 지지

우리는 우주의 '의미'를 명료하게 표현하려는 정직한 시도에서 크게 벗어나지 않고 그러한 거창한 문제에 대해 많은 것을 말하는 것을 종교는 꺼려하거나 심지어 혐오한다는 점을 강조하고 싶다. 분리 입장처럼 우리는 우주의 의미에 대해 말하는 것이 과학의 임무가 아니라는 것에 동의한다. 그러나 우리는 그것이 종교의 임무인가에 대해서도 의문을 갖는다. 우주에는 의미가 없을지 모른다고 우리가 의심하는 것은 아니다. 오히려 우리는 과학적이건 종교적이건, 우주의 목적이 무엇인지를 파악하는 것에 근접한 어떤 것을 말하려는 인간의 시도에 대해서 회의적이다. 그러한 문제들은 침묵 속에 가려져 있는 것이 가장 좋다.

우리의 주저함과 분리 옹호자들의 주저함의 차이는 우리가 심지어 종교조차 우주의 목적에 대해 무언가를 말할 수 없으리라고 생각하는 것이다. 근본적인 신 중심의 관점은 과학적 방법의 겸손함과 과학이 목적인에 관련되는 것에 대한 거부를 지지할 뿐 아니라 우리의 종교와 신학이 우주의 목적에 관한 질문에 '답'을 제시하는 것을 그것들의 임무로 삼을 수 있는지 의문을 제기한다.

분리 입장은 과학이 목적인에 대한 질문을 올바르게 배제하도록 해준다. 이러한 목적론의 회피는 과학의 결점이 아니라 힘이다. 그러므로 목적에 대한 논의를 피하라는 명령을 위배하는 것은 과학 자체가 아니라 신학적으로 곱씹을 수 있는 것보다 더 많이 베어 무는 경향을 가진 허영심 많은 우리 인간이다. 우주적 비관론자나 신학자 모두 전지(全知)적 능력을 가장하는 경향이 있다. 우주적 비관론자들은 과학이 직접 세계의 무관심에 대한 판단 근거들을 제시한다고 말한다. 사실 과학 자체는 이러한 정보를 우리에게 줄 준비가 제대로 갖추어지지도 않았는데 말이다. 그리고 신학자들은 종교의 임무가 특수한 사실을 뛰어넘어 우주적 의미를 우리에게 일깨우는 것이라고 말한다. 그러나 우리 자신의 입장―우리와 분리 옹호자들과 다른 점이 이것이다―은 종교와 신학조차 명확하게 실체적으로 사물들의 '의미'를 상세하게 제시할 수는 없다는 것이다.

결국 진정한 종교는 항상 금언적apophatic 측면, 즉 침묵을 지향한다. 종교에서의 침묵은 생명에 관한 큰 질문들에 대한 우리 응답의 부적절성을 나타내기 위해 필수적이다. 종교의 침묵은 우주의 "의미"가 무엇일지 명쾌하고 선명하게 제시하려는 노력에 대해 경고한다. 이런 점에서 종교는 목적에 대한 논의를 과학이 꺼려하는 것을 '지지해준다.' 그리고 목적론적 문제에 개입하는 것에 대한 과학의 거부는 우리에게 너무 큰 문제들에 대하여 침묵하려는 종교적 경향과 일치한다. 이런 점에서 과학은 우리를 우리 자신의 영역에 확고하게 머물러 있게 하고 우리가 아무것도 모르는 문제들에 뛰어들기를 삼가게 하는 데 있어 종교의 가장 깊은 요소들과 결탁한다.

이러한 침묵의 공유는 매우 종교적인 사람들이 상당히 자연스럽게 열정적으로 과학적 활동에 뛰어드는 이유 중 하나일 것이다. 인간의 앎의 한계에 대한 종교적 관점과 매우 잘 들어맞는 겸손이 진정한 과학 탐구에는 있다. 종교는 모든 큰 질문에 대한 답을 신의 신비한 섭리와 사랑에 의탁함으로써 인간의 정신을 해방시켜 유한한 종교의 능력에 더 적절한 문제들에 날마다 집중할 수 있게 해주기 때문이다. 과학은 인간의 지성에 가장 걸맞는 영역이며 그런 이유에서 과학은 사물에 대한 신 중심의 관점의 비호하에서 가장 잘 번성한다.

신 중심의 믿음은 우주의 목적과 같은 큰 문제가 우리 자신의 골칫거리가 될 필요가 없음을 우리에게 가르치기 때문에 과학적 탐구에 편안한 마음으로 들어가게 해준다. 그러므로 우리는 우주의 '의미'에 대한 질문에 대해 답하느라 곁길로 빠지기를 거절하는 과학자들을 매우 존경한다. 그들의 과묵함은 언제나 우주적 비관론의 표시는 아니다. 종종 그것은

272

그들이 우주의 중심에서 암묵적으로 감지하는 큰 신비를 조용히 보호하기 위함이다. 우주의 의미를 자세히 진술하려는 신학적 시도는 어쩔 수 없이 따분하고 비논리적으로 들린다. 그래서 우스꽝스럽거나 무례한 언급으로 그 문제를 빗겨가는 과학자들을 보는 것은 종종 신선하다.

목적론적 담론은 우리가 무심코 개입할 무언가가 아니다. 우리 종교 전통의 지혜는 거의 만장일치로 우주의 목적을 아는 것이 반드시 우리의 할 일은 아니라고 가르친다. 이 시점에서 우리는 욥기로부터 다시 한 번 우리의 모범을 이끌어낼 수 있다.

> 때에 여호와께서 폭풍 가운데로서 욥에게 말씀하여 가라사대 무지한 말로 이치를 어둡게 하는 자가 누구냐? 너는 대장부처럼 허리를 묶고 내가 네게 묻는 것을 대답할지니라. 내가 땅의 기초를 놓을 때에 네가 어디 있었느냐? 네가 깨달아 알았거든 말할지니라.[10]

■주

1) James Jeans, *The Mysterious Universe*, Revised Edition(New York: Macmillan, 1948), pp. 15~6.(1930년에 첫 출판).
2) E. D. Klemke, "Living Without Appeal" in E. D. Klemke, ed., *The Meaning of Life*(New York: Oxford University Press, 1981), pp. 169~72.
3) Gould, *Ever Since Darwin*, p. 13.
4) Ernst Mayr, "Evolution," *Scientific American*, Vol. 134(September, 1978), p. 50.
5) Steven Weinberg, *The First Three Minutes*(New York: Basic Books, 1977), p. 144.
6) Alan Lightman and Roberta Brawer, *Origins: The Lives and Worlds of Modern Cosmologists*(Cambridge: Harvard University Press, 1990), p. 340.
7) 같은 책, p. 358.
8) 같은 책, p. 377.
9) William Provine, "Evolution and the Foundation of Ethics," in Steven L. Goldman, ed., Science, *Technology and Social Progress*(Bethlehem, Pa.: Lehigh University Press, 1989), p. 261.
10) 욥기 38:1-4. 개역 한글판.

9 생태 위기에 종교가 책임이 있는가?

세계의 생태 위기는 과학과 종교에 대한 논의에 새로운 긴박감을 더하고 있다. 관점을 달리하는 사람들이 자연 세계에 대한 공통의 관심을 가질 수 없다면 우리 행성의 생명 체계는 비가역적 붕괴의 위험에 처해 있다. 최근에 과학자, 종교 지도자, 신학자가 모여서 개최한 한 회의는 이 문제에 대한 합의의 필요성을 인식했고 모든 부문들이 더 긴밀하게 생태적 문제들에 관심을 갖기를 격려하는 공동 결의문을 채택했다.[1] 이 "환경에 대한 과학과 종교의 공동 호소문"의 마지막 선언은 과학자와 신학자의 과거의 적대감에 주목했고 이제는 차이점을 접어두고 지구를 구하기 위해 함께 일해야 한다고 주장했다. 아마도 생태학보다 과학자와 신학자 간의 대화를 생동감 있게 유지하는 데 더 실제적으로 중요한 분야는 없을 것이다.

그러나 어떤 세속적인 생태학자들에게는 그러한 논의가 꽤 어렵게 보일지 모른다. 왜냐하면 종교와 신학은 자연 세계의 안녕에 대해 별로 우호적이지 않다는 평판이 있기 때문이다. 교회와 시나고그(유대교회)와 모스크는 주된 생태적 문제에 대해서 별로 관심을 기울이지 않았고 최근까지 신학자들도 역시 그것을 무시해왔다.[2] 종교적 전통의 고전 텍스트들은 우리에게 정글의 파괴, 토양의 침식, 담수원(淡水源)의 파괴, 사막의 확장, 토양·수질 및 대기 오염, 놀라운 멸종 속도, 지구 온난화, 성층권 오존층의 엷어짐에 대해서 말한 것이 거의 전무했다. 더욱이 종교계의 어떤 교사들은 방금 언급된 환경 위기 모두를 상당히 심화시키는 인구 증가를 여전히 무시한다. 그렇다면 종교가 어떻게 생태적으로 우호적이라고 말할 수 있는가?

세계 야생 기금World Wild Life Fund의 의장직을 맡고 있으며 30여 년간 환경 운동의 지도자로 활동해온 러셀 트레인Russell Train은 종교와 신학이 현재의 위기에 그토록 무반응적임을 아주 이상하게 생각한다. 그는 또한 정부와 대기업, 학계가 터놓고 이야기하는 데 실패한 것에 유감을 표한다. 그러나 이 영역에 대한 종교의 관심 결여에 관해 그는 이렇게 말한다.

> (종교적 관심의 결여는) 그저 이상할 뿐이다. 살아 있는 기억 속에서 인간 사회를 요동시킬 가장 근본적인 걱정 중 하나가 여기에 있다. 여기에는 인간 조건의 핵심과 인간의 삶의 질과 심지어 인간의 궁극적 생존에까지 영향을 미칠 문제들이 있다. 여기에 바로 창조물의 보존을 위협한다고 말할 수 있는 문제들이 있다. 그러나 교회와 다른 조직화된 종교 기관들은 그 주제 전체를 무시해왔다.

왜 그렇게 중요한 문제에 대하여 우리 종교 기관들은 '조용한 방관만 하고' 있는가?[3]

오늘날 과학과 종교의 진지한 논의는 생태학이 하는 일에 관계되어야 한다. 이러한 일은 우리가 지금까지 고려해온 주제들에서 표면화되지 않은 윤리적 강조를 특징으로 할 것이다. 더욱이 그러한 논쟁적인 주제에 대해서는 다양한 견해를 취할 여지가 있다. 그럼에도 불구하고 우리는 다양한 입장들을 우리가 이 책에서 앞서 사용해온 네 가지 범주에 배치함으로써—적어도 대략적으로라도—그것들을 체계화할 수 있을 것이다. 여기에서 우리는 이 책에서 제한시켜 사용해온 유신론적 의미의 종교가 생태적으로 중요한가라는 질문에 대한 몇 가지 가능한 답들을 제시하려 한다.

1. 갈등

과학적 회의론은 종교란 기껏해야 건강한 생태적 관심을 불필요하게 흐트러뜨리는 것이고 나쁘게 보면 심각한 장애물이라고 주장한다. 그럼에도 우리는 종교의 생태적 가치에 대한 의구심의 이유들을 제시하기 전에 칼 세이건, 스티븐 제이 굴드, E. O. 윌슨(이들은 모두 앞에서 언급한 협력 호소문을 승인했다)처럼 우리 중 몇몇은 실제로 종교가 생태적 행동주의에 도덕적 열정을 불러일으킬 수 있다는 것을 인정한다는 것을 강조해야 하겠다. 우리 회의론자들은 종교 공동체가 생태 운동에 뒤늦게나마 참여하는 것을 환영한다. 과학적 관점에서 종교는 단지 망상일 뿐이지만 생태적으로 중요한 것은 그것의 진리의 지위가 아니라 우리 행성을 구하려는 공통적인 도덕적 노력에서 그들이 제공할 수 있는 지원이다. 폭넓은 교육망과 풀뿌리까지 파고드는 그 능력으로 종교는 오늘날 생태 운동의 중요 부분이 될 수 있다.

그러나 우리는 여기에서 종교적 관점이 우리 자신의 유물론적 우주론보다 더 견고한 생태적 윤리의 토대를 제공하는지를 물어야 한다. 우리는 그 점에 대해 부정적이며 우리의 이러한 부정적 평가에 대한 좋은 이유를 갖고 있다. 비록 우리는 우주 전체가 의미 있다는 것을 거부할지라도, 대부분의 과학적 회의론자들은 지구 위에서 생명과 의식을 보존하는 것에 대해 여전히 열정적으로 관심을 표현한다. 아마도 오늘날 가장 감동적인 생태학적 문헌들은 자연을 넘어서 어떤 것에도 이해관계가 없는 도덕적으로 민감한 회의론자들에 의해 쓰여졌다. 이것은 초자연주의(종교)의 환상에서 발견할 수 있는 것보다 훨씬 더 본질적인 생태 윤리의 기초를 우리의 순수한 자연주의(우주의 모든 목적론적 흔적을 배격하는 관점)에서 발견할 수 있는 것이 아닌가라는 생각을 하게 만든다.

우리가 우주에서 어떤 궁극적인 의미도 찾지 못하는 것은 우리의 지구 환경이 우리의 돌봄을 받을 만한 자격이 없음을 의미하지 않는다. 사실상 전체 우주의 적대감이나 무관심은 대조적으로 이 귀중한 지구를 우리 눈에 매우 특별하게 만들어준다. 우선적으로 우주 안에서 생명은 출현할 가능성이 매우 낮으므로 파괴될 수 있는 생명의 민감성은 더욱더 귀중하게 여겨져야 한다. 비록 우주의 다른 곳에 생명이나 지능체가 존재한다 할지라도 대부분의 우주에는 생명도 마음도 없기 때문에 우리 자신의 연약한 생물권은 매우 중요하다. 우리 생태계의 연약함을 고려해볼 때 우리가 그것을 귀중히 여기는 것은 당연하다. 침묵하는 우주에서 지구 위 생명의 외로움은 지구를 매우 특별하게 만들어 신이 생태 윤리의 기초를 제시할 필요가 없게 만든다.

더욱이 초자연적 세계에 대한 지향을 가진 종교는 바로 그 사실 때문에 이 행성 위의 생명의 가치에 대해 너무 적은 관심을 보이고 있다. 종교가 '다음 세계' 또는 어떤 숨겨진 우주의 목적에 대해 관심이 많기 때문에 종교는 이 세계의 안녕에 대해 충분하게 주목하지 않는다. 멀리 떨어진 최종적인 우주의 의미에 대한 열중은 지구의 존속을 위한 현재의 도덕적 헌신에 대한 열의를 앗아간다. 미래의 신적 구원의 희망이 이 세계에 대한 관심을 저버리게 한다. 그들이 어떤 궁극적인 우주의 목적을 감상적으로 찾을 때, 그들은 지구 생태의 현 상태에 대해 너무 쉽게 무관심해한다. 최종적인 운명이 가져다주는 위로가 실제로 현재의 생태적 남용의 여지를 허용하고 있는 것이다.

오스트레일리아의 철학자이며 환경주의자인 존 패스모어John Passmore 는 정확하게 우리의 입장을 대변한다.

> 만약 사람들이 있는 그대로의 자신의 모습, 즉 그들의 생존에 완전히 무관심한 자연적 과정의 산물인 동료 인간들을 제외하고는 그들을 도울 이가 아무도 없는 자신들의 외로운 상태를 알게 된다면, 그들은 생태적 문제의 온전한 함축들을 직시하게 될 것이다. 그들은 신에 대한 개념의 연장에 의해서가 아니라 그것의 완전한 거부에 의해서 냉정하게 실정을 파악하게 될 것이다.[4]

생태 윤리의 기본적 공리는 만약 우리가 지구를 우리의 진정한 고향으로 경험하기를 배우지 않는다면 우리는 그것을 돌보는 성향을 거의 갖지 않을 것이라는 점을 명심하라. 그러나 종교는 이 세계를 우리의 고향으로 받아들일 수 없다. 종교의 가르침이 전형적으로 우리의 진정한 고향을 다른 곳, 즉 초자연적인 세계에 두고 있음을 알기 위해서 그것을 자세히 검토할 필요도 없다. 종교는 우리가 지구상에서 단지 순례자이거나 체류자라고 말해준다. 어떻게 그러한 세속적이지 않은 관점이 생태를 진지하게 생각하기를 요구할 수 있겠는가? 종교가 말하는

'우주에 집 없음cosmic homelessness'은 생태 운동을 도울 충분한 도덕적 에너지를 제공할 수 없다. 반면에, 자연 세계 모두가 거기에 있고 항상 거기에 있을 것이라는 의미에서의 순수한 자연주의 철학은 생태 윤리학을 위한 적절한 토대다.

또한 현대의 생태 위기는 성서가 땅에 대한 '지배권'을 인간에게 부여한 데서 기원했다는 린 화이트 2세Lynn White Jr.의 널리 알려진 명제를 잊지 말자.[5] 이러한 인간 중심적 신념의 오만함이 인간이 자연을 그들의 통제하에 놓고 남용하도록 종교적으로 허용해왔다. 마찬가지로 많은 신자들이 종말론적 믿음에 따라 이 세계가 파괴를 향해 가고 있다고 본다. 그들에게 우리의 현재의 자연 환경은 그것의 멸망이 예정되어 있으므로 아낄 가치가 없는 것이다. 그밖에 다른 많은 측면에서 종교는 비인간적인 자연 세계에 대해 너무 적은 관심만을 지니고 있음을 보여주었다. 그러므로 우리는 종교가 생태적으로 무용함을 발견한다.

2. 분리

세계가 생태적으로 병든 것이 단일한 원인에서 비롯된 것으로 보려는 유혹이 있다. 린 화이트 2세가 이러한 악의 기원을, 성서를 근간으로 하는 종교가 지구에 대한 지배권을 행사하는 우리의 권리를 강조한 데서 발견한다고 주장한 것이 그것이다. 그러나 사실상 성서는 우리에게 자연을 돌보는 '청지기직'을 담당하라고 격려한다. 그리고 성서학자들은 '지배권'이란 진정한 지배를 의미하지 않고 비인간적인 자연에 대한 신의 대표자로서 적절한 인간의 역할을 의미한다고 말한다. 이것은 신이 생명의 유지자이므로 성서는 이런 점에서 우리가 신을 모방하라고 암묵적으로 명령하는 것을 의미한다. 우리가 지구를 지배하고 남용하는 것을 성서가 정당화해주는 것은 없다. 반대로 시편, 지혜서, 그리고 전통적인 신학적 텍스트들에는 자연 세계를 존경하고 돌보는 임무를 부과하는 많은 구절들이 있다.

그러나 이러한 해석학적 규명은 세속적인 생태학자들이 관심 갖는 문제의 핵심에서 여전히 얼마간 벗어나 있다. 후자들의 첫째가는 반대 이유는 종교가 너무 이 세상을 초월해 있어 생태적으로 도움을 주지 않는다는 것이다. 물론 우리가 초자연적 영역의 존재를 받아들이는 것은 사실이다. 그러나 이러한 초자연적인 영역에 관련된 윤리적 가치들을 실행함으로써 우리는 생태적 위기를 완화하는 데 도움을 주고 있다고 확신한다. 가령 우리는 '지구 위에서 가볍게 살도록' 요구하는 종교적 겸손과 초연함을 배울 필요가 있다. 그래야만 창조물은 단지 우리의 오만함과 탐욕의 대상이기보다는 본유적인 가치를 부여받을 것이다. 만약 우리가 가난한 사람들로 생존을 위해 우림을 베어내고 그들의 땅을 오염시키게 만드는 전지구적 경제 불평등을 치유하려고 한다면, 거룩한 정의감을 배양해야 한다. 우리는 매우 독특한 종교적 미덕인 감사, 즉 항상 창조의 아름다움에 대해 감사하는 자세를 계발해야 한다. 그리고 무엇보다도 우리는 우리 동료 인간들을 위해서뿐 아니라 동물들과 다른 생물들을 위해서도 동정과 사랑의 초자연적 미덕을 실천할 필요가 있다.

요컨대 지구의 생태계를 우리가 파괴하게 만드는 것은 종교의 영향이 아니라 그것의 결핍이다. 근대적인 세속주의에 의해 신을 추방하자. 합리주의, 인본주의, 과학주의가 쇄도해 그 공백을 메우는 것이 가능해졌다. 이 모든 것들이 자연보다 인간이 우월하다는 가정 위에서 번성한다. 생태적으로 재앙적인 우리 문화의 인간 중심주의는 '세속적 인본주의'의 등장으로 강화되었고 '신의 죽음'을 뒤따라서 훨씬 더 격렬해졌다. 적어도 우리의 입장은 신 중심적이므로 그것은 인간 중심주의의 극복을 함축한다.

그래서 우리는 종교가 생태 문제의 원인이라는 명제를 상당히 불완전한 것으로 간주한다. 우리의 관점은 종교적 조망—그와 함께 겸손, 초연, 정의, 감사, 동정에 대한 새로운 헌신—의 회복 없이는 지구 생태계가 비가역적으로 파괴되리라고 본다.

어쨌든 생태 위기의 진정한 원인은 엄청나게 복잡하고 그것들 대부분은 종교와 무관하다. 치솟는 탐욕, 산업주의, 개인주의, 민족주의, 무제한적 경제 진보에 대한 믿음, 군국주의, 소비주의, 인구 과잉, 천박한 물질주의 등은 실제 원인일 가능성이 더 크다. 신성함을 추구하는 종교적 믿음은 그 위기의 근원적 원인이 될 가능성이 거의 없다. 실제로 영원한 가치의 근원을 종교가 인정하는 것은 지구 위의 생명 체계들을 죽음을 향해 몰아가는 저 악들을 정복하는 데 도움이 될 수 있다. 다시 말해 너무 심한 이 세상주의this-worldliness가 종교적 저 세상주의other-worldliness보다 생태적으로 더 해롭다.

한편 우리는 과학을 생태 위기의 원인이라고 비난하는 견해에도 마찬가지로 반대한다. 사실 그 위기는 과학이 가능하게 만든 기술과 산업화 없이는 발생하지 않았을 것이다. 그러나 이것은 과학 자체에 잘못이 있다는 의미는 아니다. 우리 분리 접근법에 따르면, 문제는 과학에 있는 것이 아니라 우리가 지구로부터 그 실체를 빼가도록 이끈 이데올로기나 믿음을 과학과 융합시킨 데 있다. 아마도 문제가 되는 가정의 가장 중요한 부분은 지구가 무제한의 경제 성장이라는 세속적 망상을 부추길 정도로 충분한 자원을 지니고 있다는 것이다. 경제 진보라는 세속적 신화가 종교적 메시아 신앙의 어떤 측면뿐 아니라 과학적 전문 지식과 기술을 취해 이용했으며 그 결과로 지구 자체의 안녕에 근본적으로 해가 되는 풍토를 양산했다.

　이것은 생태적으로 좋지 않을 뿐 아니라 부당하게 부정적인 평판을 과학에 가져오기 때문에 매우 부적당하다. 세계에 대한 과학적 접근은 본유적이 아니라 불가피하게 유물론, 비관론 또는 진보라는 세속적 신화의 전제에 얽혀 있다. 만약 과학이 그것들로부터 자유로워진다면 과학은 과학의 본유적 가치, 즉 신성한 영역에서 기원하는 가치(모든 가치가 그러하듯이)를 과학으로부터 앗아가는 우주의 이미지를 증진시키는 것에 대하여 책임을 질 필요가 없을 것이다. 우리의 고전적인 영적 전통과 본질적으로 초월적인 신에 대한 관념의 회복은 유물론과 다른 그럴싸한 형태의 자연주의에 속박된 과학과 생태를 해방시킬 수 있다.

　그러므로 우리는 과학을 종교적이건 아니건 모든 종류의 가정과 명확하게 구분할 필요가 있다. 이것은 과학적 회의론자들이 무비판적으로 과학과 유물론을 결합하여 만들어낸 연합의 생태적 가치에 의문을 제기해야 함을 의미한다. 우리는 대부분의 과학적 회의론을 형이상학적으로 지지하는 유물론이 자연 세계에 대한 적절한 윤리적 관심을 일깨울 수 있다는 것을 강하게 의심한다. 과학적 회의론자들 자신이 가질 수도 있는 개인적 생태적 관심은 과학적 사고를 둘러싼 유물론적 신념 체계 때문이 아니라, 그것에도 불구하고 생겨나는 것이다.

　오래 전에 윌리엄 제임스William James는 과학적 유물론의 본유적인 반생태적 함축을 이렇게 표현했다.

　　우리 세계가 지금 머뭇거리며 우리에게 기쁨을 준다 할지라도, 비록 많은 보석이 있는 물가가 생겨나고 많은 마술에 걸린 짙은 뭉게구름이 흘러가고 그것이 해체된 지 오랜 시간이 지나서 우주 변천의 광활한 표류

속에서 이러한 일시적인 산물들이 사라졌을 때, 그들이 귀중하게 여겼을지 모르는 귀중한 요소들을 드러낼 특별한 특성들은 아무것도, 절대로 아무것도 남아 있지 않다. 그것들은 죽어서 사라졌고 바로 그 영역과 존재의 공간에서 완전히 자취를 감추었다. 메아리도 없이, 기억도 없이, 나중에 올지도 모르는 누군가가 비슷한 이상을 추구하게 만들 아무런 영향도 남기지 않고 사라졌다. 이렇게 철저한 최종적인 파멸과 비극이 현재 이해되는 과학적 유물론의 본질이다.[6]

과학적 유물론에 대한 이러한 웅변적인 묘사에 함축된 것은 어떤 것이 '영원한' 무언가를 포함하지 않는다면, 그것을 지속적으로 가치 있게 여길 수 있는가라는 의문이다. 모든 것이 '절대적 무'로 예정되어 있다면 우리는 진정으로 그것을 귀중히 여길 수 있겠는가? 그리고 유물론이 우주를 궁극적으로 '최종적인 파멸과 비극'에 이를 것으로 여긴다면 어떻게 철학은 우리가 지구의 아름다운 보물들을 돌보도록 동기를 부여할 수 있는가? 우리는 그럴 수 있다는 것을 의심한다.

생태적 관심의 훨씬 더 견고한 기초는 땅 위의 모든 것이 얼마간은 영원한 것에 참여한다는 종교적 관념에서 발견될 것이다. 우리를 둘러싼 모든 아름다움은, 우리 자신의 삶과 자연의 영광을, 결코 사라지지 않는 영원한 아름다움(Eternal Beauty, 곧 신-옮긴이)에 감사하는 마음으로 연결시키라고 권한다. 만약 우리가 우리 주위의 자연의 광채를 죽인다면, 우리는 우리를 초월하는 신에 대한 감각을 무디게 하는 것이다. 동시에 우리가 신에 대한 믿음을 포기한다면, 우리 주위의 자연의 아름다움은 그것에 진정한 광채를 주는 신성한 깊이를 빼앗길 것이다. 이러한 기본적인 종교적 원리는 지구와 그 생태를 구하도록 우리에게 동기를 부여하기에 충분하다.

3. 접촉

분리 접근법은 다시 한 번 몇 가지 타당한 점을 분명히 지적한다. 그러나 불행하게도 그것은 고전적인 종교적 세계관을 옹호하기에 바쁘다보니 현재의 생태적 위기에 의해 제시된 영적·신학적 갱신의 기회를 이용하지 못한다. 우리는 우리 자신의 제안이 앞서 제기된 분리 입장보다 덜 변신론적이고 더 건설적이라고 생각한다. 이 책에서 우리는 우리 신학이 새로운 과학 사상과 '접촉'함으로써 혁명과 개혁의 충격을 경험하게 했다. 우리는 과학이 종교적 문제에 대한 우리의 생각에 상당한 변화를 가져온다고 주장해왔다. 그래서 여기서도 우리는 우리 신학을 생태에 대한 새로운 강조에 노출시킨다. 그리고 우리는 생태학이 진화론과 우주 물리학만큼이나 신학을 풍부하게 할 수 있음을 발견할 것이다.

사실상 현재의 상황은 인격신교의 기본적인 가르침 중 몇몇에 대한 전적으로 새로운 사고방식을 요청한다. 생태 위기는 정말로 전례가 없는 것이었기에 우리는 우리의 종교적 고전이 이미 만들어진 해법을 갖고 있기를 기대할 수도 없고, 위험에 처한 생태적 곤경을 인식하게 된 후에 우리는 더 이상 이전과 동일한 방식으로 고대의 텍스트들을 보기를 기대할 수도 없다. 실제로 자연이 받고 있는 현재의 위협 때문에 우리는 우리 종교가 본질적으로 변화되어야 할 특별한 역사적 순간들 중 하나를 맞이하고 있다. 우리는 전통주의자들처럼 이것을 우리의 신앙의 패배로 보지 않고 그것에 새로운 생명력을 가져다줄 기회로 간주한다.

그러나 이러한 극적인 변화를 위한 여지를 만들기 위해 우리는 종교가 우리 시대의 생태적 교란 중 몇몇을 허락하는 한 요소였는지 진지하게 추궁해야 한다. 우리는 신, 종교, 인간의 운명에 대한 전통적인 개념이 그것의 고전적인 설명 방식으로는 커져가는 생태계의 민감성에 완전히 적절하지 않을 가능성과 직면해야 한다. 전통적인 종교의 개념들 중 다수가 생태적으로 모호하다. 그것들은 생태적으로 민감한 우주론과 모든 것의 본유적 연결성에 대한 생태학의 새로운 강조와 일치하도록 개정될 필요가 있다.

우리는 생태적 도덕성이 영원한 것에 대한 감각에 뿌리내려야 한다는 분리 입장에 공감하지만 영원한 것에 대한 우리의 열망이 우리가 속한 지구 공동체로부터 성급하게 우리를 이탈시키지 않도록 주의해야 한다. 그러한 인간과 지구의 이원론적 분리는 과거의 종교적 사고를 지배했고 그 결과는 회의론자들이 적절하게 혹평한 '우주에 집 없음'이었다. 생태적 관심은 우리가 지구를 마음대로 더럽힐 수 있는 여관이 아니라 집으로 취급하기를 요구한다. 그러나 초자연적인 것에 종교가 집중하는 것은 우리의 주변에 대한 일종의 소극적 자세를 허용한 것으로 보인다. 우리는 너무 문자 그대로 이 세상이 우리의 집이 아니라는 사상을 받아들였다.

그리하여 우리는 풀 수 없는 딜레마에 빠진 듯하다. 한편으로 종교적 가르침은 우리에게 집 없이 살라고 가르친다. 그것은 신에게 다가갈 자유를 얻기 위해서 '세상'에 초연하는 정신을 계발하라고 권한다. 그러나 또 한편으로 생태 윤리는 우리가 자연에 깊이 뿌리내리기를 요구한다. 만약 우리가 생명의 더 넓은 공동체에 연결되어 있음을 귀히 여기고 나머지 자연과의 상호의존성을 완전히 이해한다면 우리는 자연을 존경하는 마음을 갖게 될 것이다. 우리는 이 두 가지 똑같이 매력적인 가치 체계 사이에서 방황하고 있다(혹은 그렇게 보인다). 여전히 우리는 우리를 쇠약하게 하고 궁극적으로 우리를 실망시키는 것에 집착하지 않고 살아가는 본질적으로 종교적인 이상을 품기를 원한다. 그래서 우리는 자연 자체를 궁극적인 관심사로 삼기를 꺼린다. 우리는 결국 물리적 세계는 사라지도록 예정되어 있음을 알고 있기 때문이다. 그러나 동시에 우리는 생태학의 이상, 즉 자연은 우리의 집이라는 개념과 우리는 미래 세대를 위해 우리의 자연적 서식처를 보존해야 한다는 요구에 깊이 끌린다. 우리가 이 두 가지 제안을 함께 받아들일 수 있는 길은 없는가? 다시 말해 종교적인 집 없음의 이상이 지구가 우리의 집이라는 충심에서 우러난 생태적 개념과 항상 모순되어야 하는가?

다행스럽게도 과학 자체는 우리가 여기에서 벗어나게 도와줄 수 있다. 과학은 우리가 어떻게 집 없이 초연하게 사는 종교적 모험과 견고하게 자연에 고정된 채로 머물라는 생태적 요구를 연결시킬지를 우리에게 보여줄 수 있다. 만약 과학이 지난 150년간에 걸쳐 무엇이든 가르쳤다면 그것은 자연 세계 자체가 쉼 없는 모험이라는 것이다. 과학자들이 이전에 생각했던 것처럼 자연은 정적이지도, 영원하지도, 필연적이지도 않다. 많은 이들이 여전히 그것을 믿지 않지만 우주는 확실히 계속되는 과정이다. 그것은 시대가 거듭함에 따라 본질적으로 동일한 방식으로 고착되어 있는 사물의 정적인 집합체가 아니다. 앞장들에서 주목했듯이 우주는 전개되는 이야기다. 그리하여 우리가 우주를 받아들인다는 것은 본유적인 쉼 없음을 환영해야 한다는 것을 의미한다. 진지하게 세계에 대한 과학적 묘사를 따르는 것은 우리가 우리의 정착되지 않은 삶을 훨씬 더 큰 우주의 쉼 없음의 맥락에 파묻는 것을 허락한다(심지어 요구한다). 우주 자체의 안식처 없음을 받아들임으로써만 우리는 이 우주에서 집에서처럼 편안할 수 있다.

우리 인간들이 진화 속에서 출현하기 전 시대에, 우주는 이미 수십억 년 동안 움직이고 있었다. 지난 세기 동안 과학은 이 이야기의 다양한 단계들을 놀랍도록 상세하게 기술했다. 이제 우리는 이러한 우주의 모험에 대한 설명에 생태적·신학적 함축이 있음을 받아들이도록 요청받고 있다. 우리 자신의 쉼 없음과 종교가 우리에게 누리도록 해주려는 것인 근본적인 자유를 받아들이기 위해서 우리는 자연으로부터 우리 자신을 분리시킬 필요가 없다. 우리는 우주를 우리의 종교적인 쉼 없음의 희생물로 만들 필요가 없다. 대신에 우리가 자연에 속한다는 것은 바로 우리의 종교에서 말하는 집 없음의 상태다. 우리 자신을 자연에 연결시킴으로써 우리는 이미 체류하고 있다. 우리는 우주를 떠나서가 아니라 우주와 함께 하는 긴 순례길 위에 있다.

새로운 우주론에는 진화하는 우주의 전일론적·유기체적 특성에 대한 강조를 포함하여 오늘날 생태 신학에 알맞은 것으로 보이는 다른 많은 특색들이 있다. 그러나 여기에서 우리는 초월을 위한 우리의 필요를 만족시킬 방법으로 우리 종을 자연으로 돌려놓을 현대 물리학의 두 가지 특색을 단순히 지적하겠다. 첫째 우주는 영원하지 않으며 시작이 있었고 유한한 지속 기간을 가지고 있다는 새로운 과학적 추정이 있다. 둘째 물리학과 천체 물리학에는 우리의 가장 특징적인 인간적 속성인 마음을 자연의 본질적 부분으로 만들 새로운 개념들이 있다. 이러한 두 가지 물리적 사상은 우리가 자신을 다시 한 번 완전히 우주에 속하는 것으로 생각하는 것을 가능하게 만들어준다. 동시에 그것들은 우리가 우주 자체를 방황하는 집 없는 우주로 생각하게 해준다. 그것은 어느 때보다도 깊은 의미에서(이번에는 생태적으로 전체적인 방식으로) 초월을 위한 종교적 필요에 대해 말해준다. 이러한 새로운 개념들을 각각 더 자세히 알아보자.

우선 우주가 영원하다는 고대의 가정에 이의를 제기한 것은 특히 빅뱅 우주론이다. 얼핏 보아서는 무슨 생태적·신학적 의미가 우주를 이해하는 새로운 방식으로부터 배어 나올 수 있을지 의아할 것이다. 그러나 우주가 유한한 과거를 가지고 있다면―그리고 심지어 정해진 시작을 가지고 있다면— 우리는 우주 전체를 여전히 전개되는 이야기로 이해하는 것이 가능해진다.[7] 이것은 한없는 여행을 시작한 것이 단지 인간 영혼만이 아님을 의미한다. 오히려 전우주가 순례 여행 중이라고 이해할 수도 있다.

그러므로 우리는 집 없이 살라는 종교적 충고를 따르기 위해 우주를 포기할 필요가 없다. 실제로 우리에게는 우주 자체의 모험적 변화가 바로 우리 종교가 말하는 안식 없음의 근원 체계root system라고 말하는 것조차 허용될 수도 있다. 우리는 자연으로부터 우리 자신을 유리시키는 것이 아니라 우주의 여행에 우리 자신을 몰입시킴으로써 초월the beyond에 대한 종교적 열망을 만족시킨다. 새로운 과학적 우주론은 우리가 종교적 체류의 이상을 희생할 필요도 없이 우주에 완전히 속하도록 허용한다. 우리는 우주에서 길을 잃은 것이 아니라(이것은 종교적 이원론자들의 반생태적 가정이다) 우리는 우주와 함께 길을 잃은 것이다. 우리는 서로 의지할 곳 없음과 공통적으로 목적지에서 떨어져 있음에서 친밀감 또는 동류 의식을 느낀다. 그러므로 종교적인 집 없음은 생태적으로 해로운 '우주에 집 없음'을 포함할 필요가 없다.

둘째로 우리가 앞장들에서 살펴본 물리학과 우주 물리학에서의 몇몇 발전들은 마음을 자연 속에 다시 투입하는 효과가 있다. 그것들은 마음이 우주와 근본적으로 이질적이라는 이원론적 가정에 이의를 제기한다. 자연으로부터의 마음의 분리는 현대 사상의 과학주의, 유물론, 우주적 비관론에 의해 당연시되었지만 매력적인 새로운 과학 개념들이 현재 이런 분리에 이의를 제기하고 있다.

예를 들면 당신이 기억하듯이, 특수 상대론은 물리적 실재가 우리에게 나타나는 방식이 관찰자의 기준틀에 독립적이지 않음을 제안한다. 이전에 고전 물리학의 세계관은 우리의 주관성이 이른바 '이차 성질'

(오감에 관계된 성질)로부터 분리될 수 없음을 허용했으나 인간의 주관성에 완전히 영향을 받지 않는 시간과 공간에 '뚝 떨어져' 존재하는 '일차 성질'들의 영역이 있다고 주장했다. 이 '객관적' 성질들의 영역은 실제 세계로 여겨졌고 그밖의 모든 것(가령 아름다움, 가치, 의미 등)은 색도 없고, 냄새도 없고, 가치도 없는 일차 성질의 세계에 인간 주체가 덮어씌운 '껍데기'에 불과한 것으로 여겨졌다.

그러나 특수 상대론은 우리 인간들이 모든 기준틀에서 객관적으로 같다고 생각한 일차 성질들에도 '주관성'의 긴 그림자를 던짐을 의미한다. 우리는 사물에 대한 절대적인 관점을 갖는 방식으로 자연으로부터 마음을 유리시킬 수 없다. 우리는 이제 마음이 우리가 여러 세기 동안 추정해왔던 것보다 물리적 우주에 훨씬 더 깊이 파묻혀 있다는 것을 확신해가고 있다.

마찬가지로 양자 물리학과 미결정성의 원리는 분명히 관찰자를 과학적으로 관찰된 세계의 직물(fabric) 속으로 복잡하게 묶어준다. 그것들은 우리의 정신이 아원자 입자의 위치나 운동량의 파악에 영향을 미치고 관찰된 세계가 관찰자나 관찰도구로부터 엄밀하게 분리될 수 없음을 함축한다. 어떤 물리학자들은(상당한 논쟁을 불러일으키는 명제에서) 심지어 세계가 의식을 지닌 인간이 개입할 때(물리학자들이 가상 입자의 '파동 함수'라고 부르는 것이 붕괴된다)에만 결정된다고까지 말한다. 다른 이들은 세계가 본질적으로 '마음 같은 것'으로 구성되어 있다고 주장하기까지 한다. 우리는 자연 밖에 인간의 마음을 위치시켰던 과거의 종교적 · 과학적 개념들과 오늘날의 물리학이 대립되는 정도를 지적하기 위해 여기에서 그러한 개념들을 받아들일 필요가 없다.

마지막으로 생태학과 신학의 관점에서 특히 흥미로운 것은 오늘날 어떤 천체 물리학자들과 우주론자들이 물리적 실재의 구조가 첫 순간부터 마음의 궁극적인 출현을 떠나서는 제대로 이해될 수 없다고 주장한다는 점이다. 6장에서 논의된 이른바 '강한 인류 원리'는 마음이 진화 중에 나타날 수 있으려면 우주의 기원의 시점에서 최초의 물리적 조건과 기본 상수들이 매우 정확하게 정밀 조율되어 있어야 한다고 주장한다. 만약 중력, 우주 팽창 속도, 전자 대 양성자의 질량비, 약한 핵력 대 강한 핵력의 비가 미세하게만 달랐다면, 우리(마음을 갖게 된 존재)는 여기에 존재하지 않을 것이다.

이러한 사색이 무엇인가 옳은 것을 포함한다면, 마음은 우주의 근본적인 측면이어야 한다. 물론 이것은 마음을 단지 우연적인 무단침입자로 만들어온 생태적으로 문제가 있는 이원론 및 우주적 비관론을 공격할 것이다. 우리가 비록 인류 원리의 더 강한 버전들을 받아들이기를 원치 않는다 할지라도 초기 우주의 물리학이 생명과 마음의 출현에 적절하다는 것은 여전히 생태적으로 흥미롭다. 결국 3세기 동안 과학적 유물론은 물질이 생명과 마음에 근본적으로 적대적이거나 무관심하며 물리적 우주는 단지 어쩔 수 없이 마음이 없는 우주에서 생명과 마음이 잠깐 나타나서 번성하도록 허락했다고 주장해왔다. 그러나 이제는 이러한 편견을 특히 과학적 토대 위에서 지탱하기가 훨씬 더 어려워지고 있다. 과학은 이제 점점 더 마음과 자연의 분리 불능성을 지향하고 있다.

이러한 새 우주론적 사고가 생태적으로 의미하는 것은 우리가 더 이상 그럴듯하게 물리적 우주가 우리 집이 아닌 것처럼 생각할 수 없다는 것이다. 우리가 생태를 무시하게 했던 '우주에 집 없음'의 관념은 더 이상 지적으로 또는 신학적으로 수용될 수 없다. 우리가 자연 세계에 속한다는 사실을 받아들이기(우리가 아직 진지하게 해보지 않은 것)를 배운다면, 우리는 그것을 더 잘 다루기 시작할지 모른다.

새로운 과학적 개념이 신학적으로 의미하는 것은 우리가 더 이상 전

우주에 대한 관심으로부터 우리 자신의 운명에 대한 관심을 분리시킬 수 없다는 것이다. 우주는 본질적으로 우리 인간성과 연결되어 있다. 또는 더 제대로 표현해서 우리 인간성은 쉼 없는 우주의 더 포괄적인 틀 안에 영원히 위치한다. 만약 우리가 죽음을 뛰어넘어 도저히 상상할 수 없는 우리 인간성의 회복을 실제적으로 희망할 수 있다면 전체 우주도—진화 속에서 등장한 모든 다양성을 포함하여—그 안에 참여할 것이다. 그러므로 우리는 생태학에 대한 새로운 강조가 전체 세계의 구원을 포함하도록 종교적 희망의 범위를 넓히게 해줌을 감사한다.

사실상 인격신교는 세계의 미래에 대한 희망과 약속을 상당히 강조해왔다. 미래의 성취에 대한 이러한 강조는 '종말론'으로 알려져 있다. 여기에서 '종말론'이란 모든 실재가 신의 약속에 의해 형성됨을 가리킨다. 종말론은 영예로운 미래의 성취가 전우주를 위해 예비되어 있다는 기쁜 소식을 전한다. 우리는 이러한 광범위한 희망의 비전이 생태적 관심과 완전한 조화를 이룬다고 생각한다. 종말론적 신앙은 지금도 우리가—전체 창조물과 함께—우리 존재의 중심에서 열망하는 미래를 현재의 자연이 그 안에 포함하고 있기 때문에 자연 세계를 귀중하게 여기도록 요청한다. 그러므로 자연을 파괴하는 것은 우리 자신과 우주를 공동의 미래로부터 단절시키는 것이다.

우리가 종교적 희망이 생태적 관심과 그렇게 긴밀하게 조화된다고 생각하는 이유는 그것이 자연 세계를 신적 약속의 구체화로 간주하도록 격려하기 때문이다. 인격신교 중 셋 모두(유대교, 기독교, 이슬람교)가 말하는 이야기들에 따르면 약속에 대한 믿음은 사막에서 새로운 생명의 땅을 바란 유목민 아브라함의 기대에서 탄생했다. 새 생명에 대한 열망은 아마도 미래에 대한 아브라함의 믿음의 '생태적' 기초였다. 우리의 믿음의 가장 깊은 기원은 우리 신앙의 조상들의 상상력과 희망에 불을 당긴 자연의 번성으로부터 분리될 수 없다.

　만약 진실로 자연이 약속이라면 그것은 우리의 보호를 요구한다. 우리의 마음에 살아 있는 새 창조의 희망을 유지하기 위해 우리는 여기에서 지금 자연 보존을 지속할 필요가 있다. 왜냐하면 틀림없이 희망은 생태계의 붕괴와 함께 증발해버릴 것이기 때문이다. 모든 것의 궁극적 갱신에 대한 우리의 희망은 자연 세계의 현재적 생명력과 아름다움에 의해서만 강화될 수 있다. 우리가 생명에 대해 어떤 개념을 처음으로 얻는 자연 세계를 계속해서 더럽힌다면 생명의 부활에 대한 암시가 거의 남지 않게 될 것이다.

　동시에 미래 세계에 대한 희망은 현재 이곳에서 자연의 보존을 위해 일할 열망을 우리 안에 일깨우기 위해서 필요하다. 물론 어떤 생태학자들은 그러한 제안대로 우리가 미래에 몰두하다보면 현재 일어나는 너무 많은 생태적 남용을 그냥 참고 견디게 될 것이라고 회의적 시각으로 바라본다. 그들은 계속해서 종말론은 우리가 지나치게 미래의 성취에 대한 꿈에 사로잡히게 해서 현재에 관심을 갖지 못하게 한다고 주장한다. 그러면 우리를 현재로부터 더 나은 세계로 나아가게 하는 희망이 어떻게 지금 이곳에서 우리가 효과적인 생태적 관심을 갖게 할 수 있는가?

　이것은 중요하고도 어려운 질문이다. 어떤 종류의 종교적 기대는 생태적 이익과 일치하지 않는다는 것을 우리가 시인하지 않을 수 없기 때문이다. 사실상 어떤 종류의 종말론은 이 세상을 미워하는 도피적 형태의 '낙관론'으로서 물질을 경시하고 완전히 영적인 세계만을 인간의 유일한 목적지로 간주한다. 실제로 이런 종류의 '희망'은 생태적으로 문제가 있다.

　그러나 우리가 인격신교들의 원래의 주된 취지를 이해할 때, 그것들의 종말론은 이 세상으로부터의 도피적 후퇴와는 상당히 대립된다. 헬

레니즘 세계로부터 기원한 이원론에 의해 궤도 이탈하기 전에 예언적 희망은 자연 세계에서 분리된 미래를 위한 것이 아니었고 창조된 세계와 함께 하는 창조된 세계의 궁극적 미래를 위한 것이었다. 어쨌든 현재의 생태적 상황은 우리가 희망을 확장시키기를 요구한다. 우리 종교의 약속은 다시 한 번 창조물 전체가 '신의 도래'에 의해 갱신될 운명임을 지칭해야 한다.[8]

더욱이 우리는 지구가 실제 미래를 가지고 있음을 확신하지 않는다면 지구를 돌볼 동기가 거의 없을 것이다. 아직 우리의 최선의 노력에도 불구하고 인간들은 분명히 자신의 능력만으로 이상적인 생태적 미래를 약속할 수 없다. 실제로 최근의 우리 행위를 볼 때, 우리는 지구의 미래의 관리자로서 우리 자신을 불신할 충분한 이유가 있다. 정확하게 이 이유 때문에 우리는 종말론적 믿음이 생태적으로 필수 불가결하다고 생각한다. 우리가 이 행성의 전역에서 유발한 생태적 시련을 대하면서 우리는 철저한 실망과 윤리적 무기력에 쉽게 빠져들 수 있기 때문이다. 어떤 생태학자들이 지금 묘사하고 있듯이, 그 상황은 이미 매우 참담해서 우리가 그것에 대하여 할 수 있는 것은 거의 없다.

이것이 본유적으로 미래를 기약하는 자연의 성향에서 오늘날 우리가 새로운 희망을 맛보는 것이 그렇게 중요한 이유다. 미래에 대한 진정한 종교적 희망은 항상 "생업으로 그슬리고, 힘든 일로 희미해지고 얼룩진" 세상, 즉 "우리의 더러움을 뒤집어쓰고," "우리의 냄새가 배고," "이제 맨땅이 드러난" 세상에서도 "사물의 가장 깊은 곳으로부터 우러나는 보석 같은 신선함"을 발견하도록 우리를 초청한다(Gerard Manley Hopkins). 세계로부터 이탈하지 않고 우리가 그것에 행한 모든 것에도 불구하고 그것을 돌보기를 계속하는 불굴의 희망만이 우리의 생태 윤리에 힘을 더할 것이다. 우리의 희망은 이 세계의 새 창조를 기대한다.

그것은 현재와 신 안에서 성취되는 궁극적인 세계 사이에서 연속성을 본다. 이 세계의 미래에 대한 희망 없이 우리의 생태적 헌신은 의미가 없을 것이다.

우리 세계를 하나의 약속―우리 자신의 이익만이 아니라 모든 것의 이익을 위한―으로 보는 것은, 자연이 우리 인간의 모든 필요와 욕망을 완전히 충족시키기를 기대하는 현대적인 강박 관념으로부터 자연을 보호하는 역할을 할 것이다. 불행하게도 현대 세계가 그 충만한 창조성의 초월적 근원(Transcendent Source, 곧 신―옮긴이)의 개념을 상실했을 때, 우리는 성취에 대한 우리 본연의 갈망을 즉각적인 자연 환경으로 돌렸다. 무한자의 부재 상태에서 우리가 자연 외에 어디로 돌아설 수 있겠는가? 그러나 자연은 유한하기 때문에 자연은 홀로 우리에게 필요한 모든 것을 제공할 수 없었다. 작고 단일한 행성이 무한한 자원을 가질 것이라는 기대는 지구에서 갱신될 수 없는 많은 부요를 계속해서 빼앗게 만들었다.

그러나 종말론은 지구를―그리고 그 모든 자연을―낙원보다는 약속으로 보기를 요청한다. 희망의 자세는 자연이 제공할 수 있는 것에 대한 우리의 기대를 완화하고 우리를 그것의 본질적인 한계와 화해시킨다.

불행히도 현대의 정치 세계는 아직 자연의 유한성과 타협을 이루지 않았고 이것은 우리의 계속되는 생태적 비극의 주된 이유다. 유일한 현실적 대안은 자연을 약속으로 보는 종말론적 관점을 받아들이는 것이다. 성취보다는 약속으로 자연을 봄으로써 우리는 유한한 것으로부터 무한한 것을 짜내려는 생태적으로 고통을 주는 강박 관념을 극복할 수 있다.

더욱이 약속의 테마는 우리가 자연의 유한성을 너그럽게 받아들일 뿐 아니라 자연에서 발견하는 모든 모호성과 고통을 참아내게 해준다. 종말론은 추하거나 혐오스런 것을 최종적인 것으로 판단할 필요 없이 자연 세계에서 그것들을 승인할 만큼 현실적이다. 마찬가지로 종말론적 믿음은 자연 속의 모든 것의 덧없음과 우리를 화해시킨다. 우리는 약속에서 완벽을 기대하지 않고 그것의 성취에서 완벽을 기대한다. 만약 우리가 시범적으로 자연을 완벽이 아니라 약속으로 받아들이고 즐길 수 있다면, 우리는 혹독함과 무관심의 요소들을 포함한 자연의 결점들을 참아낼 수 있다.

다시 말해 궁극적인 우주적 성취를 꿈꾸는 진지한 희망은, 마치 자연 세계 자체가 우리의 가장 열렬한 소원을 충족시킬 수 있거나 한 것처럼 자연 세계에 순진하게 집착하는 것으로부터 우리를 벗어나게 해준다. 우리의 종교적 관점에서 무한자만이 우리의 한없는 희구를 궁극적으로 만족시킬 수 있다. 그래서 만약 다시 한 번 우리가 자연을 성취보다는 약속으로 해석할 수 있다면, 우리는 우주가 여전히 미완성이고 모든 일시적인 것들이 결국 사라지리라는 것을 깨달을 때 실망 없이 그것의 아름다움을 소중히 여기고 기뻐할 수 있다.

이런 관점에서 자연 세계는 단지 "다음 세계"를 위해 우리를 준비시키는 시험장이 아니라, 우주의 전체 진화가 이끌려가고 있는 미래 완성의 징표다.[9]

4. 지지

종교의 역사적 · 생태적 모호성에도 불구하고 그것이 기본적인 관점에서 본질적으로 생태적이라고 말할 수 있는 사항들이 있다. 분리 및 접촉 접근법들이 대부분 신학과 생태학의 양립 가능성을 지적하거나 신학을 새 상황에 맞추어가는 것에 만족하는 반면에, '지지' 입장은 훨씬 멀리 나아간다. 우리는 종교가 본질적으로 이미 생태적 관심을 포함한다고 주장한다. 성서적 세계 내에서와 경계를 뛰어넘어서 종교는 그것의 함축에서 본유적으로 생태적인 두 가지 특징을 드러낸다. 성사주의sacramentalism와 침묵이 그것이다.

성사주의. 종교의 자연에 대한 성사적 관점은 생태적 감수성의 필수 불가결의 토대가 발견될 수 있다. 넓게 말해서 '성사'(聖事, sacrament, 일반적으로 신자들에게 신의 특별한 은총을 베풀어주는 종교 의식을 지칭하나 이 책에서는 보다 포괄적인 의미로 사용되고 있다.-옮긴이)란 종교적 믿음과 신성의 접촉을 매개하는 구체적인 대상, 사건 또는 체험이다. 모든 종교가 신적 신비에 대해 말할 수 있는 유일한 방법이 인간이 경험하는 구체적인 대상을 통해서라는 점에서 모든 종교에는 성사적인 차원이 있다. 종교의 성사에 사용되는 재료들이 특히 자연 세계로부터 왔다는 것은 놀라운 것이 아니다.

가령 '역사적' 계시와는 별도로 인격신교는 신적 신비가 자연의 아름다움과 다양성에 감추어져 있음에 동의한다. 밝은 햇빛의 광명함은 신으로부터 오는 조명illumination을 은유적으로 표현해주는 대치할 수 없는 경험을 제공한다. 마찬가지로 공기와 바람의 신선함은 성령의 개념에 대한 생리학적 기초가 된다. 맑게 흐르는 물의 세척 효과는 신성과의 만남이 가져다줄 갱신renewal이라는 심오한 경험의 상징을 제공한다. 그리고 흙과 생명의 비옥함은 계절의 도래와 마찬가지로 부활이나 신생new birth의 종교적 희망에 긴밀하게 연결된다.

실제로 종교는 자연에 이미 존재하는 부요와 다양성을 떠나서는 결코 신에 대해서 많은 것을 말할 수 없다. 우리에게 있어서 자연의 성사적 특성은 생태적 관심에 본유적으로 종교적인 이유를 부여한다. 현재의 위기와 맞붙어 싸우기 위해서 신학을 고칠 필요가 있다면, 동시에 우리는 종교가 우연이 아니라 본질적으로 이미 생태학과 연결되어 있다는 사실을 간과해서는 안 된다. 그 상호 연결이 너무 긴밀해서 우리가 만약 자연 세계를 잃는다면 우리는 신도 잃게 된다.[10] 신적 신비는 자연과 동일시되지 않지만 자연에 깊이―적어도 성사주의적 관점에 따라―내재되어 있다. 생태적 보존을 지지할 필요에 대해 이보다 더 분명한 종교의 지지는 찾기 힘들 것이다.

자연 세계가 진정으로 신에 대한 상징적 표현이라는 것은 우리의 파괴적 경향을 억제하는 '성사적인' 특성을 자연에 부여한다. 종교의 성사주의적 조망은 특히 산업 혁명 이후 자연 세계를 경제적 이용을 위한 미가공의 재료 정도로 환원하려는 어리석은 인간의 습성에 대한 보루 역할을 한다.

그러므로 성사주의적 생태학은 자연 세계와 물질적 존재에 우리가 연관을 갖고 있다는 것을 누리고 강화시키도록 우리를 격려한다. 불행하게도 이원론적 영성(靈性)은 우리를 자연에서 멀어지게 했고 우리가 지구의 복잡한 생태계의 네트워크의 일부라는 우리의 태생적 느낌을 억눌렀다. 이러한 동일한 이원론이 또한 가부장적 배타주의와 여성의 억압을 지지해왔다. 반면에 성사주의적 시각은 지구에 대한 존경과 여성 해방 사이의 긴밀한 연결을 본다.

물론 성사주의적 시각은 우리가 근대성의 가장 존경받는 이상 중 하나, 즉 자연 세계를 소유하고 정의하고 이용할 '권리'를 갖는 자율적이고 독립적인 주체라는 개념을 포기하기를 요구하기 때문에 대부분의 우리에게 너무 도전적일지 모른다. 성사주의에 의해 격려받은 생태학은 소박한 개인주의가―경제적이건 영적이건―더 이상 생태적으로 존립할 수 없음을 함축한다. 그것은 우리가 개인적 정체성을 형성하거나, 지역 사회를 건설하거나, 직업을 선택할 때마다 우리 각자가 신적 신비를 누적적으로 발현시켜주는 창조물들의 훨씬 더 넓은 그물망의 일부라는 사실을 고려하게 만든다.

마찬가지로 성사주의는 우리가 개인적인 결심을 할 때마다 모든 미래 세대를 위하여 지구 공동체에 미칠 잠재적인 충격을 고려하기를 요구한다. 다시 말해 성사주의적 생태학은 새로운 종류의 도덕적 민감성을 요구한다. 우리의 고전적인 전통은 개인적 권리 문제에 지나치게 사로잡혀서 우리 존재와 모든 것의 존재 사이의 상호의존적 관계의 본질을 간과해왔다. 물론 인격신교의 윤리적 강조는 강력하게 사회 정의의 문제와 관련이 있었지만 이제야 우리는 사회 정의가 생태 정의와 분리될 수 없다는 것을 인식하기 시작하고 있는 것이 사실이다.

성사주의적 시각은 또한 '생명 옹호pro-life'(생명 옹호 운동이란 낙태, 안락사, 인간 배아 실험 등을 합법화하는 것에 반대하는 운동을 말함–옮긴이)라는 것이 무엇인지에 대해 새로운 해석을 주창한다. 그동안 생명 옹호 윤리는 인간의 성애sexuality를 둘러싼 문제에만 너무 좁게 연결되어왔다. 그것이 진지하게 '생명에 개방'되려면, 그것은 전지구적 인구 문제와 인간의 수로 인해 지구 생태계에 가해지는 추가적인 압력을 외면할 수 없다.

요컨대 우리는 생태적 관심이 이미 우주에 대한 성사주의적 시각에 암시되어 있음을 주장한다. 자연의 다양한 특징들이 신성을 본유적으로 계시해준다는 확신은 오늘날 적절한 생태적 시각에 필수적이다. 성사주의적 시각은 종교적 믿음과 생태적 관심 사이의 본유적인 관계를 지지한다. 그리고 동시에 그것은 자연의 보존이 종교의 번성과 분리될 수 없음을 함축한다.

침묵. 이 책의 여러 곳에서 우리는 침묵에 대한 거의 보편적인 종교적 태도가 과학과 종교를 포함하는 논의에서 극히 중요함을 보이려고 시도했다. 가령 우주의 목적에 대한 질문에서, 우리 중 누구든지 취할 수 있는 가장 좋은 접근법은 그것에 대한 우리의 생각들—과학적이건 종교적이건—이 부적절함을 고백하는 것이다. 우리는 과학에서건 신학에서건 그러한 초월적 중요성을 가진 문제에 대해 충분히 파악할 수가 없다.

비록 종교가 궁극적 실재를 지시하기 위해 성사주의적 방식을 요구할지라도, 결국 우리는 숨겨져 있는 말할 수 없는 신비에 대한 모든 상징들, 유비들, 단어들 자체가 부적절하다는 것을 받아들여야 한다. 다시 말해 성사주의 자체가 종교적 의도를 충만히 표현해주지 않는다. 존귀한 신적 신비 앞에서 우리의 입장을 '표현'할 가장 적절한 방법은 욥을 본받아 우리 입술을 손가락으로 누르고, 말을 삼가고, 우리의 상상의 날개를 접고, 침묵하는 것이다.

여기에서 우리의 주장의 요지는 신성을 향한 순수한 침묵이라는 '금언적' 자세가 자연 세계의 자율성에 대한 깊은 존경으로 이어진다는 것이다. 침묵은 근본적으로 신뿐 아니라 신의 세계에 대한 '내버려둠'이다. 우리의 묵상에 잠겨 침묵하는 태도는 신 자신의 창조적 '내버려둠'을 닮아 있다. 침묵의 태도를 취함으로써 종교는 세속적 도구인 말, 그림, 개념을 통해 신의 신비 속으로 침입하기를 꺼리는 마음을 표현한다. 우리는 신적 신비를 있는 그대로 둔다. 마찬가지로 침묵은 신적 창조 세계를 그대로 두기를 우리가 환영함을 나타낸다.

자연도 신적 신비에 참여한다는 것을 알고 있기에 우리의 침묵이란 자연을 있는 그대로 두고 인간이 자꾸만 그것에 부여하려고 하는 모든 의미로부터 자유롭게 남겨두어야 한다는 것을 함축한다. 자연은 인간의 말과 계획으로 충분히 정의될 수 없다. 현대 세계에서 과학을 통해 세계를 지적으로 완전히 이해하려는 의지는 자연을 완전히 우리의 소비주의—경제적, 정치적, 군사적, 그외의 다른 기술적 의미의—틀에 밀어넣으려는 의지와 연결되었다. 이러한 프로그램이 생태적 재앙을 유발한다는 것이 뒤늦게 점점 분명해졌다. 우리에게는 자연이 결국 경제적·사회적 '발전'을 위한 미가공의 재료로 전락할 것이란 조짐이 있다. 그렇게 되면 자연의 태생적인 야생성은 전혀 남지 않게 되어서 우리에게 창조물의 타자성의 개념을 제공해줄 수 없게 될 것이다.

우리는 근대성이 침묵의 종교적 의미를 제대로 평가하지 못하는 것과 생태 위기가 관계된다고 확신한다. 종교적 뿌리를 가진 묵상적 침묵의 자세는 통제하겠다는 미심적은 열망을 실현시키기 위해 인간의 계획에 맞추어 자연에 대한 우리의 느낌을 여과하려는 경향을 효과적으로 제한한다. 침묵은 신뿐 아니라 신의 창조물의 실체는 그것들이 어떤 것이라고 우리가 생각하는 것과 판이하게 다르다는 것을 함축한다. 자연은 그 자체의 침범할 수 없는 내적 실재를 지니고 있어 우리가 그것에서 물러서서 자연의 있는 그대로의 모습을 받아들이기를 요구한다.

그러므로 아마도 우리는 안식일에 대한 새로운 인식을 회복할 필요가 있다. 유대교의 안식일의 개념은 사물들을 내버려두는 '금언적' 습관의 특히 중요한 예다. 안식일은 물론 많은 것을 의미하지만 그 중심에는 적어도 안식일 동안은 창조물을 내버려두라는 명령이 있다. 안식일이 지속되는 동안 우리는 창조물이 원래 의도되었던 상태로 있도록, 그리고 우리가 희망하는 상태가 다시 되도록 둔다. 안식일은 자연에 뛰어들어 자연을 단지 우리 자신의 목적을 위해서만 사용할 수 있는 사물들로 변화시키기를 꺼리는 점에서 성사주의 및 침묵과 공통점을 갖는다. 우리는 안식일, 성사주의, 침묵이 오늘날 세계가 그렇게 필사적으로 회복하고자 하는 생태적 관심의 가장 심오한 뿌리를 우리에게 제공한다고 확신한다.

■주

1) 1992년 5월에 당시 상원의원 앨 고어와 칼 세이건, 그리고 많은 종교 지도자들이 위싱 턴 D. C.에 모였다.

2) Russell Train, *Vital Speeches of the Day*(1990), pp. 664~5를 보라.

3) 같은 곳.

4) John Passmore, *Man's Responsibility for Nature*(New York: Scribner, 1974), p. 184.

5) Lynn White, "The Historical Roots of Our Ecological Crisis," Science, Vol. 155, pp. 1203~7.

6) William James, *Pragmatism*(Cleveland: Meridian Books, 1964), p. 76.

7) 우주가 유한한 과거를 가지고 있지만 명쾌한 시작은 갖지 못할 것이라는 스티븐 호킹 의 최초의 논의를 보라. 그러한 시나리오는 우주가 근본적으로 서술적 특성을 갖는다는 우리의 확신에 영향을 미치지 않을 것이다.

8) Jürgen Moltmann, *God in Creation*, trans. by Margaret Kohl(San Francisco: Harper & Row, 1985)을 보라.

9) 이런 관점의 전개로는 John F. Haught, *The Promise of Nature*(New York: Paulist Press, 1993), pp. 101~42를 보라.

10) Thomas Berry, *The Dream of the Earth*(San Francisco: Sierra Club Books, 1988), p. 11.

결론 : 과학과 종교의 대화를 향하여

앞에서 내가 대략적으로 보인 것은 대화라기보다는 대화를 향한 서막prologue일 뿐이다. 과학과 종교에 관한 독특한 네 가지 입장을 내가 개략적으로 다룬 것은 진정한 대화를 위한 출발점으로 삼을 때만 가치가 있다. 내가 각 장에서 분리시켜 제시한 다소 논쟁적인 극단적 입장은 토론을 유도하기 위해 의도된 것이지 적개심의 막다른 끝으로 의도된 것은 아니다.

이미 네 가닥의 생각을 추적해온 독자라면 그것들로 구축한 다소 인위적인 울타리를 가로질러 당신 스스로가 양다리를 걸치고 있음을 발견할지도 모른다. 아마도 때때로 당신은 발제 중 하나 이상에 동시에 동의했을 것이다. 갈등 접근법은 한 순간에 가장 설득력 있게 보였을지 모른다. 그러나 때때로는 분리 접근법의 명료함에 끌렸을지도 모른다. 또는 접촉 접근법의 미심쩍은 실험이나, 지지 접근법의 친근한 접근에 끌렸을지도 모른다.

어쨌든 이 시점에서 당신이 우리가 개관한 방식 중 어떤 것과도 모든 측면에서 동일시할 수 없다 할지라도 그것은 놀랄 일이 아니다. 그것들 사이의 경계선은 우리가 처음에 가정했던 것보다 훨씬 더 유동적이다. 어떤 개인이 동시에 몇 개의 접근법의 측면들을 수용할 수도 있을 것이다. 실제로 우리가 약간 거리를 두고 바라보았을 때 네 방법은 고정된 유형이라기보다는 단일하고 복잡한 과정의 분화된 측면들을 더 닮은 것으로 보인다.

내가 말하는 과정은 융합, 즉 종교의 측면들과 몇몇 부주의하게 이해된 과학적 개념과의 미분화된 융합으로 시작된다. 결국에는 과학의 배타적인 영역이 되는 주제들과 종교 사이에 원초적인 혼동이 없다면, 아마도 처음부터 갈등의 붉은 깃발이 나부끼지는 않을 것이다. 그러므로 우리가 갈등 접근법을 오도된 것으로 생각할지라도 우리는 그것을 풍성한 이해를 향한 더 먼 여정의 중요하고 불가피한 단계로 평가할 수 있다.

그러나 그 과정이 더 전개될수록 과학과 종교가 뚜렷하게 대립하는 갈등 접근법은 극단적인 것으로 보여서 종종 그것은 더 완화된 분리의 반응을 불러일으킨다. 분리 입장은 서로를 적으로 상정할 필요 없이 종교로부터 과학을 분리시키도록 도와준다. 분리 입장은 과학과 종교가 더 이상 융합이나 갈등의 가능성 없이 완전히 다른 '게임'을 하게 만들어준다. 그 명쾌함에 특히 우리는 감사할지도 모른다. 실제로 우리 중 몇몇에게는 융합에서 갈등을 거쳐 대화로 가는 여정은 분리에 의해 확립된 정확한 논리적 구획들을 통과해야 할지도 모른다.

그러나 우리 중 다수는 안전한 분리 입장을 고수하는 것에 만족하지 못한다. 지식의 단일성에 대한 원초적 꿈, 곧 일관성에 대한 지치지 않는 열망은 쉽게 사라지지 않는다. 처음에 융합을 통해 소박하게 윤곽을 드러냈던 종합에 대한 열정이 우리의 세 번째 접근법(접촉)에서 다시 일어나 이원론의 벼랑 끝에서 우리를 손짓해 불러낸다. 갈등과 분리를 통과했기에 진정한 대화를 향한 여정은 차이가 결핍된 통합으로 되돌아갈 필요가 없다. 그러므로 접촉은 관계를 추구하지만 갈등으로 시작되고 분리로 정련된 구획의 다른 쪽에서만 시도한다.

그러나 과학과 종교의 근본적인 통합은 내가 지지라고 불러온 접근법에서 가장 명시적으로 기대된다. 이 네 번째 방법은, 과학과 종교가 비록 다르다 할지라도, 알고자 하는 단순한 인간 욕구라는 초연하고 신비로운 원천에 공통의 기원을 가지고 있다고 제안한다. 과학과 종교는 둘 다 궁극적으로 우리 존재의 중심에 있는 진리에 대한 '근본적인' 사랑으로부터 흘러나온다. 그래서 그것들이 분리된 길을 가도록 단순히 허락할 수 없는 이유는 그것들이 진리를 향한 근본적 관심에 공통의 기원을 갖기 때문이다.

옮긴이의 말

과학과 종교는 대립될 수밖에 없는가? 현대 과학의 시대에 종교는 존재 가치가 없는 시대착오적 유물인가? 그렇다면 과학이 종교의 역할을 대신해줄 수 있는가? 과학이 인간의 근원적인 문제를 해결해주고 있는가, 또는 해결해줄 희망을 약속하기라도 하는가?

이러한 질문들은 이 시대의 딜레마를 표현한다. 과학은 인간의 육체를 부요하게 했을지 모르지만 인간 정신의 공허를 확장시켰다. 세계를 이끌어가는 거대한 힘 중 대표적인 이 둘의 부조화가 우리의 문명을 잠식하고 있다는 말이 그리 과장은 아닌 듯하다. 20세기를 거치면서 과학은 눈부시게 발전했고 확고한 진리의 제공자로 자리를 굳히면서 종교를 구시대의 유물로 전락시키는 듯했다. 그 가운데서 인간의 물질생활은 그 이전과 비교할 수도 없이 풍요로워졌지만 인간의 정신생활은 더 피폐해졌다. 이것은 자연히 20세기 말, 과학에 대한 반성과 종교의 새로운 약진을 유발했다. 하지만 이러한 상황에서 우리는 과학과 종교를 어떻게 받아들여야 할지에 대한 정리된 생각을 갖지 못함에 따라 많은 혼돈을 겪고 있다. 진정 과학의 이름으로 종교의 종말을 고하는 것이 합당한가? 이 사이에 화해의 길은 가능하지 않은 것인가?

이 책은 이러한 문제에 대한 해결책을 모색하고 있다. 과학과 종교의 오랜 대립을 종식시키고 그 사이에 화해의 길을 모색함으로 상생의 길을 찾아나가려는 진지한 시도를 이 책은 담고 있다. 특히 저자의 신학과 과학 양쪽에 걸친 깊은 이해가 심도 있게 과학과 종교에 관련한 다양한 논의들을 정돈시켜 과학과 종교의 조화로운 번영의 길을 제시한다. 그것이 비록 개론적으로 다루어진다 해도 다양한 주제에 대한 다양한 입장을 공평하게 취급해준 이 책은 매우 가치가 크다. 그렇기에 이 책을 과학과 종교의 문제에 관련된 일을 하고 있는 과학자, 신학자, 학생, 성직자, 교사 등이 읽는다면 자신의 입장을 돌아보고 검토하여 새롭고 발전적인 방향으로 모색할 수 있어 주위의 사람들에게 긍정적인 영향을 끼칠 수 있을 것이다.

저자는 과학과 종교를 바라보는 다양한 관점들을 네 가지 입장, 즉 갈등 · 분리 · 접촉 · 지지 입장으로 정리하여 각 입장이 주요한 아홉 가지 질문에 대하여 답하도록 했다. 갈등 입장은 과학과 종교를 대립적인 관계로 바라보는 것으로 주로 종교에 대한 과학적 회의론의 입장을 대변한다. 이 입장은 유명한 과학 저술가인 칼 세이건이나 스티븐 호킹, 스티븐 제이 굴드의 유물론적 과학주의로 대변되는 것으로 오늘날 종교에 대한 과학계의 강력한 공격을 포함한다. 분리 입장은 갈등 입장이 과학과 종교의 영역을 구분하지 못할 뿐 아니라 과학에 다른 신념 체계인 과학주의, 유물론, 환원주의를 융합시킴으로 종교와의 대립을 유발했다고 주장한다. 분리 입장은 과학과 종교가 다른 게임을 하고 있기에 충돌이나 대립은 있을 수 없으며 겉보기에 충돌이 있는 것으로 보이는 것은 과학과 다른 신념 체계를 융합시킨 것을 과학이라고 보기 때문이라고 주장한다. 접촉 입장은 분리 입장이 과학과 종교의 영역을 분명하게 갈라줌으로써 중요한 기여를 한 점을 인정하지만 그럼에도 과학과 종교가 우주론이라는 공통의 영역을 갖기 때문에 이 둘 사이의 완전한 분리는 불가능하다고 주장한다. 이 입장은 분리 입장의 소극적 태도를 떠나서 과학의 발전으로 새롭게 제시되는 개념들을 신학이 적극적으로 검토하여 새로운 신학적 함축을 찾아냄으로써 신학이 실제로 도움을 얻을 수 있다고 주장한다. 네 번째인 지지 입장은 과학의 진리 추구의 열정의 발로가 근본적으로 종교의 동기와 다르지 않은 점이나 과학의 방법이나 개념이 종교에서 비롯되었거나 유사한 특성을 가진 점을 들어 과학 활동 자체가 종교에 의해 지지되고 있음을 주장한다. 이는 서양 근대 과학이 기독교를 바탕으로 한 종교적 사회 속에서 형성된 것이 우연이 아니라고 보며 과학에 대한 종교의 승인과 지지가 얼마나 다각적이었는가를 보여주고자 한다.

이 책의 가장 큰 장점 중 하나는 저자의 관점을 일방적으로 몰아가지 않고 네 입장이 공정하게 설득의 기회를 누리도록 한 점이다. 이 책은 저자가 받아들이지 않은 입장에 대해서도 1인칭의 시점으로 논의를 제시하고 있기에 책을 읽다보면 네 진영에서 온 대표자들이 9일간에 걸쳐 다른 주제에 대해서 발표하는 것을 듣고 있는 듯한 느낌을 갖게 한다.

그렇다고 해서 저자가 네 가지 입장을 동일하게 지지하고 있는 것은 아니다. 저자 자신은 세 번째와 네 번째, 즉 접촉과 지지의 입장을 지향한다. 그 중에서도 저자 자신이 특히 많은 관심과 노력을 쏟는 입장은 접촉 입장이다. 접촉 입장의 주창자는 과학 지식이 끊임없이 바뀌어 나가고 있다는 것을 잘 알고 있기에 그것을 신학의 토대로 삼으려하지도 않으며, 과학의 영역과 신학의 영역이 구분되어 있다는 분리 입장을 받아들이기에 과학의 발전이 신학을 위협할 수도 없다고 생각하지만 그렇다고 해서 현대 과학의 전개에 대해서 신학자들이 무관심해서는 안 된다는 점을 강조한다. 그는 과학이 추구하는 새로운 자연관이나 지식관이 신과 인간, 자연과 인간에 관련한 신학적 주제와 긴밀하게 연결되어 영향을 미치기 때문에 신학자들이 적극적으로 현대 과학 이론을 신학적으로 해석하려는 적극적인 노력이 필요하다고 본다. 그런 점에서 저자는 진화론이라는 뜨거운 감자를 과학과 계속 대립되는 선상에 놓지 않고 적극적으로 진화 과학에 입각한 신학의 구축을 모색하고 그 가운데 간과되어 왔던 신에 대한 이해를 새롭게 할 수 있다고 주장한다. 물론 그러한 이해 또한 잠정적임을 저자는 잘 알고 있다. 그렇다 할지라도 그것을 꼭 추구할 필요가 있는 이유는 과학을 종교가 무시하는 것은 시대에 역행하는 것이기 때문이다. 저자는 이러한 종교는 지탱해갈 수 없다고 보는 것 같다. 이러한 불안한 노력을 계속하는 저자이기에 돌아갈 안전한 보루가 절실하게 필요하다. 그러한 안식처가 지지 입장에 있다. 종교가 과학을 어떤 경우에도 변함없이 본유적으로 지지해주는 모습을 저자는 지지 입장에서 제시하고 있다. 과학의 시초부터 오늘날까지 변치 않고, 유대 · 기독교 전통은 과학의 발전을 위한 중요한 토대가 되었기에 과학과 종교를 대립되는 것으로 파악할 수 없는 것이 분명하다는 것이다. 그러기에 저자는 이 책에서 제시되는 네 가지 입장을 과학과 종교에 대한 건설적인 사고를 발전시켜 나가는 단계로 간주하고자 한다. 결국 저자는 갈등 입장에 대해서만 반대 입장을 취하고 나머지 세 입장은 부분적으로라도 모두 수용하는 태도를 취하고 있는 셈이다. 그러기에 저자는 적어도 이 책을 읽은 독자들이 이제 과학이 종교의 관에 마지막 못을 박았다는 주장을 하지 않기를 기대할 것이다.

우리는 이 책을 읽으면서 과학과 종교에 관한 다양한 입장을 접하는 즐거움을 누릴 수 있다. 우리는 이 주제와 연관해서 다른 입장에 대해서 충분한 이해를 갖지 못하고 성급하기 쉽다. 객관적으로 다양한 입장을 자세히 그 근거로부터 살펴보는 것은 더 나은 해결책을 찾는 길이 된다. 과학이건 신학이건 자신의 입장에 대한 지나친 확신과 신뢰, 즉 다양한 생각의 가능성을 거부하고 하나만을 절대적으로 옳다고 믿는 관용의 상실이야말로 툴민Toulmin이 『코스모폴리스Cosmopolis』에서 주장했듯이 근대성의 악덕일 수 있음을 기억해야 할 것이다. 그러므로 좀더 열린 마음을 가지고 다양한 입장을 살피면서 나름대로의 입장을 조심스럽게 정리해간다면 유익한 시간이 될 것이다. 물론 책을 읽고 생각이 정리되기보다는 더 복잡해졌다고 느낄 수 있다. 그러나 성급한 결론을 내리는 것이 오히려 좋지 않다는 것을 인정할 필요가 있다. 이 문제는 그렇게 쉽게 해결될 수 있는 단순한 문제가 아니기 때문이다. 이 문제는 우리 존재의 근본, 생명의 근본에 닿아 있는 큰 문제이기 때문이다. 그러므로 이 책을 통해서 이 주제에 대한 더 많은 논의들을 살펴보고 생각해보고자 하는 동기를 부여받는다면 더할 나위 없이 좋은 일일 것이다. 이러한 목적을 달성하기에 알맞도록 관련된 참고 문헌들이 충실하게 제시되어 있어 참고할 수 있다.

책의 번역 과정에서 과학과 종교에 대한 저자의 지식을 따라가지 못해 어려움을 많이 겪었다. 더구나 원문에 있는 화려한 수식어의 묘미를 번역문에서 모두 살려내지 못한 점은 역자의 한계라고 밖에 할 말이 없다. 고르지 않은 초고를 읽고 고치느라 수고한 들녘 관계자들께 감사하며, 항상 나를 위한 기도를 쉬지 않을 뿐 아니라 번역 원고를 매끄럽게 만드느라 많은 애를 쓴 나의 동반자, 아내 최윤정에게도 특별히 감사하고 피곤에 지칠 때 활력을 불어넣어 주고 졸음을 깨워준 아들 단열이에게도 감사한다. 그리고 무엇보다도 영생의 소망을 주시고 날마다 은혜를 베풀어주시는 주님께 감사하며, 이 책이 미력하나마 주님의 뜻이 세상에서 이루어지는 데 도움이 되기를 기도한다.

찾아보기

ㄱ

가모프Gamow, George 164
가설 18, 34, 104, 187, 199
가이슬러Geisler, Norman J. 160, 168
갈등 10~1, 17
갈릴레오Galileo 14, 18, 23, 26, 53, 55, 57, 116
겔너Gellner, Ernest 150
겔러Geller, Margaret 255~6
결정론 96, 135, 137~9, 150, 184, 217, 221, 226, 235~6, 269
경험 18, 59
계시 58, 109, 226, 260
고전 물리학 65~6, 114, 116, 226~7, 289
공백의 신 142, 209, 227
과학주의 27~9, 35, 43, 51, 53~4, 58, 72~3, 256

구스Guth, Alan 199, 204, 213
굴드Gould, Stephen Jay 82, 86~91, 96, 98, 103, 237, 243, 247, 277
궁극적 실재 60, 94, 99, 148, 300
그리스Greece 116, 147, 153, 178
그리빈Gribbin, John R. 197, 201~2, 209
근본주의 82, 88, 137, 166
급팽창 우주 204, 213
기계론 227, 256~7, 269

ㄴ

나비 효과 222~3
난류 32, 216~7, 220~2, 228, 231, 234
뉴턴Newton, Isaac 30, 47, 65~6, 78, 116, 150, 169, 187, 219
니체Nitzsche, Friedrich 77, 176

ㄷ

다양성 97, 104, 106, 135, 148, 174, 212~3, 222, 228, 235, 266, 292, 297

다원주의 78, 82, 87, 95, 98~9, 119, 237

다중 세계 201, 203~4, 208, 210~1

다이슨Dyson, Freeman 212, 256

단속평형 82

대칭 167~8, 223, 268

데닛Dennett, Daniel 47, 55, 118, 130

데모크리토스Democritos 116, 153

데이비스Davis, Marc 170

데이비스Davies, Paul 30, 116, 185, 248

데카르트Descartes, Rene 13, 147

도교 13, 147

도킨스Dawkins, Richard 79~81, 86, 98, 100, 103, 197, 237

돌연변이 76, 82, 92, 96~7

드 지터De Sitter, Wilhelm 154~5

디드로Diderot, Denis 169

DNA 111, 118~9, 134~7, 144, 268

ㄹ

라너Rahner, Karl 109

라플라스Laplace, P. S. 65, 219

래키Lackey, Douglas 167

로크Locke, John 55

루스Ruse, Michael 120, 150

르메트르Lemaitre, Georges 162, 164

ㅁ

마이모니데스Maimonides, Moses 95

마호메트Mahomed 36, 170, 199, 265

만물 이론 189

멀러브Mallove, Eugene 206

메이어Mayr, Ernst 253

목적인 194, 200, 250~1, 253, 257~9, 271

무관심 14, 50, 67, 76, 103, 185, 245, 247, 254, 271, 278~9, 291, 296

무신론 49, 77~80, 86, 88, 169, 175, 230

무작위성 77, 95~6, 217, 226, 228, 232 ~3, 236, 261

무질서 117, 216~7, 228, 231~2, 238 ~9

물리 신학 65, 166, 169~71, 226, 231, 233

미결정성 95~6, 227, 266, 268, 290

미신 49, 112, 127

ㅂ

바버Barbour, Ian 29, 42

바르트Barth, Karl 42

반증 가능성 20, 169

방향성 90, 98, 108, 249, 270

베이컨Bacon, Francis 251

변이 76, 82, 92, 96~7, 198, 221~2, 237

복잡성 52~3, 87, 90, 102, 106, 109~

10, 148, 181, 206, 215~21, 223~29,
231, 233~9
부활 144~5, 160, 170, 180, 293, 297
분리 17
불가지론자 45, 71, 78, 162
불교 13
불멸성 143, 146, 170
불트만Bultmann, Rudolf 42, 63, 213
불확정성의 원리 186
블랙홀black hole 201
비오 12세Pius XII 164
비가역성 157, 176
비선형 230~1, 233
비인격성 53, 77, 82
빅뱅big bang 6, 24, 30, 64~5, 74, 152
~4, 156~66, 168~77, 179, 186, 197,
201, 203~4, 213, 260, 262~4, 288
빅크런치big crunch 157~8, 180, 197

ㅅ
사회 생물학 6, 119
상대성 19, 24, 64~6, 154, 186, 213,
262, 264
상대론 20, 64~5, 155, 171~3, 180,
185, 191, 289~90
상징 34, 39, 70, 85, 105, 129, 249, 297
~8, 300
생기론 47, 91, 134, 141, 207, 252
생물 다양성 100, 266
생존 경쟁 76, 104

생태 정의 299
생태 위기 7, 9, 275, 280, 282, 285, 301
생태 윤리 278~80, 286, 294
생태학 15, 141, 248, 262, 275, 277~8,
281, 285~7, 290, 293~4, 296, 298~
9
생화학 117, 119, 123
샤르댕Chardin, Teilhard de 175, 180
선형성 218, 231
성서문자주의자 20~1, 168
성사 297
성사주의 297~301
설계 논증 79~80, 191, 198, 224
설계자 31, 79, 225~6, 231, 234, 239
섭리 9, 48, 78, 95, 191, 235, 272
세이건Sagan, Carl 86, 277, 302
세속주의 87, 281
섀플리Shapely, Harlow 61
슈마허Schumacher, E. F. 124~5
슈뢰더Schroeder, Gerald 24
스무트Smoot, George 163, 199
시계공 79~81, 226, 231, 237
시편 281
신경 과학 15, 47, 113, 131, 137~8
신다윈주의 15, 78, 81
신비주의 47, 91, 115, 124, 134, 146,
225
신 존재 가설 20, 28, 81
실재론 31, 33~4, 55, 269

ㅇ

아놀드Arnold, Matthews 50

아브라함Abraham 12, 31, 199, 231, 234, 264, 266, 292

아비케나Avicenna 93

아리스토텔레스Aristoteles 153, 250, 252~3, 263

아우구스티누스Augustinus 95, 130

아퀴나스Aquinas, Thomas 30, 95, 166, 168

아인슈타인Einstein, Albert 13, 42, 48 ~51, 64~5, 71, 101, 153~6, 172, 185~6, 193, 219, 246, 262

안식 289

앤더슨Anderson, J. Kerby 160, 168

애트킨스Atkins,Peter 151

애플야드Appleyard, Bryan 21, 29, 36

약속 60, 292

양식화 6, 221, 224, 227~9, 232~3, 236, 2239, 267

양자 역학 64, 66, 186

언약 84, 234

에딩턴Eddington, Arthur 65, 186

SAP 191~6, 198~201, 204~6, 209~ 10, 213~4

ex nihilo 151, 167

엔트로피entropy 185, 207, 223, 232~ 3, 245, 261, 267~8

엘드리지Eldridge, Niles 82

여성 해방 298

열역학 116~7, 157~8, 207, 216, 223 ~4, 229, 239, 267

영원성 71, 74, 107

영혼 9, 93, 112~3, 115, 117, 127~30, 137, 139, 141, 143, 145, 201, 289

예수Jesus 36, 93, 170, 175, 199, 265

예언 종교 211, 234, 237, 263

예측 불능성 223

오그든Ogden, Schubert 39

욥Job 93, 213, 273, 300

와인버그Weinberg, Steven 46, 48~ 53, 55, 62, 71~2, 75, 187, 230, 254~ 5, 264

왓슨Watson, James 111

우발성 204

우연 9, 15, 76, 78~9, 82~3, 92, 95, 97, 106, 158, 184~5, 188, 197, 203~ 4, 207, 236, 238, 245, 256, 267, 298

우주 물리학 59, 101~3, 160, 164~5, 210, 266, 284, 289

우주론 24, 30, 61~8, 83, 113, 153, 155, 160, 169, 171~6, 198, 203, 206, 208, 210, 226, 230, 248~50, 252~3, 262~4, 288, 308

워드Ward, Keith 166, 179

원자론 146

위계 112~6, 132

윌슨Wilson, E. O. 86 118~20, 137, 155, 277

윌슨Wilson, Robert 156

유물론 68, 86~8, 91~2, 104. 118~9, 124, 201, 228, 230, 255, 257~8, 230, 255, 257~8, 283, 289, 307

유신론 13, 27~8, 43, 49, 62, 72, 77, 83, 88, 92, 94, 106~7, 151, 154, 163, 166, 169, 184, 240, 251

유대교 11, 13, 19, 31, 48, 70, 148, 249, 292, 301

유전학 119

육화 143

융합 0~11, 22~32, 34, 36, 40, 53~ 57, 61, 63~4, 73, 81, 83, 86~9, 94~ 5, 124~6, 162, 166~70, 193, 198, 202, 228, 252, 257~8, 263, 282, 304, 307~8

이론 적재적 32

이데올로기 37, 41, 83, 89, 91, 122, 124, 126, 149, 201, 203~5, 207, 258, 282

이상한 끌개 220, 223~4

이슬람교 10, 13, 31, 48, 70, 148, 151, 249, 292

이신론 174

이차 성질 56, 289

인격신교 11~3, 72, 150, 178, 249, 251, 263, 265, 285

인공 지능 180

인류 원리 190~6, 200~1, 207~9, 211~2, 226, 256, 259, 289, 291

인본주의 281

일차 성질 54, 56~7, 65~6, 290

일치주의 24

입자 물리학 34, 52, 154, 188~9, 262

ㅈ

자연사 87, 89~90, 104, 256

자연 선택 76~83, 92~3, 100~2, 104, 197~8, 202, 208, 223, 237~8, 261

자연 신학 79~80, 94, 190, 198, 224, 226, 229, 232, 239

자연주의 53, 87, 278, 283

자유 48, 52, 63, 91, 96~8, 136, 205~ 6, 226, 235, 286

자체 조직화 102, 121, 223, 225~6, 238~42

작용인 168, 250~1

장 67

재스트로 Jastrow, Robert 162~3, 168, 174

재키 Jaki, Stanley L. 172

적색편이 154

적응 76, 100, 104~5, 109, 119~20, 184, 198, 218, 220, 229, 239

전일론 134, 288

전지 35, 225, 271

정보 35, 50, 80, 83, 134~6, 139~41, 143, 145, 180, 193, 266, 271

정신 9, 22, 47, 58, 66~7, 87, 233, 272, 286, 290, 306

접근법 6, 8, 10, 15~8, 22, 25~30, 32,

34~9, 41~3, 59, 62, 64, 68, 110, 115
~6, 194, 212, 215, 228, 300, 304~5
제임스 James, William 110
존재론 112, 165, 167, 174
종말론 292~6
주관성 63, 186, 248, 289~90
중력 93, 153, 187, 189~90, 192~3,
218, 221, 291
지적 설계자 79
지혜 58, 84, 92, 112, 184, 262, 272
진공 모태 167~8
진보 45, 47, 88, 90, 103, 108, 115, 118,
252, 268, 282~3
진스 Jeans, James 245~6, 248
진화 생물학 22, 24, 30, 62, 104, 162,
208, 252, 256, 260~2, 266
진화론 15, 18, 20, 23, 40, 64, 76~84,
86, 88, 92~100, 103, 107, 120, 189,
222, 262, 285, 309
진화 신학 107
진화주의 85, 87, 94
질서 37~8, 79~80, 82, 103, 106, 115
~6, 134, 153, 191, 200, 207, 216,
218, 220, 222, 224, 224~8, 231~2,
236, 238, 267~70
집 없음 278, 286~8, 291

ㅊ
창발성 228~9
창세기 24, 81, 83~4, 152, 160, 165

창조성 52, 79, 102, 105~6, 110, 211,
232, 237, 243, 247, 295
창조 과학 22, 80, 82
창조 신앙 170, 174, 177~8
창조 신학 162, 164~6, 171, 173, 176,
178
창조주 79, 151, 158~62, 166~7, 172,
210, 231, 235, 242
창조주의 81, 83~6, 107, 152, 209, 242
천문학 16, 24, 64, 156, 160, 187, 189,
254, 261~2
천체 물리학 256, 288, 290
청지기직 280
초기 조건 189, 196, 198~9, 208, 213,
218~20, 222, 230, 234~5,
초연 27, 282, 286~7, 305
초자연 48, 79, 116, 184, 198, 206, 224,
226, 252, 278, 279~81, 286
최종 이론 48, 52, 230
추상화 52, 209, 217, 227, 230, 267
침묵 148, 184, 271~2, 278, 297, 299
~301

ㅋ
카오스 40, 102, 110, 181, 215~7, 219
~20, 224~9, 231~9, 242, 262, 268
카오스의 언저리 216, 220, 223~4, 232
~3, 237
카오스 이론 6, 15, 64, 74, 180, 217,
221, 230~1, 242, 261, 263~4, 266~7

카우프만Kauffman, Stuart 237~8
칸트Kant, Immanuel 120, 169, 172
캄브리아기 폭발 97
캐럴Carrol, Lewis 111
컴퓨터computer 180, 215~6, 221,
 225, 228, 242, 261, 263~4, 266~7
케노시스kenosis 241
코비COBE 157, 163
코페르니쿠스Copernicus 189, 193,
 262
쿤Kuhn, Thomas 33
큉Küng, Hans 95
크릭Crick, Francis 110, 112~6, 118,
 121~3, 126, 149
클렘키Klemke, E. D. 247
키에르케고르Kierkegaard, Søren 93

ㅌ
타이센Theissen, Gerd 105
탈신비화 45, 59, 114, 230
트레인Train, Russell 276
특이성 155
티플러Tipler, Frank J. 170, 180
틸리히Tillich, Paul 141, 174

ㅍ
파겔스Pagels, William 195, 201
파넨베르크Panenberg, Wolfhart 67
파스칼Pascal, Blaise 61
패스모어Passmore, John 279

팽창 154, 156~7, 175, 179, 187~9,
 192~3, 198
페이버Faber, Sandra 254
페일리Paley, William 79~80, 94, 98,
 226
펜지어스Penzias, Arno 156, 163
포퍼Popper, Karl 18
폴라니Polanyi, Michael 38, 133~4,
 136, 142, 150
폴킹혼Polkinghorne, John 145
프랑클Frankl, Victor 128
프로바인Provine, William 22, 256~8
프로이트Freud, Sigmund 77
프리드만Friedmann, Alexander 155
프톨레마이오스Ptolemaios 263
플라톤Platon 85, 153, 184, 263
피콕Peacoke, Arthur 8
필연성 70, 74, 173, 178, 204, 267

ㅎ
하느님의 나라 108
하이젠베르크Heisenberg, Werner 186
허블Hubble, Edwin 155~6, 187
허블 상수 187
헉슬리Huxley, Thomas Henry 77, 189
형상인 250~1
호일Hoyle, Fred 160
호킹Hawking, Stephen 161, 166, 174,
 230, 302, 307
화석 81~4, 89, 98

화이트White, Lynn, Jr. 280
화이트헤드Whitehead, Alfred North
　7, 57, 73, 214, 227, 270
화학 9, 47, 54, 111, 113~4, 117~9,
　124~6, 133~4, 136~41, 195, 220,
　252, 256, 268
환원주의 41, 113~6, 121~8, 131~2,
　134, 136, 139~40, 147~9, 209, 229
　~30, 255, 257~8, 268, 307
환원주의자 119, 122, 124, 126~7, 136

~7, 140, 142, 144, 180, 230
회의론 19, 40, 77, 161, 203, 205, 227,
　230, 232, 238, 244, 257, 265
회의론자 12, 14, 18, 20, 22, 28, 40, 48,
　53, 64, 78, 91, 95, 98, 102, 105, 113,
　119, 160, 163, 167, 174, 179, 195,
　198, 201, 203~4, 226, 238, 424, 247,
　255, 259, 277, 286
흄Hume, David 80
힌두교 13, 147